潜水圣经

（全彩图解第4版）

【美】丹尼斯·K.格雷弗（Dennis K. Graver）著 苑耀文 译

人民邮电出版社
北　京

图书在版编目（CIP）数据

潜水圣经：全彩图解第4版 / （美）丹尼斯·K.格雷弗（Dennis K. Graver）著；苑耀文译. -- 北京：人民邮电出版社，2017.6（2024.7重印）
ISBN 978-7-115-45116-3

Ⅰ. ①潜… Ⅱ. ①丹… ②苑… Ⅲ. ①潜水运动 Ⅳ. ①G861.5

中国版本图书馆CIP数据核字(2017)第081132号

免责声明

本书内容旨在为大众提供有用的信息。所有材料（包括文本、图形和图像）仅供参考，不能用于对特定疾病或症状的医疗诊断、建议或治疗。所有读者在针对任何一般性或特定的健康问题开始某项锻炼之前，均应向专业的医疗保健机构或医生进行咨询。作者和出版商都已尽可能确保本书技术上的准确性以及合理性，且并不特别推崇任何治疗方法、方案、建议或本书中的其他信息，并特别声明，不会承担由于使用本出版物中的材料而遭受的任何损伤所直接或间接产生的与个人或团体相关的一切责任、损失或风险。

内 容 提 要

本书是潜水教练、潜水学员和潜水爱好者首选的休闲潜水指南。书中全面系统、图文并茂地讲解了水肺潜水、潜水科学、潜水调整、潜水装备、潜水环境、潜水技能、潜水计划和潜水机会八方面的内容。同时，本书对一些复杂的知识（如气体定律、潜水的物理学与生理学知识）进行了深入浅出的讲解，内容完整、引人入胜。此外，本书还介绍了世界顶级潜水胜地，并提供了许多理想的潜水目的地，以满足不同潜水者的需要。

- ◆ 著 [美]丹尼斯·K.格雷弗（Dennis K. Graver）
  译 苑耀文
  责任编辑 寇佳音
  责任印制 周昇亮
- ◆ 人民邮电出版社出版发行 北京市丰台区成寿寺路 11 号
  邮编 100164 电子邮件 315@ptpress.com.cn
  网址 http://www.ptpress.com.cn
  北京虎彩文化传播有限公司印刷
- ◆ 开本：690×970 1/16
  印张：16.5   2017 年 6 月第 1 版
  字数：264 千字   2024 年 7 月北京第 4 次印刷

著作权合同登记号 图字：01-2015-5657 号

定价：128.00 元

读者服务热线：(010)81055296 印装质量热线：(010)81055316
反盗版热线：(010)81055315
广告经营许可证：京东市监广登字 20170147 号

目　录

第一章

水肺潜水　　1

第二章

潜水科学　　11

第三章

潜水调整　　37

第四章

潜水装备　　65

前言

对于没有亲身经历过的人而言，水肺潜水是无法用语言描述的。潜水者能体会到很多乐趣，包括失重的感觉。相对安静的水下世界以及那里的种种美景，正如雅克·库斯托（Jacques Cousteau）所说，每一个潜水地、每一次潜水，都是一场潜入"寂静世界"之旅；每一次旅行，都使潜水者对水体环境更为欣赏和珍惜。无论是在洞穴、湖泊或是海洋里潜水，水下之旅永远让人兴奋不已、收获颇丰。

休闲水肺潜水已经有近 60 年的历史，它在第二次世界大战期间以及之后发生的一些重大事件中开始蓬勃兴起。战争促使实用调整器和高压气瓶的出现，而海军潜水者则将它们应用到了民用领域。民众，尤其是美国东西海岸的那些自由潜水者急切地想要获得新装备、从事新活动，因此，一大批培训机构应运而生。洛杉矶县和 YMCA 引领了美国水肺潜水教育的发展，也最终形成了现在的水肺潜水培训课程。无论是新手还是老手，水肺潜水教育的初衷一直都是让潜水者获得安全和有趣的体验。

潜水界对于潜水医学和潜水安全的了解不断加深，潜水教育也随之发展。随着美国海军更新其军用潜水计划表，或是医学家了解到更多关于人体对潜水的反应，这些新的依据带来了新的变化。结果，潜水医生和其他专业人士给出了新的专业意见，使得潜水尽可能安全地进行。最后，潜水装备制造商持续改进潜水装备，给不同身材、不同技能的潜水者提供多方位的选择。基于以上几点，潜水教育也必须跟上脚步，这也是为什么这本书会印刷第4版。无论是在接下来的潜水课程中，还是继续自己的潜水训练，本书都会成为非常有价值的参考资源。

衷心希望各位能享受自己的第一次潜水课程，也希望各位在课程结束以后能够继续进行水肺潜水教育和潜水活动。潜水乐趣无穷，潜水者越活跃，潜水活动就越安全、越美好。欢迎加入我们，进入水下世界！

汤姆·莱尔德（Tom Leaird）

国际潜水教育机构 CEO

丹·马瑞利（Dan Marelli）

国际潜水教育机构项目发展部总监

鸣谢

感谢众多组织及个人在我写作这本书的过程中给予我的大力支持。首先我要感谢瑞纳·马特恩斯（Rainer Martens），人体运动出版社（Human Kinetics）的出版商，他坚持说服我写成本书。同时，我也十分荣幸能与人体运动出版社的众位工作人员一起共事，他们都是非常优秀和专业的。

很多人为本书提供了照片。我想要感谢灯塔潜水中心（Lighthouse Diving Center）的哈利·朱伊特（Harry Truitt）和DUI的迪克·隆（Dick Long），感谢他们借给我们拍照设备。我尤其要感谢斯基普·克曼格里（Skip Commagere）——Force E的老板，他为我们提供了大量的潜水支持和拍照模特。感谢位于华盛顿阿灵顿的烟点潜水（Smokey Point Diving），他们为我们提供了拍摄潜水技巧所需的装备以及泳池。感谢来自西雅图NOAA的克里夫·纽维尔（Cliff Newell），让我能够在NOAA拍摄减压舱拍照，还有我的老友兼潜伴——弗雷德·汉弗瑞（Fred Humphrey），他为我提供了进浪及出浪的照片。书中有多位潜水者的照片出现，特别感谢以下几位：米歇尔·安德森、比尔·布莱克、司吉卜·卡曼泽、芭芭拉·格雷沃、斯科特·哈里森、阿伦·基恩、汤姆·麦克科卢登和杰妮芙·奥尔森。

感谢所有的评论人，特别感谢一直陪伴在我左右的潜水圈的伙伴们。40年来你们教会了我很多，希望今后能继续向你们学习。能把我的毕生所学告诉大家，也是人生一大幸事。

最后，我特别要对我亲爱的妻子说：亲爱的芭芭拉，谢谢你。没有你的支持，我不可能完成此书。

第一章

潜水大发现

通过本章的学习，你将能够做到以下几点：

1. 讲述潜水的乐趣。

2. 正确理解闭路呼吸装备、开路呼吸装备、水肺、半封闭式呼吸装备和 C 卡。

3. 理解潜水所需的训练装备。

4. 列出两种不适合潜水的身体状况。

5. 描述潜水的三项潜在风险。

6. 列出在挑选初级潜水训练课程所需的装备时应该提出的几个问题。

7. 理解成为一名有经验的潜水者之后你需要承担的责任。

海葵，圣克鲁斯岛，美国加利福尼亚

水肺潜水

潜入水面以下，你就进入了一个美丽新世界。你有机会观赏到各种各样令人赞叹的生物，在这个世界上，只有极少数人有机会见到。你可以想象自己在一个巨大的水族馆里游泳，你所见到的绝对符合你对水下世界的所有期待。

额斑刺蝶鱼
英属维尔京群岛

潜水的乐趣

当你潜水时，你会感受不到任何重力，可以自由移动。如同飞鸟在三维空间里翱翔，你也在这片巨大水体中，享受自由。阳光透过水面照射到水底摇曳的水草丛林里，你在其中无重力地自由穿行，这样的体验，仅仅是潜水能带给你的众多体验中的一种。

就像水面之上的世界，有高山、平原和各种各样的自然环境，水面之下的世界也同样丰富多彩，珊瑚礁、海草林、令人惊叹的海底岩石以及其他不同类型的海底地貌和极其丰富的物种资源，因着地理区域的不同，会有不一样的展现。而且，潜水者还可以去那些码头船、堤防和其他的建筑群中进行探险。水底世界的多样性似乎无穷无尽。对任何人而言，水下世界的丰富可能比一个人一辈子所见的世界要精彩得多。而且，潜水时还有一系列活动可以进行，比如水下摄影、渔猎和捕捞，这些活动大大增加了潜水的挑战性，也带给潜水者成就感。水肺潜水就包含这样的活动来吸引人们。

潜水爱好者为人友善、易于交往。他们的友情广为人知。潜水是一项群体活动，有很多东西可以分享。如果你喜欢旅行，你很有可能就会爱上潜水。潜水游是休闲潜水产业最大的业务，现在市场上有很多价格合理的小岛潜水游。很多潜水爱好者每年至少计划一到两次潜水游。

潜水的感觉特别奇妙，但是又很难用语言表达。没有文字能够形容潜水时内心那种平静的孤独感。潜水有益健康，不仅可以帮助你释放工作压力，而且可以提高自我认知，增强自信心，你需要去经历这样的感受，当你有这样的经历时，你就会爱上潜水。

如何开始潜水活动

人类对水下世界的探索之心与生俱来。不管是出于好奇，还是出于食物供应的需要，人类潜入水下作业已有数千年的历史。据记载，早在公元前 3000 年就有了海绵采收潜水员、珍珠采收潜水员、军事潜水员，甚至于海事救助制度。在古代，潜水所采用的方法有两种：一种是屏住呼吸，另一种是使用一种倒扣过来的充满空气的钟形物体（大且重）。英国人约翰·莱斯布里奇（John Lethbridge）在 1715 年发明了一个橡木桶潜水引擎，能够将空气灌入钟里面。1770 年手动空气压缩机问世。1772 年，法国福亥明特先生发明了头盔系统，该系统能让潜水员无须使用潜水钟进行潜水工作。1837 年，对于水下设备的研究，取得了早期最伟大的进展，居住在英国的德国人奥古斯·希比（Augustus Siebe）发明了第一套全封闭的潜水服，后来也被称为"硬盔潜水装置"。这套系统装置非常有效，在以后长达 100 年的时间里，它主宰了水下工作，并且沿用至今。

休闲潜水的起源可以追溯到 1825 年。就在那一年，英国人威廉·H.詹姆斯（William H. James）发明了第一个开路自足水下呼吸器（水肺）系统。虽然这个系统不是很实用，但它确实解决了水下呼吸软管打结和氧气供应不足对下潜深度的限制这两个问题。在 1865 年法国采矿工程师伯努瓦和法国海军军官奥古斯特发明了呼吸面具，他们的发明被认为是现代水肺潜水装备的起源。

在 1878 年英国人亨利·费鲁兹（Henry Fleuss）和罗伯特·戴维斯（Robert Davis）制作出了闭路氧气呼吸器系统，该系统解决了空气软管对潜水者的束缚，使得他们可以在水中自由移动。由于气泡不会排到水中，因此这套系统在军事方面有着重大的应用价值。第二次世界大战期间，氧气呼吸器被意大利和英国的蛙人们广泛使用。然而，氧气呼吸器系统的使用范围被限制在 25 英尺（约 7.6 米）以内，因为在更深的水下呼吸纯氧会导致压力加大而产生抽搐，对潜水者来说，存在死亡的危险。

1920 年年初（具体时间有争议）法国的伊夫·普里尔（Yves Le Prieur）发明了手动控制开路潜水系统。不过，直到 1943 年，法国人埃米尔·加尼安（Emile Gagnan）和雅克·库斯托才在原有的潜水系统基础上进行了完善，最终形成了水肺潜水系统。潜水者可以通过含在口中的一个压力调整器，靠一个简单的吸入动作，从一个钢瓶中"索取"压缩空气。1950 年，水肺潜水系统被引入美国，从那时起一直流行至今。

军方不断地改进水下呼吸系统，并发现他们的系统被休闲潜水活动使用。最新的潜水呼吸系统是半闭路循环呼吸器，这种呼吸系统通过精密电子仪器来控制氧气混合物，使得潜水者每一次呼吸仅会释放出极少量的气泡。当然，为了稳妥地使用这些昂贵的呼吸器，高层次的培训、频繁的练习以及良好的保养都是必不可少的。

潜水圈

休闲潜水圈包括设备制造商、设备经销商、潜水学家、潜水者培训机构、潜水度假村、潜水监督、潜水教练、潜水俱乐部和协会、出版公司以及认证的潜水者。商业开发、科研探索和专业潜水都是由单独的机构或团体组织参与和进行的，并不算在休闲潜水的范围内。本书只涉及浮潜和水肺潜水两种形式，两者的区别在于，水肺潜水时，潜水者在水下会吸入压缩空气，而浮潜时，潜水者在下沉时会屏住呼吸。

目前很少有与休闲潜水相关的法律，而现有的法律也并不监管谁有权利潜水。潜水行业基本依靠自律。在潜水界的共识就是，没有完成业界认可的相关指导培训的情况下就进行潜水活动是极其危险的。因此，在你想要为气瓶充气或是想要进行潜水活动时，行业从业人员都会要求你出示相关培训结业证明；不少地方甚至还要求有近期的潜水日志来证明。如果有一年以上你没有潜水了，可能还需要在专业教练的监督下至少完成一次潜水。如此严格的监护有助于保证技术尚待完善的潜水爱好者的安全。

完成了所有训练以后，潜水者会获得一个被称作"C 卡"的认证卡。大多数情况下 C 卡并不需要定期更新，但是业内普遍建议，如果获得认证卡之后闲置超过半年时间，再次潜水之前应该再进行一次潜水培训。获得认证的潜水者可以在没有人监护的情况下自主潜水，也可以请潜水导游指导。不能仅仅因为对方很有潜水经验或是会驾驶潜水船，你就理所当然地认为对方可以指导你一起潜水。导游并不一定包括在潜水行程里面，如果你需要对方在水下为你做向导，向你介绍景观等，你就需要提前知会对方安排导游服务。

随着潜水经验的累积，你也会更多地了解潜水圈，也会有更多冒险和乐趣等待你去发现。所以如果你取得了认证资格，就赶紧加入到潜水这个大家庭里来吧！

潜水训练

必须有一个国家级的机构来裁定潜水认证资格是否有效。该机构会制定和颁布相关标准，只有达到这些标准，你才能获得认证资格。附录里面列出了一系列国家级潜水资格训练机构，而你的教练需要有教练资格证，而且要保证资格证当前有效，这样才能够保证你完成训练后所获得的认证真实有效。一定记得确认你的教练资格证明。

入门级的培训课程通常由一系列的理论知识、几次游泳池或限制水域（如公共水域中类似泳池的区域）训练以及开放性水域（即实际潜水地点）训练组成。首先在课堂上学习理论知识，接着在受控条件下学习和训练技能，最终在实际潜水环境中得以应用，这种逻辑思维方式在现有的潜水培训课程中很常见。

潜水培训课程的最低要求如下：四次或以上理论课程，四次或以上限制水域训练，四次或以上开放水域水肺潜水。如果有条件，开放水域的浮潜也应该成为培训的一部分。

一开始的培训应有 30~40 个课时的说明介绍，而且应该持续数周而不是在短短几天内完成。比起密集的训练安排，课程之间的空挡让你有时间好好体会和消化所学到的东西，有助于更好地吸收知识和巩固技术。

能力测试

在完成了一系列浮潜和水肺潜水训练以后，你需要在你接受培训的机构接受一次能力水平测试。能力水平测试可能包括一些既具挑战性又具娱乐性的潜水体验，例如浮潜面具的维护与清理、模拟船潜、气源呼吸法、共呼吸法、设备处理、脱穿潜水服以及背卸救生装置等。

前提条件

任何年满12周岁、身体健康、体能良好的人都可以尝试水肺潜水。即使是有成年人在场的情况下，未满12周岁的人群不适合进行这项活动，因为他们处理水下突发状况的智力以及情感条件尚不足够。如果有成年人在旁边监护，对他们而言，浮潜是个不错的选择。

要想进行水肺潜水，游泳是一项必备技能，但是对技术要求不高，最开始时，在没有时间限制下，能够以任何姿势在水面不间断游出200码（约183米）就可以了。比起游得快，在水中怡然自得更为重要。同时，你也需要能够在水下没有推力的情况下，游出25英尺（约7.6米）。到课程结束时，你应该可以在水面以任何姿势不间断地游出300码（约274米），在水下没有推力的情况下，游出50英尺（约15.2米）。我们的目的是在这个过程中逐步增强你在水中的生存能力。

健康状况良好则意味着你的心脏、肺和循环系统中的功能健全，没有任何重大疾病。任何的身体疾病，即使在日常条件下可控，当你进入水中，都有可能变得致命。在获得了医疗特批的情况下，某些哮喘病人或是糖尿病人可以潜水，对于部分残障人士也是如此。你的所有气孔及呼吸系统包括鼻窦、耳朵和肺，必须没有任何的疾病状况，因为压力的变化会极大地影响到它们。至于其他的一些疾病患者，如癫痫病人，则不能参与潜水活动。如果潜水时癫痫发作将是致命的。孕妇也同样不宜进行水肺潜水，水底较大的压力对未出生的胎儿会产生不利影响，但是可以选择参加浮潜代替水肺潜水。很多女性潜水爱好者询问在例假期间能否潜水。例假期间，如果她的生理和精神状况允许她进行其他运动，那么，同样可以进行潜水。

潜水时，情绪稳定和身体健康一样重要。如果你感觉害怕水或是水给你带来很大压力，那么潜水活动就不适合你。正常的合理担心是可以预见的，但是恐惧则是万万不行的。

潜水人生，点滴智慧

在我4岁时有一次差点淹死的经历。从那以后我就变得有些怕水。8岁那年夏天，我去位于俄亥俄州的叔叔家过了一个暑假。他带我到伊利湖，如果我能够走到水漫过我肚脐的位置，他就给我几美分。11岁那年作为一个童子军我学会了游泳。尽管我在16岁那年完成了一个急救的培训，我对水仍然有畏惧感。等到我学会了浮潜和水肺潜水以后发现，原来我可以在水中彻底地放松，水变成了我最亲密的伙伴。我人生中头一次可以真正摆脱童年的畏惧，享受在水中的感觉。有些人遇到水会焦虑并不意味着这个人没有办法享受潜水的乐趣。如果你能够游出200码远，你就可以学习潜水并且逐渐爱上在水里和水下的经历。

开始训练前，最好是体检一次，尤其是超过一年没有进行体检的情况下。可以请你的教练推荐一个合适的潜水医生，就是那些了解潜水相关医疗状况的医生。

潜水的风险

所有活动都存在一定的风险，即使是走在大街上或是驾驶汽车。为避免参与活动时受伤，人们会采取预防措施，这在水肺潜水中同样非常重要。潜水的风险水平类似于开飞机。在严格按照规程维护好设备以及周围环境良好的情况下，两者都属于低风险活动。然而不幸的是，如果忽视那些最大限度降低风险的规则和建议，这两项活动也是很无情的。

本书贯穿始终所要传达的是，让你了解潜水者可能会受到的伤害。这些信息会使得你对潜在的伤害有防备，更为重要的是，教你如何避免伤害。如果你认真执行那些教导给你的规则，风险将会被降到最低，而潜水的乐趣，则会被提升到最大。

在水下，压力会随着深度的变化而变化，如果你身体状况不好或是没有办法很好地平衡水压，这样的压力变化可能对身体造成极大的伤害。因此平衡水压技术将会是你训练中非常重要的一部分。我们身体里的气体通常都融于体内的液体和组织里，压力的增加会导致身体内的气体增加。所以在潜水的过程中，如果上升得太快，身体里的气体会瞬间变成气泡，从而导致一种叫作"减压病"的严重伤害的出现。通过调节下潜的深度和上升的速度可以避免减压病。如果不注意潜水的深度、进度以及上升速度，则有可能导致严重的永久性伤害。

有时，潜水可以被称为剧烈运动。你需要足够的体能和耐力进行长距离游泳训练，应付洋流和其他可能出现的状况。如果在爬楼梯时你出现气喘吁吁

美国华盛顿卡马诺岛的海葵

的情况，在学习潜水以前，可能需要进行一些体能锻炼来提高身体素质。在水下体能耗尽是非常危险的，使用脚蹼和通气管的游泳训练则是很好地提高体能的锻炼方式。

潜水是水下活动，处于陌生环境中，你使用生命维持设备进行潜水，但这些设备不能完全保证你安全和健康。近水和水下生存技巧是必须训练的。对于那些水生技能弱的人而言，一个微小的装备问题都可能致命；反之对于一个技能熟练的人而言，他很轻易地就可以应对和解决这些问题。对于水肺潜水爱好者来说，在水里你一定要感到舒适而不是一直担心是否会出现问题、是否会造成永久性伤害等。你可以通过学习，最大限度地降低风险，也最大限度地提升在水下世界感受到的乐趣。

选择合适的潜水课程

社会上有很多潜水培训机构和成千上万经验丰富的教练。你可能有长长的一串列表都是介绍潜水课程的。很多大学、社区学院和游乐场所都提供潜水培训课程（附表2罗列了一系列培训机构）。在你方便的区域范围内多咨询几家，比较他们的经验和口碑。下面几个问题可以供大家参考：

1. 潜水专门机构是否认可此培训？

2. 这位教练从事潜水培训多久了？

3. 这位教练可以教授何种程度的培训课程？

4. 可以和最近一批参加完培训的人沟通么？

5. 同其他同类课程相比，这个培训的优势是什么？

6. 培训课程是否包括协助和营救技能培训？

7. 在开放水域授课时，有几位教练在场监护？

呼吸管、脚蹼和潜水靴是训练所需的基本装备

潜水培训一般要支付一些学费。你要确认学费包含了哪些部分，最重要的是，确认这是你成为一个认证潜水者所需的所有费用。一般培训不需要购买潜水靴设备，但是需要购买面罩、呼吸管和脚蹼，有可能需要购买潜水靴和手套。学费通常会包含其他需要的装备所需的费用。

另外，需要确认学费是否包含课程所需的材料以及证书的费用。哪些情况下可能会额外收费，例如去开放水域训练时产生的交通、住宿、停车、乘船和装备租用费等。在开始培训前确定好所有的费用。

选择了最适合的课程并且开始以后，你应该会收到第一个阶段的阅读任务，如果你能够提前预习，课堂上听课的效果将会大大提高。好的教练会提供阅读任务的参考指导。

潜水的责任

当你成为一名认证潜水者，你将同时承担起很多的责任。你要对自己的安全负责，对与你一同潜水的同伴的安全负责，对潜水者的形象负责，也要肩负起保护潜水环境的责任。潜水界鼓励潜水者们对自己的行为负责，做一名有责任感的潜水者。学其所学，学以致用。

> ### 潜水人守则
> ✓ 我将在我的能力范围和受训范围内潜水。
> ✓ 每次潜水之前，我都会评估潜水条件，确保以我的能力可以胜任。
> ✓ 我会熟悉我所有的装备，并在每次潜水之前和潜水之后对它们进行仔细检查。
> ✓ 我尊重潜伴制度及其优势。
> ✓ 我对我每一次潜水的安全负责。
> ✓ 每一次潜水中我都会有环保意识。
> ✓ 我会对我自己、我的潜伴和环境负责。

总结

潜水可以成为一个巨大的快乐源泉，很多让人兴奋的体验在前方等待着诸位。在潜水之前，你必须先取得潜水资格，完成所有的潜水培训，取得 C 卡和手册。但是潜水也并非适合所有人，你必须拥有健康的身体、良好的技术和不错的体能。潜水有风险，但是一名训练得当、灵敏而又健康的潜水者可以最大限度地规避风险。找到确定最适合自己的培训课程，最快的或是最便宜的，并不一定就是最好的。牢记一点，在成为一名潜水人时，你也同时需要承担一系列的责任。发生事故时，不要认为你可以将一次潜水事故的责任推卸给别人。最后，在水下控制自己的行为。成为一名称职的、独立的潜水者，坚持安全练习，你将会发现潜水的巨大乐趣！

第二章

潜水大发现

通过本章的学习，你将能够做到以下几点：

1. 列出三个潜水者需要关注的身体空腔。

2. 理解在水中听到声音的基本原理。

3. 描述心肺复苏流程。

4. 理解二氧化碳对呼吸的影响。

5. 准确描述下列专业术语：鼓膜、中耳、咽鼓管、氮麻醉、换气过度、换气不足、密度、浮力、压力、表压、绝对压力、玻意耳定律、吕萨克定律、道尔顿定律、挤压、反向阻隔、入气、排气和分压。

6. 理解上浮的原理和控制浮力的关键。

7. 理解压力的作用效果以及温度在一个柔性容器里一定体积的空气上面的作用效果。

8. 理解为什么在水中上浮时，排出肺部气体如此重要。

9. 将任何温度表达转化为绝对温度。

10. 理解入气和排气的过程。

11. 描述影响潜水者消耗空气的两个主要因素。

12. 列出散热的四种方法。

13. 描述三个湿度可能引起的潜在问题。

14. 描述水对视觉和听觉的影响。

鱼群，卡塔利娜岛，美国加利福尼亚

潜水科学

北马里亚纳群岛，塞班岛的小丑鱼

我们的身体是一台非常了不起的机器，它能够自动执行许多复杂的功能。在空气充足的陆地环境，我们的身体运行良好，进入水下，它也可以进行多方面的调整以适应水下环境。在本章中，你将熟悉那些对潜水而言非常重要的身体结构和功能，学习陆地环境和水下环境的差异，以及压力的变化会如何影响你的身体。作为一名潜水者，在水下环境中你将面临很多挑战，但是这些挑战都是可以战胜的。

潜水解剖学

人的身体内部有很多被空气充满的空间，这些空间都会受到压力变化的影响。作为一名潜水者，有三个身体空腔永远需要注意：肺、耳朵和鼻窦。了解咽喉的作用对于一名潜水者来说也是很有帮助的。图 2.1 说明了鼻窦、咽喉和肺的功能。

鼻窦：鼻窦温暖湿润吸入的空气，分泌黏液捕捉空气中的细菌以保护身体。连接鼻窦和鼻腔的小通道通常呈常开状态。鼻窦被充满会给潜水者带来各种问题，在下一章中，将更多地介绍关于鼻窦的问题以及如何预防这些问题。

咽喉：除了作为发声的器官，咽喉和喉头帮助防止异物进入肺部。如果外界物体如食物或水进入喉咙，与喉头接触，身体会条件反射地引起喉头痉挛从而导致咳嗽将异物排出。你一定有过物体"进错了通路"的经历。在潜水训练中，你将学习如何防止水进入喉咙，以免引起咳嗽或是在水下呛水的问题。

肺：健康的肺是潜水必不可少的。肺是一个包含数以百万计的鼻窦形成的空腔可以减轻头部的重量。鼻窦通过小的空气通道与鼻腔相连。

鼻窦
硬腭
软腭
会厌

当你吞咽时，会厌和咽后部的软腭会密封住你的气道。

前额窦
上颌窦
咽

喉
会厌
气管

肺
细支气管
肺泡

肺泡壁很薄，使得气体能够穿过，在肺和血液里面不停交换。

胸膜

胸膜是一层光滑的组织，帮助维持肺部伸缩，防止肺部的这种持续运动被胸壁刺激干扰到。

支气管

与其说肺像气球，倒不如说更像海绵。空气沿着气管直下，经过支气管，再经过超过 20 次的分流进入细支气管。细支气管的末端就是进行微观呼吸的气囊，称为肺泡。

肺容积（升）	小	中	大
1. 总肺活量	4.0	6.0	8.0
2. 肺活量	3.0	4.5	6.0
3. 肺残气量	1.0	1.5	3.0
4. 呼气储量——无定值			
5. 潮气量——无定值			
6. 吸气储量——无定值			

注意：这些项目编号对应下面的箭头编号。

（普通人）升空气

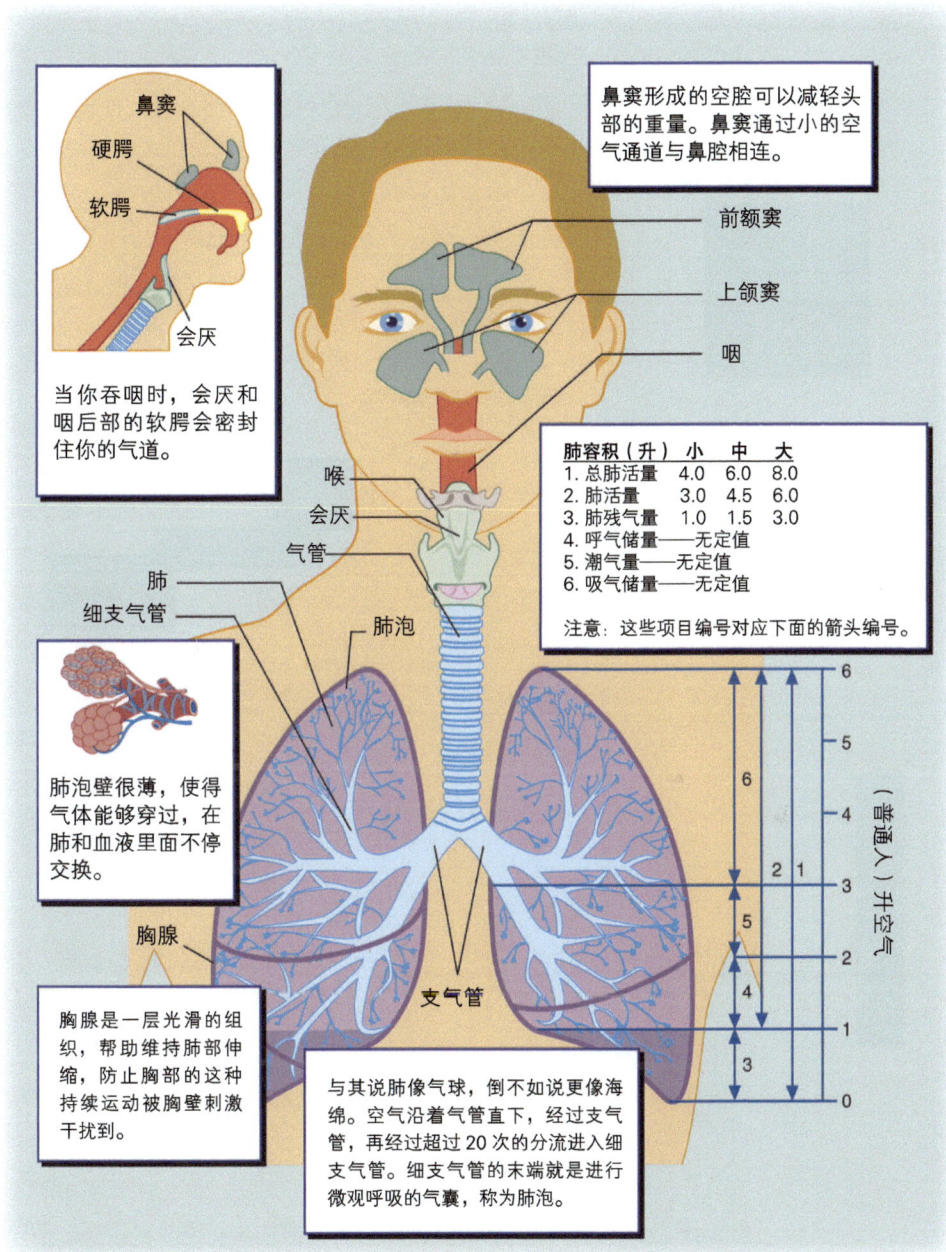

微小气囊的巨大器官。人的肺有最大容量和最小容量。当你完全呼气时，你的肺叶不是空的，里面含有大约 2 品脱（约 1.1 升）的空气。

图 2.1
鼻窦、咽喉和肺的功能

13

当你完全呼气之后，留在你肺里的空气量称为余气量，你一呼一吸间通过你肺部的空气量则称为肺活量。吸入的最大值与呼出的最大值之间的差，就是肺的承受力，通常为6~8品脱（约3.4~4.5升）。下一章中我们将探讨为何肺是潜水活动中最重要的空腔。

耳朵：如图2.2所示，在耳蜗背后有一处空腔称为中耳。中耳内的压力必须与外耳的压力一致，否则耳蜗就不能自由移动。下一章会解释如何使耳朵内外的压力保持一致。你的咽鼓管使得中耳内部压力平衡。被液体充满的耳蜗中，有很多毛状凸起，称为纤毛，纤毛可以将机械运动转化为大脑能够接收的电波信号。中耳内部一根细小骨头牵引卵圆窗进行运动，从而引起耳蜗内部的液体和纤毛前后运动。如果没有听力系统中的第二个窗户——圆窗的话，并没有办法形成卵圆窗运动。当卵圆窗向内时，圆窗向外运动，反之亦然。

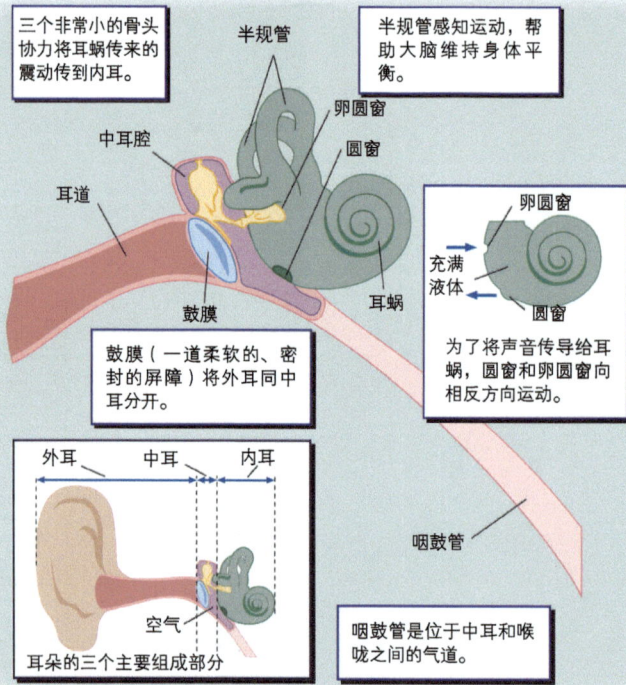

三个非常小的骨头协力将耳蜗传来的震动传到内耳。

半规管

半规管感知运动，帮助大脑维持身体平衡。

卵圆窗

圆窗

中耳腔

耳道

鼓膜

卵圆窗

充满液体

圆窗

耳蜗

鼓膜（一道柔软的、密封的屏障）将外耳同中耳分开。

为了将声音传导给耳蜗，圆窗和卵圆窗向相反方向运动。

外耳　中耳　内耳

空气

耳朵的三个主要组成部分

咽鼓管

咽鼓管是位于中耳和喉咙之间的气道。

图 2.2
在空气中听到声音的过程

如果我们眼睛接收到的视觉图像和半规管感知到的运动不一致的时候，就会出现晕车的状况。中耳的温度和压力的突然变化会影响到半规管，导致出现暂时性失去方向的情况。（下一章会谈到潜水时可能遇到的与耳朵相关的问题，以及如何提前预防和面对实际发生的问题时怎样应对。）

牙齿：也许你会很惊讶地发现，原来牙齿也是潜水者需要注意的地方。牙齿中有问题的填充气囊会被压力影响导致牙疼。如果你的牙齿只有在压力下和潜水后才疼，去看一下牙医，告诉他们你怀疑哪里有问题。有一些上臼齿的齿根会一直延伸到鼻窦。拔牙之后应该缓几个星期再进行潜水。

我们的口腔和下巴的设计符合均衡咬合的需要。如果你只用前门牙用力咬住口含器一段时间，你的下巴就会觉得很酸。特别设计的口含器能够帮助减少这个问题。从理论上讲，你并不需要紧紧咬住口含器才能保持住它。所以如果你发现你必须牙齿用力才能保持住的话，那么你需要更换比较轻的装备。长时间咬合力度不合适，会引起下巴和耳朵的炎症。

名词缩写

- ✓ 绝对气压 ATA
- ✓ 气压 atm
- ✓ 一氧化碳 CO
- ✓ 二氧化碳 CO_2
- ✓ 摄氏度 摄氏度
- ✓ 华氏度 °F
- ✓ 淡水英尺 FFW
- ✓ 海水英尺 FSW

- ✓ 英尺 ft
- ✓ 米 m
- ✓ 氧气 O_2
- ✓ 每平方英寸的绝对压力 psia
- ✓ 每平方英尺的绝对压力 psig

呼吸和循环

人体的一个奇妙的过程是能够轻易地吸入空气并让氧气在人体组织中流通。当劳累加剧，你的心脏和肺会自动调节，以满足身体对氧气和营养的需求。了解呼吸过程中的气体和呼吸循环的基础知识有助于理解潜水对肺部和心脏的需求和影响。

我们呼吸的气体

人在潜水时受几种气体影响，因此我们需要知道它们对身体的具体影响是什么。空气中大约 80% 是氮气（N_2）。在海平面以上，氮气对你的身体没有任何影响。在约 100 英尺（30 米）的深度，增加的气压会使得氮气对你的身体产生不良影响，这就是所谓的氮麻

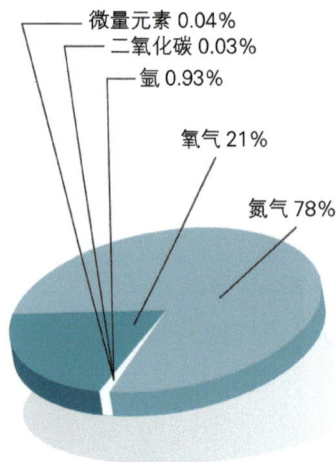

微量元素 0.04%

二氧化碳 0.03%

氩 0.93%

氧气 21%

氮气 78%

图 2.3

空气的组成

醉。潜水结束时，过多的氮气在体内可能导致称为减压病的严重疾病。在下一章你将会更多地了解氮麻醉和减压病。

氧气（O_2）是人类生存的必需气体。与氧气夹杂的其他气体，只是作为激发氧的媒介。空气中约 21% 是氧气（见图 2.3）。人体需要呼吸至少氧气含量在 10% 的空气才可以保持清醒。但是，在高压下吸入的氧气是有毒的并可能引起抽搐，因为在压力增加的情况下，吸入的氧气会影响神经系统。潜水气瓶可以提供压缩空气，但不能是纯氧。一种特殊的潜水气使用的是氮和氧的混合物，其中氧气的比例比在普通空气中的更高，可在深水中减少氮的影响，这种混合气体被称为高氧氮合物。要想使用特殊混合气体包括高氧氮合物，需要特殊的培训、装备和流程。

我们的身体组织吸收使用氧气，产生二氧化碳（CO_2）。二氧化碳是呼吸的主要刺激来源。身体中二氧化碳的含量越高，呼吸冲动就越大。如果体内二氧化碳含量过高，就会导致神志不清。

一氧化碳（CO）是天然气或石油不完全燃烧产生的有毒气体。内燃机的废气中包含一氧化碳。有一种油润滑的空气压缩机过热会产生一氧化碳。即使是很微量的一氧化碳在水肺潜水中都可以导致昏迷或死亡。气瓶充气站必须注意避免一氧化碳污染。

呼吸和循环力学

当你需要呼吸时，大脑底部的传感器会发出信号，刺激你的膈膜收缩。这种将空气吸入肺部的方式和老式的波纹管吸入空气的方式是一样的。膈膜和胸肌扩展胸腔，吸入空气。图 2.4 说明了心脏、肺和循环系统的呼吸过程。

血液由血浆（它是一种无色液体）和多种细胞构成。血红蛋白是一种血液成分，是血液中最重要的携氧物质。在血中大约 45% 是血红蛋白。血红蛋白到达需要氧气的组织并释放氧气。

当组织获得氧气，会产生二氧化碳，二氧化碳扩散到静脉系统，主要是氮和氧组成的空气进入肺泡。氧通过肺泡壁进入毛细血管，使血液富含氧。

主动脉　　　　　　　　　　　　　肺动脉

身体毛细血管　右心房　左心房　　肺部毛细血管

　　　　　　　　　　　　　　　　肺静脉

右心室　　　　　左心室

左心室通过动脉将富含氧的血液输入身体。当身体组织吸收使用氧气，会产生二氧化碳，二氧化碳进入静脉系统。静脉血液进入右心室后被压到肺部。二氧化碳扩散到肺部与氧气相交换。

毛细血管

动脉　　　　　　　　　　　　　　静脉

毛细血管是最小的血管，其中，动脉和静脉环流会合。气体交换发生在位于肺和身体组织上的毛细血管内。

小翅脉

小静脉

大静脉

腔静脉

主动脉　　大动脉

细动脉

小动脉　　血红蛋白

动脉大量分布在心脏附近，延伸到四肢时会变细。最小的动脉是所谓的小动脉。动脉一路分支成为毛细血管，毛细血管从小动脉分支出来。毛细血管中的血液通过小静脉输入静脉。四肢静脉较小，随着接近肺和心脏会变大。

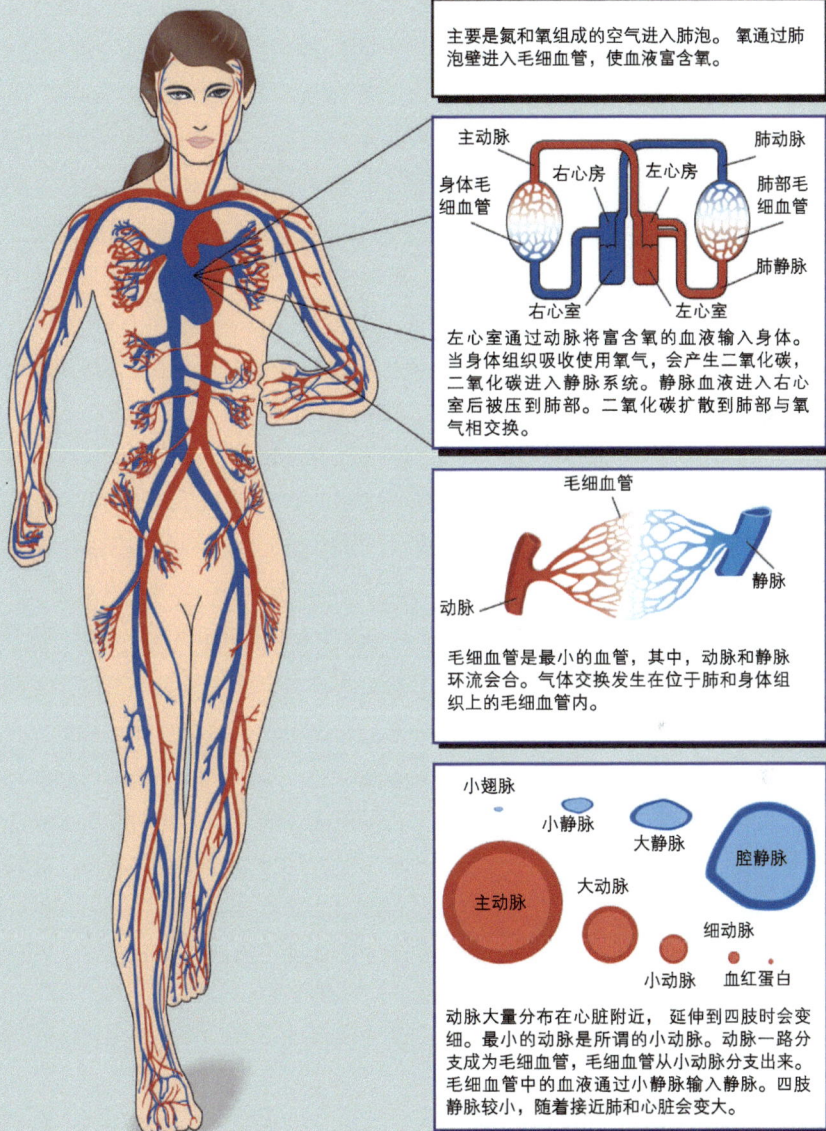

进入肺以交换氧气，这就完成一个循环周期。这一循环周期大约需要30秒。

图 2.4
心肺系统

颈两侧的动脉在循环系统内感知血压。在运动中，颈动脉压力过大导致心脏跳动放缓，但这时反而需要心脏努力工作，以满足身体对氧气的需求。心跳放缓可能会使大脑缺氧，从而导致昏迷。由颈动脉窦压力所造成的晕眩（见图 2.5，第 18 页）是颈动脉窦的反应。因此，注意紧绕在脖子两侧的潜水设备。

呼气通常是一种被动的过程。从肺呼出含有二氧化碳的空气，膜片放松，胸腔收缩将空气排出肺部。在休息的时候，肺每分钟需换气 12~20 次。呼吸是自动完成的，呼吸的关键是循环系统中的二氧化碳水平。当身体中的二氧化碳达到一定程度后，大脑刺激呼吸。

当你屏住呼吸，体内的二氧化碳会促使你呼吸。许多人认为氧气含量在控制呼吸，其实主要是二氧化碳水平在调节呼吸。

过度换气使快速的深呼吸超过了人体的需要。只是三个或四个呼吸间的有限呼吸会帮助屏气（见图 2.6a，第 18 页）。但是如果过度换气后屏气，可能会失去意识（见图 2.6b，第 18 页）。由于缺氧而失去知觉的屏气潜水者通常是在上浮过程中接近水面处昏迷。

在接近水面时突然失去意识被称为浅水意识丧失。在水中失去意识会导致溺水。应该避免过度换气。如果你的呼吸快而急促，体内会持续产生二氧化碳，却无法从肺部排出。这种不充分的呼吸为肺换气不足。呼吸急促很危险，尤其在筋疲力尽的时候，你可能因为缺氧而昏迷。因此，你需要呼吸充分才能完成肺部的气体交换。

图 2.5
颈动脉承受过多压力可导致失去意识

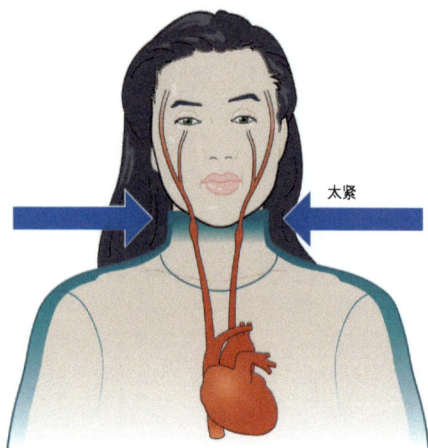

太紧

图 2.6
图表展示，限制性过度换气（a）和过度换气（b）

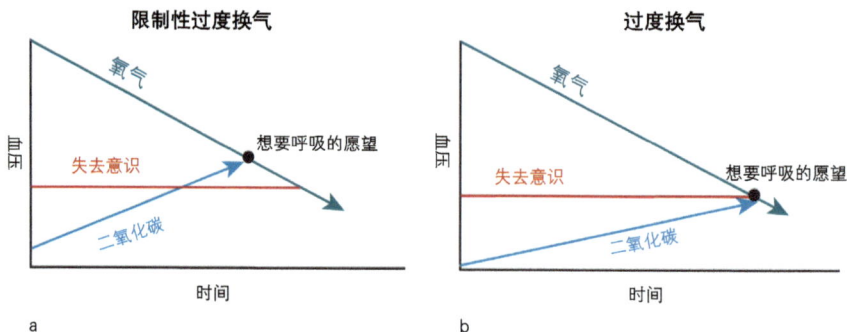

限制性过度换气

氧气

血压

失去意识

想要呼吸的愿望

二氧化碳

时间

a

过度换气

氧气

血压

失去意识

想要呼吸的愿望

二氧化碳

时间

b

空气和水环境对比

我们生活在流动的空气中，空气有重量和体积。我们忽视空气是因为我们已经适应了环境。我们一直生活在空气中，但是看不到空气。不过大气的重量其实每时每刻都在影响着我们。

海平面上，空气的重量约 0.08 磅每立方英尺（1.3 毫克每立方厘米）。随着海拔的升高，空气变得更稀薄，所以在山上单位体积的空气重量要比海上的轻（见图 2.7）。当乘坐飞机或在山间行驶时，空气重量的变化会影响我们耳朵内的空腔。

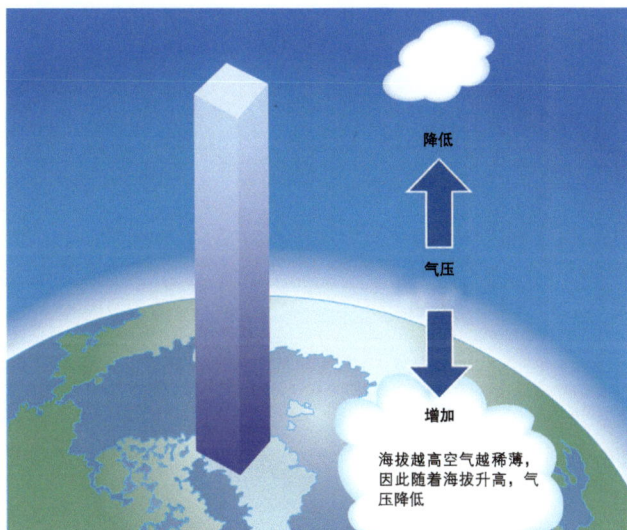

降低

气压

增加

海拔越高空气越稀薄，因此随着海拔升高，气压降低

图 2.7

空气密度和气压受到海拔的影响

密度

密度是物体每单位体积的质量（例如磅每立方英尺）。 水是流体，但它比空气重得多。海水的重量约 64 磅每立方英尺（1.025 克每立方厘米），是空气密度的 800 倍。淡水因为不含有盐，重量比海水轻一些，为 62.4 磅每立方英尺（1 克每立方厘米）。温度影响水、空气和所有液体的密度，冷水比温水稍致密一些。

空气可以被压缩，但水基本上是不可压缩的。随着海拔升高，空气变得稀薄，而水的密度不因体积而变化。

阻力是阻碍运动的力。在水中的阻力比空气中大得多，影响阻力的因素包括流体的黏度、运动速度，以及在流体中移动的物体的尺寸和形状。流体密度越大，运动速度越快，体积越大，或物体的表面越不规则（见第 3 章图 3.9），阻力就越大。因为水的密度比空气高，水分子的距离就比空气分子之间的距离更近。分子密度影响光、声、热的传输（见表 2.1）。光在空气中的传播速度比在水中慢约 27%。声音在水中的传播速度比在空气中快约 4 倍。水的导热比空气快了近 25 倍。流动的水传导热量可比空气快上几百倍。水具有巨大的吸收热量的能力。潜水时，高密度的水会在许多方面影响你。接下来的章节会解释如何应对水密度的影响。

表 2.1　空气与水的对比

属性	空气	水	比较	影响
密度	0.08 磅每立方英尺（1.3 千克每立方米）	62.4~64 磅每立方英尺（1000 千克每立方米）	水是空气的 800 倍	对运动的阻碍
可压缩性	有	无	空气的密度会发生变化，水的密度基本不变	影响身体和空腔
光的传播速度	186000 英里每秒（300000 千米每秒）	140000 英里每秒（225400 千米每秒）	光在水中的传播速度比在空气中的传播速度要慢 27%	影响视觉
吸光性	低	高	水很快吸收颜色	光与颜色的损失
声音的传播速度	1.125 英尺每秒（340 米每秒）	4900 英尺每秒（1400 米每秒）	声音在水中的传播速度比在空气中要快 4 倍	不能够辨别来源
传导性	0.17	3.86~4.12	热量在水中的损失是在空气中损失的 22~24 倍	身体持续失去热量
热容量	0.24	0.94~1.0	水的热容量是空气的 4 倍	很快吸收热量

浮力

物体能否漂浮在液体中，取决于物体密度和所浸入流体密度之比。浸入水中的物体，会同时受到来自水的四面八方的压力，甚至是向上的压力。当你想把某个东西按到水中时，你就会感受到水对它向上的力（浮力）。浮力产生于物体上下表面的压力差。物体的重力和流体（空气、水或两者）对物体施加的压力之和形成了一种向下的作用力。流体也对物体有向上的推力。这两种力之间的差值就是物体的浮力。

古希腊科学家阿基米德发现水中物体所受的浮力大小等于该物体所排开水的重力（这就是"阿基米德原理"）。热气球能够飘浮在空中，是因为气球内部热空气的重量小于气球所占体积较冷空气的重量。潜水员所受到的浮力等于他所排开的水的重力（见图2.8）。如果你和装备的总重量小于你排水的重量，那么你会漂浮，或者说受到正浮力。如果你和装备的总重量大于你排水的重量，那么你会下沉。下沉的物体所受到的力为负浮力。如果你和装备的总重量正好等于所排水的重量，那么你既不会上浮也不会下沉，会悬浮在你所处的深度，这时你受到的是中性浮力。

在液体中的物体被一个等同于它所排出去的液体的重量的力向上托起。

所排出的水的重量

192

浮力192磅（87千克）

潜水者+装备192磅（87千克）

+正浮力
悬浮力
－负浮力

三种类型的浮力

图 2.8
浮力的基本原理

作为一名潜水者，你可以浮在水面、沉入水底，或停留在底部和表面之间。如果物体的体积增加而重量几乎不变，浮力增加。当向充气外套或背心充气时，就是利用了这个原理。下一章将讲解影响浮力因素和浮力控制的原理。

压力测量

单位面积的力是压力（通常指重量），如磅每平方英寸或克每平方厘米。地球被大气包裹。海平面上1平方英寸的大气的重量是14.7磅（1.03千克每平方厘米），或1标准大气压（atm）（1标准大气压 ≈ 0.1013兆帕）。 当进入水中时，随着你的下沉，作用于每平方英寸的身体上的液体的重量即压力增加了。高度为33英尺（10.1米）的盐水对1平方英尺受压面所产生的压力，即为1标准大气压。高度为34英尺（10.36米）的淡水对1平方英尺受压面所产生的压力也等于1个标准大气压，因为水不会被压缩（在休闲潜水所及范围的压力下），它遵循每33英尺盐水（33 FSW）和每34英尺淡水（34 FFW），水压增加1标准大气压的原则。图2.9显示了如何测量大气压和水压。

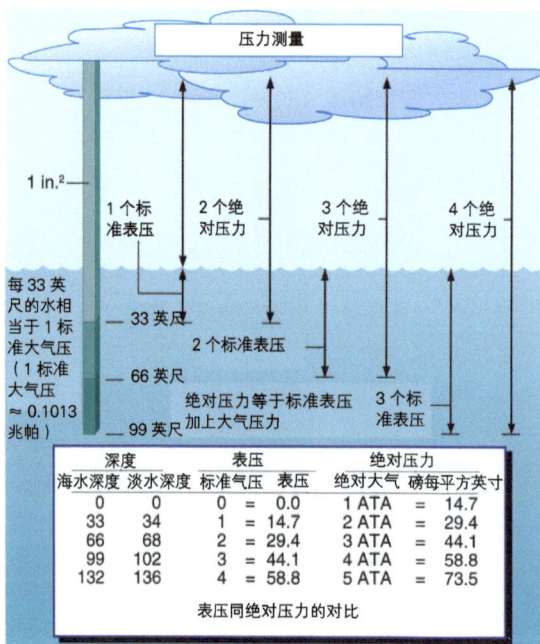

压力的基准要么是海平面大气压，要么是零气压（外部空间）。压力表在海平面读数为零，它只显示超过一个大气压的数据。胎压计和深度计是很好的测量气压的仪器，可以用磅每平

图 2.9 压力测量

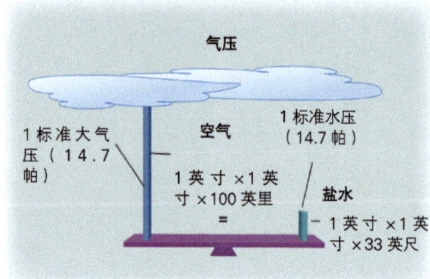

深度		表压		绝对压力	
海水深度	淡水深度	标准气压	表压	绝对大气	磅每平方英寸
0	0	0 =	0.0	1 ATA =	14.7
33	34	1 =	14.7	2 ATA =	29.4
66	68	2 =	29.4	3 ATA =	44.1
99	102	3 =	44.1	4 ATA =	58.8
132	136	4 =	58.8	5 ATA =	73.5

表压同绝对压力的对比

方英寸，英尺或米，或压强来计量。对潜水者来说，施加在他身上的总压力才是最重要的。大气压力和水压力都施加于潜水者。总压力的参照值是零，就像处在真空中。总压力称为绝对压力，也就是在每平方英寸上作用的磅数的绝对值。绝对压力在大气中的增量用绝对气压来表示（ATA）。把大气压力和表压相加即可获得绝对压力。要确保你理解这个概念，因为在后面的章节讲解压力的影响时，我们将使用绝对压力。

气体定律

当气体被压缩时，体积减小，密度和温度增加。如果气体膨胀，那么体积会增大，密度减小，温度降低。由于潜水者需要利用气体，所以需要了解气体特性之间的关系（压力、体积、密度和气体温度）。

玻意耳定律

玻意耳定律指出，对于在恒定温度下的任何气体，体积变化与绝对压力成反比，而密度与绝对压力成正比。如果压缩一个封闭的、柔性的空气空间（如气球），可以成比例地减少它的体积并增加压力。当把压力加倍，这个封闭的、柔性的空气空间的体积就会减少一半。空气没有减少，只是分子被压缩到一个较小的区域，密度变成了原来的两倍。当恢复到原来的压力时，空气膨胀直到恢复其原始体积。在下潜过程中如果你屏住呼吸，肺部会被压缩，如果不在水下排气，当返回到水面时，肺会恢复到原来的体积。

水肺会提供与周围水压一致的空气。这使你在任何深度都能保持肺的正常体积。肺内部的空气密度与水压成正比。如果水压加倍，肺部空气密度也加倍。如图 2.10 所示压力、体积和密度之间的关系。

玻意耳定律也适用于周围压力降低的情况。当外界的压力降低时，压缩在封闭的柔性容器里的空气体积的扩展与压力的减少成正比。比如，如果压力减半，体积就会加倍。

如果充满压缩空气的容器在上升过程中正确排气，膨胀的空气排出，上升过程中容器依然是充满的。如果容器内气体不排出，当容器达到最大体积时，内部压力就会增加。如果容器不够牢固，压力的增加会使容器破裂。这个概念对使用水肺的潜水者很重要，他们拥有很多填充有压缩空气的空腔。上升过程中排出空气的空腔不构成危险。但是，如果你的肺在上升过程中没有呼出空气，就会有生命危险。如果你上升过程中不从潜水装备中排放空气，随着空气膨胀和潜水服体积增大，浮力会失控。

图 2.10 显示了水中压力（和体积）变化规律的一个有趣的观点。在 33 英尺（10 米）的海水中，压力会增加一倍，从 1 标准大气压到 2 标准大气压。然后到 99 英尺（30 米）的深度会让压力再次加倍。请注意，你必须从 99 英尺上升到 33 英尺，才能体验

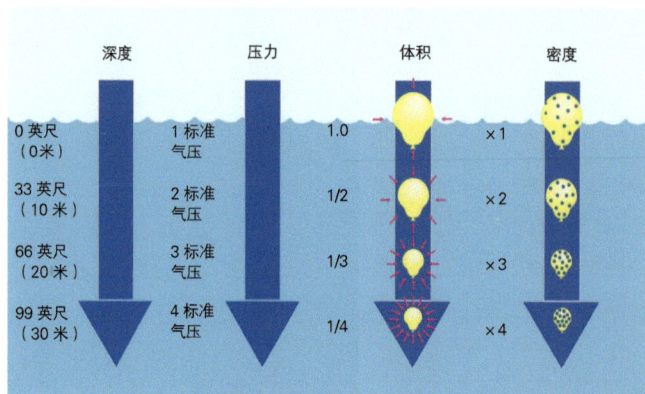

图 2.10
压力、体积和密度之间的关系

到从 33 英尺到水平面相同的压力变化率。换句话说，越接近水面，压力变化率（和空气空间的体积）越大。越接近水面，越要关注压缩空气空间。

在上浮和下潜时遇到的压力变化，可能是潜水的最大挑战。变化的压力对你的身体有直接和明显的影响。在陆地上，身体所在空间的压力不平衡可以引起不适；海拔的变化也会让你感到压力的变化，但在水中的压力变化出现的速度远大于在空气中。除非你保持身体空腔的压力与周围水压平衡，否则你的身体会受重伤。玻意耳定律造成挤压和反向阻隔，如图 2.11 所示。经验丰富的潜水者经常平衡压力，避免挤压。保持身体空腔与周围水压平衡是下一章的主要课题之一。

盖 – 吕萨克定律

玻意耳定律适用于恒定的温度条件下，因为温度会影响压力和气体的体积。法国化学家雅克·查尔斯发现气体在恒定压力下的体积随温度变化。法国科学家约瑟夫 – 路易·盖 – 吕萨克（Joseph-Louis

Gay-Lussac）定义了温度的作用——在体积不变的情况下，气压变化与绝对温度直接相关。

正如绝对压力必须用于压力表算一样，绝对温度必须用作温度计算。华氏度的绝对温标是兰金。华氏度数加上 460 度等于兰金。摄氏温度的绝对温标是开尔文。摄氏温度加 273 度等于开尔文。

你可以通过观察水肺潜水气瓶来了解盖－吕萨克定律，因为其具有恒定的体积。降低罐内空气温度会导致压力降低，增加罐内空气温度会导致压力增加。从较热的车后备箱取出的水肺罐，在水中冷却后，即使没有空气排出，气压也会下降。一个标准的 80 立方英尺（2265 升）的铝罐内，每度华氏温度变化，压力增加或减少的幅度约为 6 磅每平方英尺。在一个标准的 71.2 立方英尺（2016 升）的钢瓶内，每度华氏温度变化，压力增加或减少的幅度约在 5 磅每平方英尺。

如果空腔内的压力小于周围水的压力，外界的压力就会挤压空腔。在下降过程中，挤压可能发生在耳、鼻窦、面镜和其他人体内外的空腔。

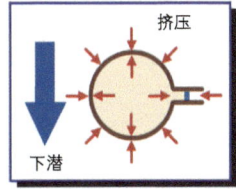

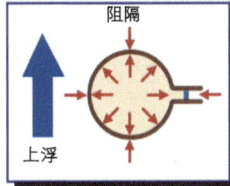

在上升过程中，周围对身体空腔的压力减少。空腔的气压在上升过程中升高，如果空气无法排出，挤压的反效果就会发生。如果内部的气压高于外部，情况就成为"逆向阻隔"。"阻隔"是指压缩空气被堵住，出现无法进入的情况。

防止挤压和阻隔的方法是保持空腔内外压力的平衡。

图 2.11
解释在平衡压力的过程中挤压和阻隔是如何出现的

道尔顿和亨利定律

气体可向物质内外扩散。当气体接触到液体，气体会溶解到液体中。气体进入液体的量取决于液体的密度、温度、压力和接触时间。用于气体扩散到液体过程的另一个术语是入气。由于人体的主要成分是液体，我们可以把自己的身体当成是液体，外部的气体会渗入人体的组织细胞中。在混合气体中，总的气压由每个气体的分压构成。道尔顿定律规定，混合气体的总气压是各个气体的气压之和。每种气体的分压决定了气体对液体的溶入量。亨利定律规定气体吸收遵循：在一定温度下，液体溶解的气体的量与该气体分压成正比。表 2.2 显示出了在 1 绝对气压空气中的气体的分压。

气体的分压是气体混合物中各种气体百分比乘以混合气体的绝对气压。在水里的气体分压和水面上的更高比例气体的分压具有相同的效果。

如果混合气体在海面上含有 2% 的二氧化碳（14.7 磅每平方英寸，或 1.03 千克每平方厘米），二氧化碳的分压为 0.294 磅每平方英寸（0.021 千克每平方厘米）。如果该混合气体的绝对压力增大至 99 英尺（30 米）深的海水压力（58.8 磅每平方英寸，或 4.12 千克每平方厘米），二氧化碳的分压为 1.176 磅每平方英寸（0.082 千克每平方厘米）。二氧化碳在水下 99 英尺处带给身体的压力感受为水面感测量的 4 倍。在水下 99 英尺处呼吸二氧化碳含量为 2% 的空气与在水面上呼吸二氧化碳含量为 8% 的空气是同等效果！二氧化碳含量过高对呼吸作用产生深远的影响。分压的表面等同效果使得在水下吸入微量污染物变得十分不安全。表 2.3 显示出了分压在不同深度的表面等同效果。

当液体吸收所有可以容纳的气体的时候，液体就饱和了。当减少与液体接触的气体的分压，气体就会从中逸出。这个过程叫作排气。入气和排气为预防减压病提供了数据和分析的基础。

表 2.2　在 1ATA 条件下空气中各种气体的分压

	比例	1ATA 下的分压	1ATA 条件下气体的分压（米制）
氮气	78%	11.466psia	$0.803kg/cm^2$
氧气	21%	3.087psia	$0.2163kg/cm^2$
氩气	0.93%	0.137psia	$0.0095kg/cm^2$
微量元素	0.04%	0.006psia	$0.0004kg/cm^2$
二氧化碳	0.03%	0.004psia	$0.0003kg/cm^2$
合计	100%	14.7psia	$1.03kg/cm^2$

表 2.3 分压的表面等同效果

深度	压力	O_2^a	CO^b	CO_2^c
0 英尺（0 米）	1ATA	20%	20ppm	2%
33 英尺（10 米）	2ATA	40%	40ppm	4%
66 英尺（20 米）	3ATA	60%	60ppm	6%
99 英尺（30 米）	4ATA	80%	80ppm	8%
132 英尺（40 米）	5ATA	100%	100ppm	10%

（ppm= 毫克 / 升）

在水下 132 英尺（40 米）处呼吸 20% 含量的氧气跟在地面上呼吸 100% 含量的氧气的效果一致。

在水下 66 英尺（20 米）处呼吸 40 毫克 / 升的一氧化碳跟在地面上呼吸 120 毫克 / 升的一氧化碳的效果一致。

在水下 99 英尺（30 米）处吸入 2% 含量的二氧化碳跟在地面上吸入 8% 含量的二氧化碳一样，会出现呼吸急促、喘气和头疼的状况。

耗气量

在运动用力时，每分钟呼吸的空气体积远远超过在休息时呼吸的，在陆地上可以超过 17 倍，在水中可以超过 14 倍。在水中，对躯干的压力导致吸入空气的体积只有平时的 85%。

随着下潜深度的增加，空气的密度加大，显著影响人体消耗空气的速度。在消耗空气一定的情况下，一定的空气供应在 2 大气压强的压力下坚持的时间是 1 大气压强的一半。在 4 大气压强下（99 英尺或 30 米的深度）消耗的空气是平时在海平面上休息时消耗的 40 倍！空气消耗的加快是潜水时必须避免大量体力消耗的一个原因。空气消耗速率用立方英尺 / 分钟（或升 / 分钟）、psig/ 分钟（或 atm/min，或 bar/min）来表示。通过了解各种运动的空气消耗速度，可以更好地计划你的潜水。当你知道你的空气消耗速度和可用空气量时，就可以计算出供气可以满足的时间。

关于气体定律的补充信息

下面这些气体定律可以被用来进行关于压力、体积和温度的精密数学计算

玻意耳定律： $P_1V_1 = P_2V_2$

$$P_1 = 初始气压（psia 或 ATA）$$
$$P_2 = 最终气压（psia 或 ATA）$$
$$V_1 = 开始时气体体积$$
$$V_2 = 最终时气体体积$$

例如：一只装有 2 品脱（约 1.1 升）空气的气球从 2ATA 深度上升到表面（1ATA），求气球在表面的体积是多少？

$$P_1 = 2 \text{ ATA}$$
$$P_2 = 1 \text{ ATA}$$
$$V_1 = 2 \text{ pints}$$
$$V_2 = 未知数$$

根据等量列出等式，计算可得：

$$V_2 = \frac{P_1V_1}{P_2} = \frac{（2 \times 2）}{1} = 4 \text{ pints}$$

分压 = 绝对压力 × 气体所占比例

例如：含有 20% 氧气的气体的绝对气压为 58.8psi，求氧气的分压？

$$PP = 58.8 \times 0.2 = 11.76 \text{psia}$$

盖－吕萨克定律： $\dfrac{P_1}{T_1} = \dfrac{P_2}{T_2}$

$$P_1 = 初始气压（psia 或 ATA）$$
$$P_2 = 最终气压（psia 或 ATA）$$
$$T_1 = 初始温度（°R 或 °K）$$
$$T_2 = 最终温度（°R 或 °K）$$

例如：一个潜水气瓶的瓶压为 2250psig，温度为 70°F。现把气瓶加热到 150°F，求气瓶在高温条件下的瓶压为多少？

根据等量列出等式：

$$P_1 = 2250 \text{psig} + 14.7 \text{psia} = 2265 \text{psia}$$
$$P_2 = 未知数$$
$$T_1 = 70°F + 460 = 530°R$$
$$T_2 = 150°F + 460 = 610°R$$

调整方程格式，计算可得：

$$P_2 = \frac{P_1 T_2}{T_1} = \frac{2265 \times 610}{530} = 2607 \text{ psia}$$

$$2607 \text{ psia} - 14.7 \text{ psia} = 2592 \text{ psig}$$

热量、湿度、光照和声音

当你进入水中，会遇到很多变化。身体散热快，同时使用潜水装备也使得身体失去水分。此外，眼睛变得不可靠，耳朵也会迷惑你。当你了解在水里会发生什么（和它为什么会发生），你可以更好地掌握水和空气环境之间的差异。

热量传播

各种形式的热传递的结果是潜水会使人很快感觉到冷。媒介之间的辐射，如对流和热传递（见图 2.12，第 29 页）等，有很多形式。热量从暴露的表面上传播，温度通过液体上行，直接通过物质之间相互接触而导热。金属都是良导体。与金属相比，水还算是不良导体，但水导热性比空气（取决于密度）快约 25 倍。传导和对流是传送热量的主要手段。热量从潜水者体内传送到周围的水中，从皮肤流失，被水带走。你也在蒸发的过程中失去体温。当你在水下呼吸时，湿气从你的肺部蒸发；当你在地面出汗，水从皮肤表面蒸发。潜水设备使

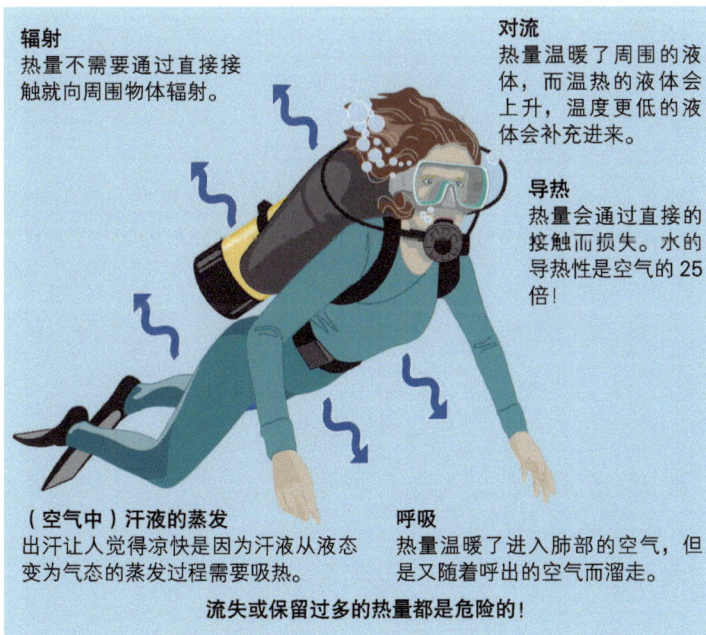

辐射
热量不需要通过直接接触就向周围物体辐射。

对流
热量温暖了周围的液体，而温热的液体会上升，温度更低的液体会补充进来。

导热
热量会通过直接的接触而损失。水的导热性是空气的 25 倍！

（空气中）汗液的蒸发
出汗让人觉得凉快是因为汗液从液态变为气态的蒸发过程需要吸热。

呼吸
热量温暖了进入肺部的空气，但是又随着呼出的空气而溜走。

流失或保留过多的热量都是危险的！

图 2.12
热量的传递和损失

关于气体定律的补充信息

下面的空气消耗量的公式可以用于计算消耗率和空气供给持续时间。为了计算空气消耗的速度，你需要三项信息：你已待了一段时间的深度，你在这个深度所待的时间长度和在这段时间内你已经消耗的空气量。

1. 确定你的深度空气消耗率（DACR），其实很简单，就是所消耗的空气量被时间和深度所均分。例如，一个在10分钟内使用1000磅（68个标准气压）空气的潜水者的空气消耗率为每分钟100磅（6.8个标准气压）。

$$DACR = \frac{所消耗的空气量}{在某个深度所处的时间}$$

2. 将DACR转化为表面空气消耗率SACR。你需要通过体积而不是压力来表达消耗率。当你完成这一步后，你可以将空气消耗率公式应用到任何深度的计算上，也可以通过你已经使用过的气瓶来计算不同尺寸的气瓶的空气消耗率。通过用DACR乘以表面气压与一定深度下的气压比来获得表面空气消耗率。因为我们可以通过深度来表达压力，所以你可以使用下面这个公式：

$$SACR = DACR \times \frac{33 英尺（10 米）}{潜水深度 + 33 英尺（10 米）}$$

例如，假设你在33英尺（10米）处的深度空气消耗率为每分钟30磅，你的SACR就是30（33/66）=15磅每分钟，或者是2（10/20）=1巴每分钟。

3. 将消耗率转化为体积，推导出一个气瓶的体积和压力与呼吸速率体积和压力之间的比例，然后可求呼吸速率体积（BRV）如下：

$$\frac{V_1}{P_1} = \frac{V_2}{P_2}$$

在这个公式里面，

V_1= 完全充气状态下气瓶的体积

V_2= 呼吸速率体积（BRV）

P_1= 完全充气状态下气瓶的压力

P_2= 呼吸速率压力

所以，
$$BRV = \frac{V_1 \times P_2}{P_1}$$

例如，一位配备着一个80立方英尺（2265升）气压3000磅（204巴）的潜水气瓶的潜水者，他的SACR为每分钟30磅（2.04巴），那么他的呼吸速率体积为

BRV=80立方英尺 ×30磅每分钟/3000磅 =0.8立方英尺每分钟

公制 BRV=2265升 ×2.04巴每分/204巴 =22.65升每分钟

4. 对于同一个级别的活动，你可以计算出任何体积的气瓶里面任何重量的空气在任何深度可以支持的大概时间。举例来说：一个体积为71.2立方英尺（2016升）重量为2475磅（168巴）的气瓶里面装有1750磅空气，问这些气体够一个深度呼吸速率体积（BRV）为0.8立方英尺（22.7升）的潜水者在70英尺（21.3米）处坚持多久呢？

首先，确定气瓶中的空气在 1750 磅（119 巴）的压力下的体积。用来计算瓶内气体体积的算式为

$$V_2 = \frac{V_1 \times P_2}{P_1}$$

在这个等式中，

$V_1=$ 完全充气状态下气瓶的体积

$V_2=$ 部分充气状态下气瓶的体积

$P_1=$ 完全充气状态下气瓶的压力

$P_2=$ 部分充气状态下气瓶的压力

因此，部分充满的气瓶里的空气体积应该为：

$$V_2 = \frac{71.2 \times 1750 \text{ 磅}}{2475 \text{ 磅}} = 50.3 \text{ 平方英尺}$$

$$\text{或者是 } V_2 = \frac{2016 \times 119 \text{ 巴}}{168 \text{ 巴}} = 1428 \text{ 升}$$

计算空气供应时间（ASD）的等式是

$$ASD = \frac{\text{可供应的空气体积}}{BRV} \div \frac{\text{潜水深度} + 33 \text{ 英尺（10 米）}}{33 \text{ 英尺（10 米）}}$$

所以上文所提的问题里面，计算空气供应时间（ASD）的等式是

$$ASD = \frac{50.3 \text{ 立方英尺}}{0.8 \text{ 立方英尺每分钟}} \div \frac{70 \text{ 英尺} + 33 \text{ 英尺}}{33 \text{ 英尺}} = 20 \text{ 分钟}$$

$$\text{公制 } ASD = \frac{1,428 \text{ 升}}{22.7 \text{ 升每分钟}} \div \frac{21.3 \text{ 米} + 10 \text{ 米}}{10 \text{ 米}} = 20 \text{ 分钟}$$

第一眼看上去，这些计算似乎很复杂，但是关键信息其实很简单。熟能生巧，勤加练习，这些计算就变得简单了。让我们来复习一下计算空气消耗的四个步骤：1. 确定你的深度空气消耗率（DACR）；2. 确定你的表面空气消耗率（SACR）；3. 确定你的呼吸速率体积（BRV）；4. 确定一定量的空气供给所能持续的时间（ASD）。概括公式如下：

$$DACR = \frac{\text{所消耗的空气量}}{\text{在某个深度所处的时间}}$$

$$SACR = \frac{DACR \times 33 \text{ 英尺（10 米）}}{\text{潜水深度} + 33 \text{ 英尺（10 米）}}$$

$$BRV = \frac{V_1 \times P_2}{P_1}$$

$$ASD = \frac{\text{可供应的空气体积}}{BRV} \div \frac{\text{潜水深度} + 33 \text{ 英尺（10 米）}}{33 \text{ 英尺（10 米）}}$$

得高压空气体积扩大并冷却它。身体的热量会自动温暖吸入体内的空气，所以每次呼气，你都会失去热量。

我们可以通过具有隔热性的材料来减缓热传递。特殊的服装有助于将你从环境中隔离，但是这种隔离并不能减少呼吸过程中所消耗的热量。下一章会介绍如何应对热量消耗的问题。

湿度

潜水者必须意识到湿度的影响，或气体中存在的水蒸气的量。气体的温度决定气体可以吸收和保留水蒸气的量。气体温度越高，湿度就越大。

你可以令吸入的空气变得潮湿。把压缩空气灌入水肺气瓶的过程降低了空气的湿度。当你从气瓶中吸入干燥的空气时，水分也从身体器官中流失。由此产生的液体流失可能会导致脱水，特别是对于一名潜水者来说，这是不好的情况。在接下来的章节中，你将学习如何避免脱水。

潜水必须面临其他关于湿度的挑战。随着空气变冷，面镜内的潮湿空气会在镜片形成水雾。除非你提前彻底清洁面镜，否则凝结的空气会形成薄片状，凝结雾珠模糊你的视野。第六章会讲到面镜的清洁和除雾。在接近零摄氏度的低温环境下，呼出空气中的水分可导致潜水校准设备结冰。其他潜水设备中的水也可能冻结。如果你要在寒冷的环境中潜水，必须接受专项培训并应知道如何在这些条件下准备和使用设备。

光与视觉

水的密度会干扰到潜水者，使得他们很难分辨看到的和听到的。光在空气中传播的速度快于水中。当光在水中照进你的面镜，它会加速和弯曲（折射），使得你所看到的东西都被放大。水下看到的物体的距离是实际距离的 3/4（距离缩小 25%），尺寸是实际尺寸的 4/3（放大 33%）。视觉失真需要调整，要在实践中学习。12 英尺（3.7米）远的物体看上去似乎只有 9 英尺（2.7 米）远。看上去约 2 英尺（0.6 米）长的鱼其实只有 1.5 英尺（0.5 米）长。许多潜水新手都发现，他们从水下带回的东西比他们在水下看到的要小得多。图

2.13 显示了光是如何在水中看上去变得不同。

　　折射引起的一个困难是远处的物体看起来很近。在水清澈的情况下这容易造成危险，当你往下看，看上去安全的距离，实际上可能超出了你所预计的最大深度。你必须认识到，目测距离是不准确的，在水下你必须依靠深度计，而不是你的眼睛。

　　人有两种类型的视力：日视和夜视。这两种类型使用的眼睛部位不同。当你从明亮的地方进入灯光昏暗的地方，眼睛需要 15~30 分钟以适应弱光。即使眼睛进行了调整，你能够看到的细节也比日视要少得多。此外水中散布的颗粒会减弱光。你潜得越深，光线越少。在混浊的水里，光亮随深度增加会迅速降低。在混浊的水中潜水，需要适应从日视到夜视的变化。

　　水影响到光的方式有很多种。水的表面反射光。当光线以小于 48 度的角度射入平静的水面时，水面会反射所有的光。所以清晨和傍晚的阳光无法穿透平静的水面。

　　从水下射出的光线也会被表面反射。在适当的角度观看时，水面以下的某个部分就像镜子。从水下看到的物体往往缺乏自然的色彩。白光，如阳光，本来包括光谱的所有颜色，但是水的深度会吸收颜色。深度只有 30 英尺（9 米）的水可以完全吸收所有暖色调光线，如红色和橙色。冷色调，如蓝色，可照射到最深处。

　　正因为如此，越深处越清澈的水都是蓝色的。其实 100 英尺（30

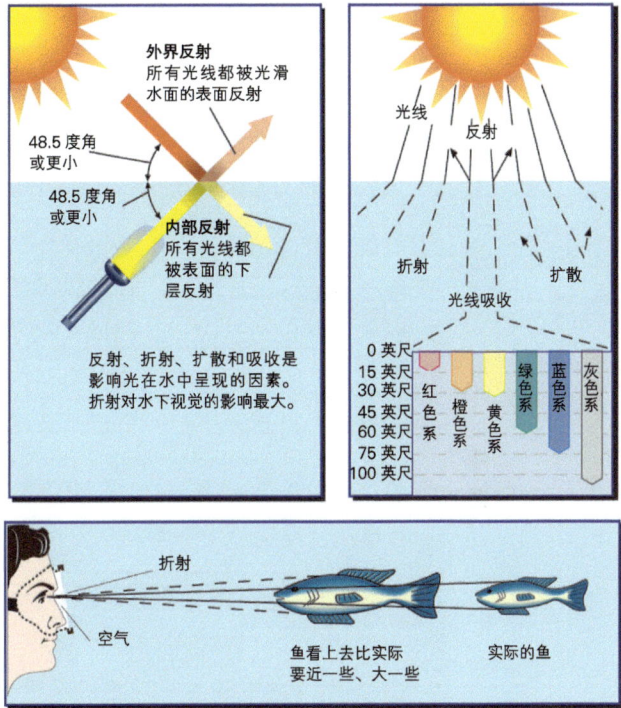

图 2.13
视觉感受在水下是被扭曲的

有一个很老的笑话，说一个年轻的女孩第一次上完水肺潜水训练课回家，当被问及是否喜欢时，反应很冷淡。她是这么回答的："教练首先告诉我们各种可能会死亡的方式，然后叫我们在水里尝试这些方式，我觉得我要死了。"幸运的是今天的教练不再用这种方式教课了。

学习潜在伤害的知识是为了在理解的基础上学习如何预防。掌握知识，通过适当的实践转变为技能，你能避免本章中所提到的所有问题。

使用潜水装备进行体能训练已经过时。合理的体能是潜水的一个先决条件。任何可以连续游200码（约183米）的健康人都可以潜水。现代水肺潜水训练的目标是帮助你学会在水中放松，不是把你培养成水底重型武器。

米）以下你能看到的场景很单调。这时，你可以通过使用人造光在水下有限的范围内看到光谱中所有的颜色。

另一种视觉挑战是迷失方向。当你在水中处于失重状态，也没有东西可视为参照物时，就会出现眩晕。眩晕是一种旋转的感觉。这种情况在水很混浊、能见度差的时候可能发生；在水十分清澈但是没有任何参照物的时候也可能发生；还有就是当不同密度的水混合的时候也可能发生。你将在下一章学习如何应对迷失方向的挑战。

最后一个视觉问题是在水中的能见度比在空气中差。在空气环境中，能见度测量以千米为单位来计算，但在水中测量只能用到米。悬浮在水中的微粒造成混浊，妨碍视力。能见度下降使人们难以在水下辨别和找到东西，所以要保持与潜伴之间的联系，并找到出路。你必须提高技能，以应对这些挑战，包括提高水下搜索和导航能力。

声音和听力

声音可以很好地在水中传播。潜水时你可以听到很多声音。在陆地上，通过声音传到两耳时间上的差异，你可以判断声音传来的方向。这种时间间隔是短暂的，但足以让你的大脑来识别它。但是在水中，声音的传播速度大概是在空气中传播速度的4倍，当声音在水中传播，从头骨到耳朵，两耳收到声音的时间差很小，所以很难辨别声音的方向。

不过，声音很难从空气传送到水里。只有0.01%的声音可在空气和水之间直接传播。必须使用特殊的装置，才可以使水下的声音交流可靠有效。

总结

　　水下环境会在很多方面影响身体。压力影响你的身体空腔：你的耳朵、鼻窦和肺。水中压力变化的速率比在空气中快许多倍，而且越接近水面越快。压力变化也影响气体在液体中的扩散。体内二氧化碳的多少控制你的呼吸，而二氧化碳的分压受水的深度的影响。温度也影响恒定体积的气体的压力。深度和运动对空气消耗量的影响最大。水从体内吸收热量，所以潜水者需要穿上防护服以防止过多的热量流失。湿度能导致诸多问题。空气和水的不同密度会影响浮力、流动性、热损失、视力及听力。现在大家既然都已经了解了水下环境对身体的影响，那就需要做好适应水下环境的准备。

第三章

潜水大发现

通过本章的学习，你将能够做到以下几点：

1. 理解什么叫作：失温，过高温，血管收缩，热衰竭，中暑，平衡，汤因比动作，佛萨瓦氏压力均衡法，陷阱门效应，跳跃式呼吸，潜水压力伤。

2. 描述下列情况的起因、影响、标志、症状、急救措施以及防范措施：失温，过高温，扭伤，反向阻碍，肺部气压伤，眩晕，晕船，减压病和晕氮。

3. 理解潜水时控制浮力的三种方法。

4. 理解在下潜过程中，什么时候平衡耳压以及如果压力不均应当如何调整。

5. 理解如何最大限度地减少水下游泳的阻力。

橙色的球海葵，巴巴多斯岛，英属西印度群岛

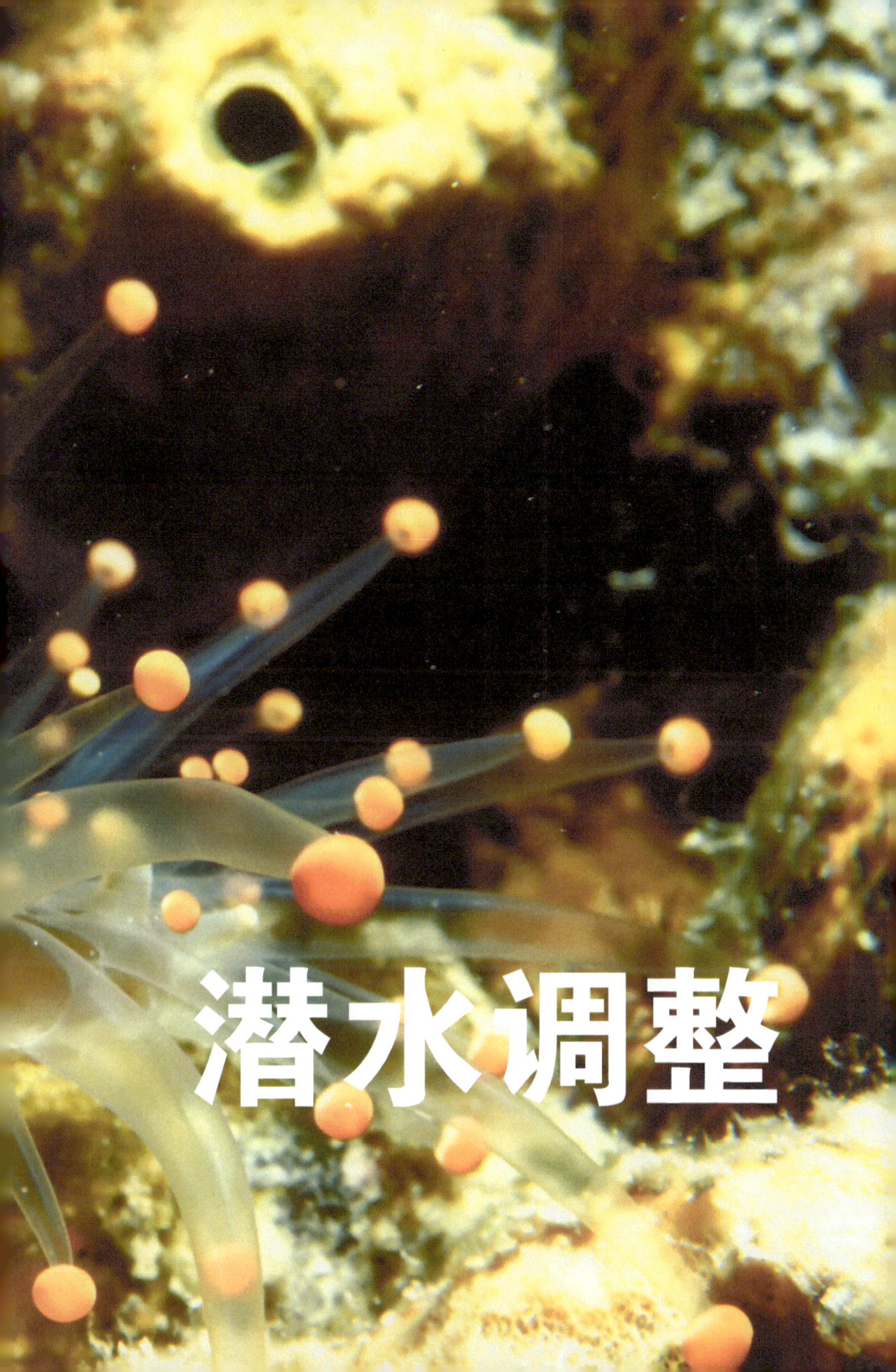

潜水调整

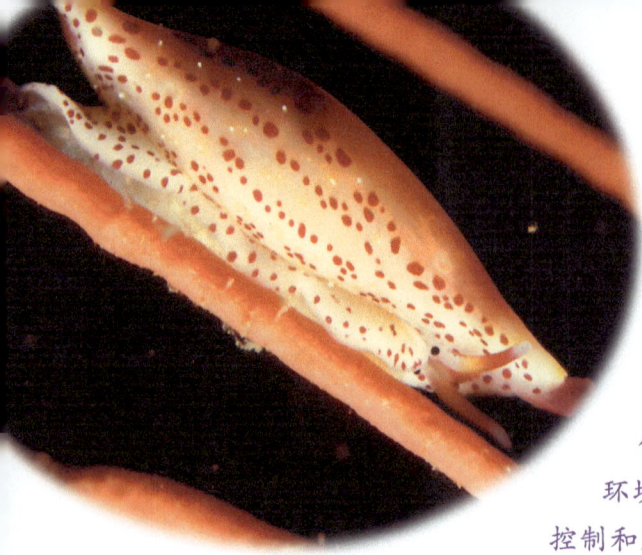

珊瑚枝上的海兔螺，帕洛斯韦尔德，美国加利福尼亚州

在第二章里，你已经学到了水压对身体的影响。这一章，你将学习如何应对这些影响。绝大多数智力和身体条件正常的人，都可以针对水下环境做出应对与调整，例如浮力控制和压力控制。有些时候是无意识地调整，有些时候则必须有意识地进行调整。学习适应从陆地到水下的环境变化需要专业的指导和说明。首先要学习应当做的，接着要去实践学到的。

想要在水下有效地进行活动，专业的态度、专门的装备、相关的知识和技术缺一不可。这一章会讲述一系列基础知识，并且开始逐步培养形成最大限度降低风险应有的态度。你将会学到作为一个普通人，下潜入水和回到水面所需要的医学、物理以及心理的基本知识。

热量调整

在水下，把身体的核心温度控制在与正常体温相差不到几度的范围内是很有挑战的一件事情。当你进入水下后，你的身体会迅速地损失热量。50 华氏度（10 摄氏度）的水温会让一个没有任何防护的潜水者在 15 分钟内失去活动能力。即使是在 80 华氏度（27 摄氏度）的体感温暖的水域，也可以在 1 小时内将潜水者冻僵。在 80 华氏度（27 摄氏度）的水里只穿一件泳衣，跟不穿任何衣服站在 42 华氏度（6 摄氏度）的空气中的效果是一样的。

你的大脑通过规律化身体的功能来维持身体的温度。如果你的核心体温低于 95 华氏度（35 摄氏度），你就会失温。你要警惕轻度和中度失温，这两种情况都可能会很危险。你也需要理解过高温的两个产物——热衰竭和中暑，这两种情况都非常危险，必须避免。

热量损失

每个人的身体对于热量损失会有不同的生理反应。当感觉到冷的时候，你会不自觉地增加呼吸，这是非常不可取的做法。每次吸入空气时，你都要加热和湿润空气，但每次呼出气体时，你都会损失热量和水分。所以你呼吸的次数越多，热量和水分损失越多。而水的深度加速这个问题的出现，因为周围的压力越大，空气的密度就越大，而密度越大，吸收的热量就越大。所以你潜得越深越容易冷。

任何对身体机能有影响的因素都可能会增加热量损失，兴奋、恐惧、害怕、晕船和其他的身体疾病，等等。这也是为什么良好的身体素质和自信的心理状态非常重要的原因。

身体对寒冷的一种反应是引起血管收缩，能减缓四肢的血液回流速度。血液循环减慢能够减少热量的消耗，因为它能将温暖的血液保留在御寒能力弱的身体部位。你的头、腋下、体侧、腹股沟和四肢是在水下最容易流失热量的部位（如图3.1所示）。幸运的是，这些部位很容易被分隔开来。在寒冷的水中，通过头部所损失的热量是相当可观的，因为头部得到大量的血液供应但是缺乏天然的保护以隔绝外界的影响。遇冷时，身体也并不会像对待其他部位那样，减少对头部的血液供应，因此当水温在70华氏度（20摄氏度）以下时，潜水时必须把头部保护起来。

相对于其他器官，手因为手指数量多的缘故，皮肤表面积也比较大。为了防止热量过多地经过手部损失掉，当你感到寒冷时，身体会减少对手部的血液供应。当手部温度降到50华氏度（10摄氏度）的时候，身体会重新向手部供血以使双手回暖。所以当你潜水时，如果手部没有防护，你身体的热量会通过手部流失掉。因为手部变凉时，手指会变得麻木，失去力量。因此需要对手部进行防护

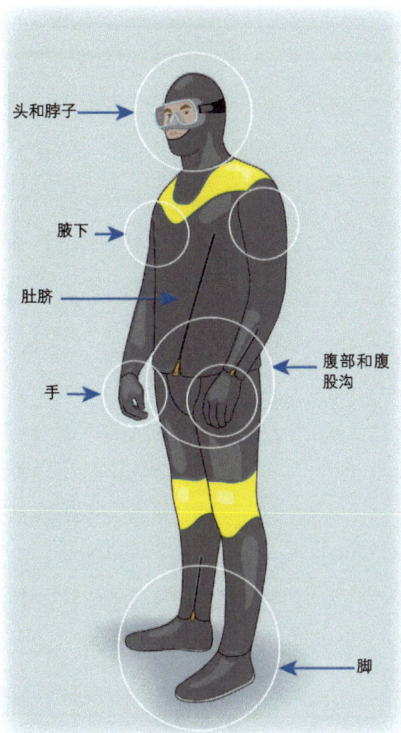

头和脖子
腋下
肚脐
腹部和腹股沟
手
脚

图 3.1
热量损失高发区

以保证它们功能正常，并保存身体的热量。

与身材高大的人相比，身材娇小的人在水中热量损失得更快。他们的肌肉群数量少，不易产生和储存热量。防护对每一个潜水者来说都很重要，但是对于身材娇小的人而言，热量损失防护装备尤为重要。不够充分的防护会导致失温，反复或是长期暴露也会导致失温。当然缓慢变冷也是不可取的。一旦你的肌肉失去感觉和力量，就会抽筋。严重的热量损失也会影响到你的分析能力。身体另外一个应对寒冷的反应是发抖，其实这是通过肌肉运动恢复热量的一个过程。发抖产生的热量是你身体在休息状态下产生的热量的5倍！但是，发抖在陆地上很有帮助，在水下却是非常不利的。水会带走你身体产生的更多的热量，你会觉得更冷了。无法控制的发抖表明你身体的核心已经损失了太多的热量，因此除非升到水面以上，否则你没有办法使自己复温。当你开始发抖时，你应该暂停潜水，彻底复温以后再进行潜水。为了使体温尽快恢复正常，你应该穿上干燥而暖和的衣服，待在温暖的环境中，并且饮用温暖的不含酒精的饮料。你很有可能冻得发抖不止，出现这种情况的原因是失温使得你的身体已经没有办法重新产生热量。而那些冻僵的人则需要医疗救治。

你必须明白，温暖身体表面和温暖身体内在是很不一样的。你可能觉得已经很暖和了，但事实上你内在的器官温度可能仍低于正常温度。如果在这样的情况下又再次进入水里，你很快就会被冻僵。唯一能确定你确实从里到外都温暖了的方法就是不停地取暖，直到你开始出汗。只有当核心温度上升并且超过正常体温的时候，身体才会出汗。

身体过热

你可以通过防护服隔绝身体与水的接触，防止身体热量过度流失，但是保温也会导致另外一个问题。当你保护好你的身体，防止热量过度流失，同时也降低了身体将多余的热量排入水中的能力。汗液的蒸发有利于帮助身体降温，但是如果你把身体彻底包裹住，汗液就不能蒸发。在炎热的天气里，你准备潜水的时候，身体可能会过热。对潜水者而言，在潜水前、潜水中和潜水后都保持身体温度在一定的范围内会是很大的挑战。图3.2描述了一些过热状况的原因和影响。

当一个人没有办法阻止身体核心温度升高，就会发生轻度中暑，这种情况是很危险的。轻度中暑的人会变得虚弱，可能会崩溃。病人看上去脸色苍白，感觉很无力。如果有条件，把中暑的人放到阴凉的地方，脱去防护服，并采取措施逐步降低他的体温。

重度中暑是过热更严重的一种症状。这种情况发生在体温严重过高时，这时人体对温度的自动调节功能已经丧失。中暑的受害者看上去满脸通红、燥热、皮肤干燥，情况十分严重。此时就需要立即冷却病人的身体并且请求医疗救助。

提前预防过热远比事后补救要好得多。应该避免在炎热的天气里长时间穿着防护服。如果气温较高，在穿好防护服以后装备其他潜水工具之前，用水打湿身体。应避免直接暴露在阳光下。对于那些体质稍差的潜水者来说，考虑热量变化的影响尤为重要。

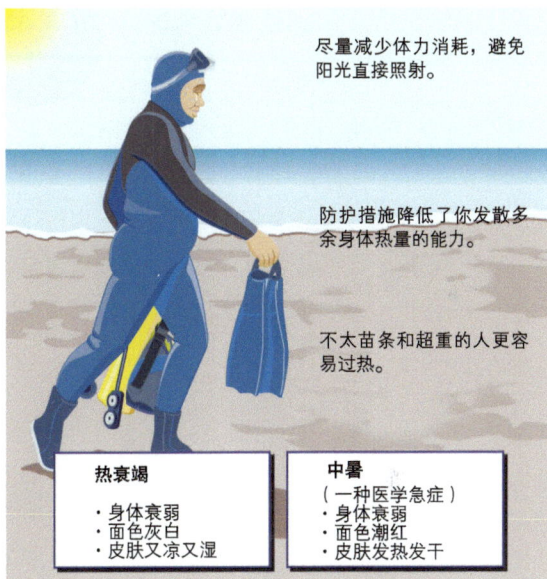

尽量减少体力消耗，避免阳光直接照射。

防护措施降低了你发散多余身体热量的能力。

不太苗条和超重的人更容易过热。

热衰竭
· 身体衰弱
· 面色灰白
· 皮肤又凉又湿

中暑（一种医学急症）
· 身体衰弱
· 面色潮红
· 皮肤发热发干

图 3.2
未雨绸缪，通过学习中暑和疲惫的症状来防止身体过热

浮力调整

潜水防护服和其他装备会影响到你的浮力。在水中，你必须调整你的重量来控制你在水中的深度。当浮力太大时，你必须努力才能保持淹没状态；当装备超重时，你又要努力防止过度下沉甚至是沉到水底。在水下，你需要保持悬浮力；在水面，你需要保持正浮力。在第二章中，你已经学习过浮力的原理和三种状态：正浮力、负浮力和悬浮力。现在，我们将要学习浮力的实际应用。

由固态、液态物质和空腔组成的身体平均密度几乎与水相同。人体浸泡在水中，在完全放松的状态下，当肺部充满空气时，就会有几十千克的正浮力，当肺部空气量最小时，就会产生几千克的负浮力。

影响浮力的因素

潜水时，人们通常会穿着某种潜水衣，大部分的潜水衣会增加浮力，所以潜水者会负重来卸去部分浮力，达到悬浮的状态。这些重物大多是铅制的，密度是水的 12 倍。

你最初入水的浮力，取决于你的重量和装备的排水量。你可以通过增加或排出你的浮力补偿器（BC）里的空气来改变你的体积，而这种调整对你重量的增加或减少的影响几乎可以忽略不计。增加浮力补偿器里的空气来增加浮力，反之亦然。

表 3.1　影响浮力的因素

因素	影响
潜水者的身形和重量	胖的潜水者浮力更大
装备的类型和数量	装备越大浮力越大（因为会增加体积）
负重	负重减少浮力
浮力补偿器里的空气量	增加空气量就增加浮力
罐中的空气量	空气减少浮力增加
肺部空气量	劳累或兴奋增加体积和浮力
防护服的压缩量	压力缩小体积和减少浮力
携带物	重量增加浮力减少
水域类型（淡水或咸水）	密度越大的水浮力越大

浮力受体形和重量、肺活量、装备和所携带的物品影响（见表3.1）。防护服使用空气或是绝缘气体的小泡沫来进行防护隔离。当你下潜时，压力会使气体压缩，从而使你的体积变小、浮力变小，因此你需要通过增加浮力补偿器里的气体来增加浮力。另外，当你从水肺里吸入空气时，你身体的浮力会增加。每平方米的空气约重 0.08 磅（每升 1.3 克）。一个典型的潜水气瓶舱内装有 80 立方英尺（2265升）的空气，一个满罐重量为 6 磅（2.7 千克）。当你消耗气瓶中的空气时，必须释放一些你添加到浮力补偿器里的空气。这样的往复可以帮助你在潜水过程中保持浮力不变。

肺部充满空气会增加你的浮力，反之从肺部释放空气会减小你的浮力。平均肺容积高，你容易漂浮起来；平均肺容积低，你就容易下沉。当你变得兴奋或是开始快速移动，你的呼吸会增加，也会影响到你的浮力。为了控制浮力处于最佳状态，你应该保持冷静放松的状态。

水的密度也会影响浮力。海水的密度高于淡水，因此你在海里的浮力远大于在湖里。这也意味着，如果是为了在海里潜水所预备的负重，在湖里潜水时，需要适当减轻一些以保证悬浮状态，减重的比例大约为你的净重和你装备重量和的3%。举例说明，一个重160磅（73千克）的潜水者，背负60磅（27千克）的装备，其中包括16磅（7千克）的负重，这次想要进行淡水潜水而不是以往的海水潜水，那么他需要拿掉7磅（3千克）的负重。

潜水人生，点滴智慧

在某些时刻，潜水者会有一种特别的感受，似乎自己成为这水底世界的一部分。我到现在都清楚地记得那种无法抗拒的感觉，当时我正在红海潜水，那是一种宁静与兴奋奇怪地融合在一起的感觉。训练的目的是帮助你调整以适应一个新环境。当你可以调整了，你就可以放松了，当你可以放松了，你就可以更专注在让你兴奋的新环境上，而不是你自己的状况上。满足这些潜水的条件是充满挑战的事情，但是当你做到了，这种成就感会让你觉得一切的付出都是值得的。人类可以根据新的状况调整得很好。训练则通过尝试和犯错来帮助人们更快、更容易、更安全地进行调整。仔细学习接下来的章节，学习如何更好地调整以适应水下环境。我真心希望你能够经历我在红海里所经历并且开始潜水以后这一生无数次经历的体验。同大海成为一体是如此强大、令人感动和终生难忘。

控制浮力的方法

对于潜水者而言，控制浮力的方法有三种：通过你携带的装备和负重来调整，通过浮力补偿器来调整，通过控制肺部气量来调整。你会发现，这三种调整方式依次是粗犷、适中和细微的调整方式。为了适应水中环境，你需要学习的技巧包括正确地计算负重量，调节浮力补偿器里的空气量和控制呼吸进行非常微小的浮力调整。本书第六章将会讲到这些技巧。

压力平衡

学习如何调整在水中压力变化对身体的影响是学习潜水最重要的事项。随着你的身体下潜和上浮，压力一直在不停变化。为了避免潜水中的不适反应和受伤，你一定要保持体内空腔、身体表面和外在压力的平衡。这一节将重点讲述如何保持压力平衡。

平衡鼻腔压力

只要你的鼻窦是健康的，它会自动平衡压力。但是如果你感冒了或是有其他呼吸系统疾病，鼻窦内黏膜会肿胀，可能会堵塞住向鼻窦通气的狭窄气道，就会出现挤压鼻窦的情况。因为鼻窦是由骨头搭建起来的空间，并不是一个有伸缩性的空间。当鼻窦内的压力小于外界压力时，就会使外界液体进入鼻窦内。鼻窦内黏膜的膨胀和液体流入会减少鼻窦里的空气量。不要试图使用这种痛苦的方式在下潜中平衡压力，因为你的麻烦并没有结束。当你以这种状态上浮时，鼻窦中被压缩的空气会膨胀到原来的体积。除非你的鼻窦干净正常，否则不要潜水。图3.3展示了压力情况下正常的鼻窦和肿胀的鼻窦的反应。

健康的鼻窦

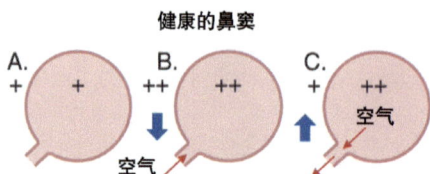

空气可以自由地进出健康的鼻窦（A），所以在下潜（B）和上浮（C）的过程中，压力会自动平衡。

肿胀的鼻窦

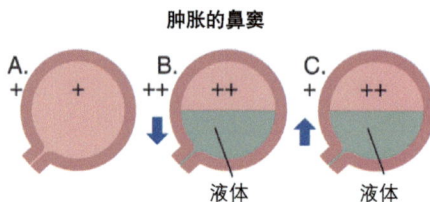

空气不能进出肿胀的鼻窦（A），在一定的深度处，身体迫使液体进入鼻窦以平衡压力（B）。在上浮过程中，鼻窦内的空气试图膨胀回它原来的体积（C）。

图 3.3

鼻窦内的压力平衡机制

不要使用药物来缓解和处理由于疾病引起的鼻塞和肿胀然后去潜水。压力会大大降低药效和持续时间。消肿的药并不能够治愈疾病，只能缓解症状。当打开通道的药效消退后，会出现反弹效应。气道会变得比用药以前更加肿胀。如果这种反弹出现时你正在潜水，那么你很有可能会陷入鼻窦过高压。如果你生病还没有完全康复，你就不应该去潜水。

平衡耳压

比起其他身体空腔，你需要更经常地平衡耳压。鼻窦里的空气通道通常是打开的，但是连接你喉咙和耳朵的咽鼓管则是常闭的，你必须学会如何自如地打开咽鼓管使得空气可以通过以平衡中耳压力。有几个动作可以帮助你打开咽鼓管的底部与喉咙连接的部分，如吞咽、打哈欠、抬起舌根，把下颚往前伸（单个动作或是组合来做均可）。你应该会听见耳朵里有开裂的声音，是因为气管被打开的缘故。有些潜水者比较幸运，几个简单的动作就可以帮助他们平衡下潜中中耳的耳压。绝大多数人需要使用一些更有力的手段才能达到平衡。很多潜水者会使用一种被称为"汤因比回旋"的方法，通过堵住鼻孔，闭上嘴进行吞咽动作来平衡耳压。佛萨瓦氏动作则是更深程度的一种方法，通过堵住鼻孔，闭上嘴巴，轻轻地尝试呼气来平衡耳压。

使用佛萨瓦氏动作时，你一定要避免过度用力，因为可能导致圆窗耳蜗破裂，对听力造成永久性伤害。当外耳压力增加时，鼓膜向内凸出，中耳内部与听力相关的骨头将震动传递给内耳的卵圆窗。当你试图对抗封闭的气道进行呼气时，你就在内耳制造出了一个耳压。这个压力和外部压力同时在卵圆窗上相遇碰撞，有可能造成卵圆窗破裂，导致高频听力损伤，出现耳鸣。如果你控制做佛萨瓦氏动作时的力度，可以防止出现这种伤害。千万要小心！

你一定要提前并且常常平衡中耳耳压。如果在下潜过程中你没能及时平衡耳压，不断增加的压力会使你的咽鼓管闭合，如果此时你试图迫使空气通过咽鼓管，反而会使它闭合得更紧。这就是暗门效应。这个问题可以通过保持中耳和咽喉的压力平衡来避免。然后，你就可以顺利打开咽鼓管，使空气可以通过。图3.4所示为暗门效应。

在下潜之前，你就应该开始平衡耳压，而且在下潜前15英尺（4.6米）的过程中，每下潜2英尺（0.6米）就需要进行一次平衡；15~30英尺（4.6~9.1

图 3.4
对平衡压力很有帮助的技术

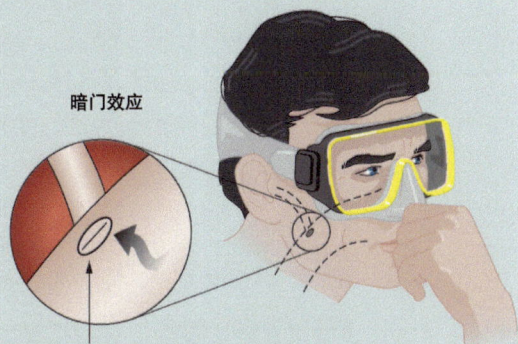

平衡压力的方法
闭上嘴巴堵住鼻孔，轻轻吹气。
闭上嘴巴堵住鼻孔，做吞咽动作。
将下颚向前推出，闭上嘴巴打哈欠。

暗门效应

当压力不平衡时（这种情况通常出现在下潜过程中），压力差使得咽鼓管的末端保持关闭状态，阻挡了任何将会出现的平衡，直到潜水者上浮到足够的高度释放这些压力。

米）的过程中，每下潜 3 英尺（0.9 米）就需要进行一次平衡；到达 30 英尺以后，就要根据需要随时平衡。当你顺利地平衡耳压时，你可以感受到和听到空气进入你的耳朵。如果你试图平衡耳压，但是没有办法使空气顺利进入，你应该上浮几英尺，以减轻对咽鼓管的压力，然后再次尝试平衡耳压。如果行得通，就继续下潜；如果行不通，就再上浮几英尺再试一次。最开始潜水时，你可能会觉得下潜过程反反复复很不顺畅，当你掌握了平衡压力的技巧以后，就会慢慢顺畅起来。

平衡中耳耳压失败跟强行试图平衡耳压一样，都是很不好的。耳压不均衡的中耳里的耳膜是向内凸起的，如果持续挤压，压力会使血液和其他流质物体进入中耳。这个过程不仅耗费时间而且很痛苦，也会对耳朵造成伤害。如果在下潜过程中觉得耳朵不舒服，那么你就需要上浮一些直到疼痛消失，然后慢慢尝试下潜几英尺，再进行耳压平衡。如果你忽视耳部的压迫感继续下潜的话，压差很有可能导致鼓膜破裂，鼓膜破裂会导致暂时性失聪，你会感觉耳朵被东西充满了。冷水冲进中耳也会造成暂时性迷失方向（详见本章后半部分平衡调整和晕船一节）。如果你怀疑你的耳朵受伤了，应该及时就医。及时治疗可以最大限度地避免永久性伤害。

如果使用耳塞堵住耳道或是用防水装置盖住耳朵，就有可能会造成鼓膜向外破裂。当你封住耳道时，外耳的耳压与外界压力一致，但是中耳的耳压会随着下潜过程逐步增加，这样的内外压差会挤压鼓膜向外凸出直到破裂。这样的伤害是可以避免的。不要在潜水时佩戴耳塞，也避免使用耳部防水装置。

下潜时，头朝上的站立姿势比头朝下的倒立姿势更容易平衡耳压。膈膜在你的头部形成一条一条的空气通道，重力会影响膈膜包裹下的血管里的血液。当你倒立在水中时，你头部空气通道的膈膜会膨胀和萎缩。

上浮过程中难以平衡耳压的状况并不常见。中耳内的空气膨胀，通过咽鼓管溜出体外。空气通过咽鼓管离开比进入要容易得多，你甚至都不需要进行任何的练习就可以打开咽鼓管以便空气流动。但是，如果恰好有黏液堵住了咽鼓管，中耳内部就会产生耳压，产生让人不舒服的反向堵塞症状。如果你在上浮的过程中感到疼痛，就暂停上浮，通常压力经过一段时间会释放出来。如果你强行浮到水面上，疼痛会增加，进而导致受伤。如果你经常出现反向堵塞，就需要请医生检查你的耳朵。

平衡面罩内的压力

潜水面罩内的空腔同样受到压力变化的影响。在下潜过程中如果你不逐步增加面罩内的空气量，压力会一点点地把你的脸和眼睛压进面罩里。如果对这种被拉扯的感觉置之不理，可能会导致眼部周围和面部的毛细血管破裂，眼白变红，面部出现红肿。在下潜过程中如果出现面罩挤压，没有任何借口可找，因为你可以通过鼻子呼出气体，轻松地平衡面罩内和面罩外的压力，保持压力平衡，避免出现这种状况。

呼吸调整

在水下没有办法像在陆地上一样自由呼吸。在水下呼吸与在陆地上有些不同，水下压力对肺部的影响，使你在水下没有办法像在陆地上一样呼吸得那么充分。同样，水压也会使在水下从水肺里吸气变得没有在陆地上那么容易。

当你上浮时，肺里原本被压缩了的空气会开始膨胀，如果你不让气体顺利排出，会导致肺肿胀。正常的呼吸方式可以让气体排出，但是屏住呼吸就无法排出了。水肺潜水的一条定律就是保持呼吸持续进行。

潜水过程中存在呛水的可能性，当水冲击到声带时，会使你被呛到或是呼吸急促，你需要学习在水里和水下呼吸的正确方法。

肺部过度扩张

为适应水下环境而进行呼吸调整最重要的一点就是克服到了水下就屏住呼吸的本能。当你在一定的深度吸入空气时，你肺部空气的密度要比在水面上时大。所以当你上浮时，你肺部的空气开始膨胀，与此同时周围的压力增加。如果你屏住呼吸，肺部气体就会一直膨胀到极限，然后就会破裂，而在这个过程中你仅仅能上浮 4 英尺（1.2 米）。在水下呼吸压缩空气时，一定要避免憋气。你应该持续连绵地呼吸或是不断地呼出少量的空气。尤其是在吸入压缩空气后上浮的过程中，绝对不能憋气。图 3.5 阐明了为什么你必须不停地呼吸，后面的数据描述了在肺部有压缩空气的情况下，如果上浮过程中憋气会造成什么样的后果。

跳跃式呼吸

有些潜水者试图通过每次呼吸都稍微憋气几秒钟来延长他们的供氧持续时间，这种危险的做法被称为跳跃式呼吸。当你憋气时，你就增加了循环系统中二氧化碳的含量，反而增加了你呼吸的冲动，降低了你憋气的能力。血液中二氧化碳的浓度增高，会降低你身体的反应能力，难以应对可能出现的突发状况。当你一旦跳过呼吸，上升的过程中就可能会忘记呼气，或者是潜水后会觉得头痛。你必须保证在呼吸压缩空气时保持连续呼吸。

呼吸问题

潜水者逞强、呼吸的气体受到污染、吸到海水或是供气装备耗尽等因素，都可能会造成呼吸困难的问题。幸运的是，这些问题都可以提前预防。

用力过猛

潜水装备让你在水下可以轻松地呼吸，通过一个调整器可以用很小的吸力保证空气的供应。但是在水下呼吸比在陆地上呼吸困难得多，如果你不好好保养你的潜水装备，吸气和呼气就可能会耗费更多

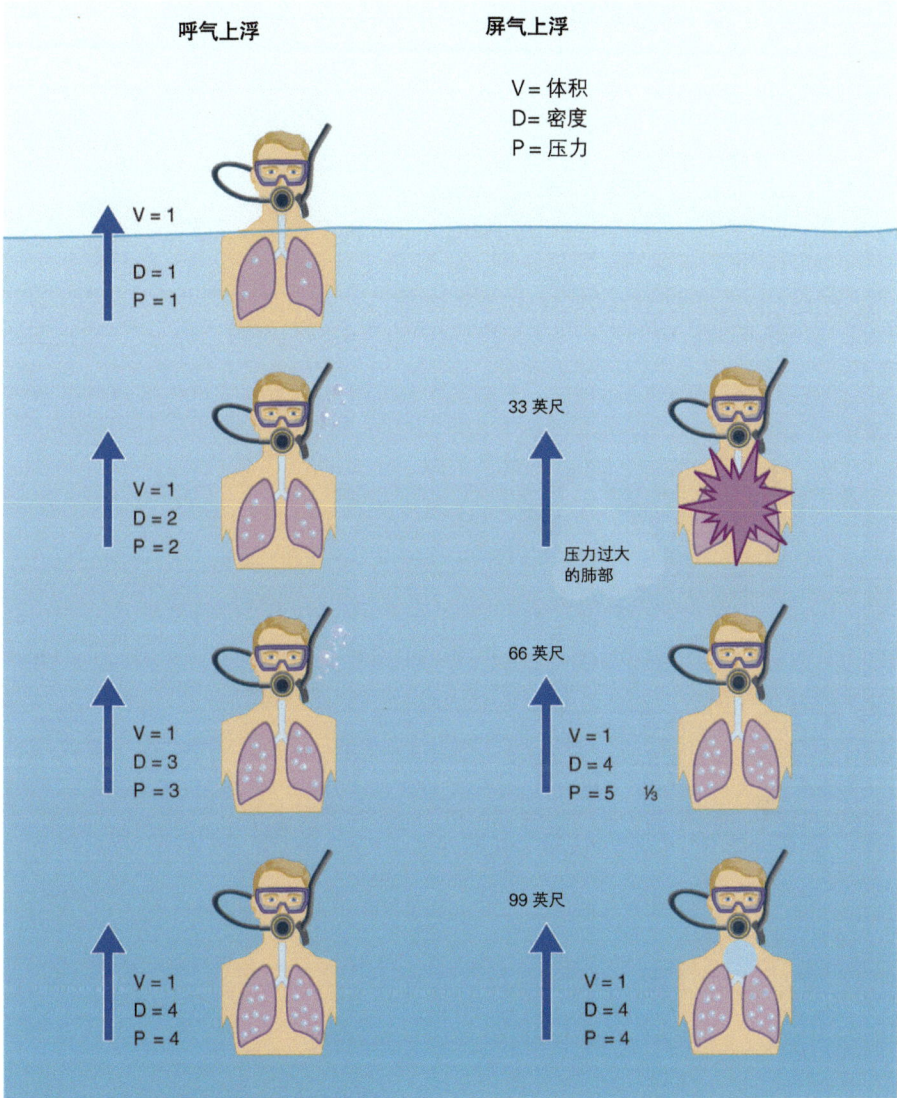

呼气上浮　　　　　　屏气上浮

V = 体积
D = 密度
P = 压力

V = 1
D = 1
P = 1

V = 1
D = 2
P = 2

V = 1
D = 3
P = 3

V = 1
D = 4
P = 4

33 英尺

压力过大的肺部

66 英尺

V = 1
D = 4
P = 5　⅓

99 英尺

V = 1
D = 4
P = 4

的体力，还有可能出现呼吸窘迫现象。

　　水肺调整器供应空气的能力是一定的，调整器的设计并不是为了满足大量体力消耗活动的需求。所以商业潜水者往往都通过带有空气软管的头盔来提供大量的空气，满足他们水下作业的需要。因此，在水下，你必须避免剧烈活动，以免耗尽氧气供应，导致窒息。

　　潜水时，你应该保持你的呼吸比在陆地上要持久而缓慢一些。保

图 3.5
吸入压缩空气以后，如果在上升过程中屏住呼吸可能引起肺部破裂。上升过程中，应该保持持续呼吸

49

可能的肺部伤害

肺气压伤

气压伤是指由于压力所造成的外伤或是内部损伤。肺气压伤是指压力对肺部造成的任何伤害。上浮过程中没能成功地将肺部膨胀的空气释放出去，可能引起几种形式的肺气压病。有时候症状单一，有时候可能几种情况同时出现。

动脉气体栓塞

栓塞是一种对流通的阻塞。空气泡沫阻断了动脉循环导致出现的栓塞成为动脉气体栓塞（AGE）。这种情况发生在当肺部空气膨胀迫使空气泡沫进入毛细血管时。泡沫进入肺部毛细血管床，然后通过心脏被压送到为全身供血的动脉血管里面。离心脏越远，动脉的直径越小。在某个时刻，泡沫就在动脉里面停住了，变成了一个栓子（插头）。动脉栓塞最常见的地方是在通往大脑的动脉里面。出现栓塞会导致中风、失去意识，是一种极其严重的伤害。如果一个潜水者在潜水之后失去意识，你就要怀疑是不是 AGE。临时性气道阻塞例如感冒引起的阻塞，也会增加出现 AGE 的风险。健康的肺是潜水的一个先决条件。

纵膈气肿

如果在肺部的阻隔没有迫使空气进入循环，空气可能就沿着支气管行进，进入胸部的中间区域（称为纵膈），这就导致了纵膈气肿，意思就是空气在胸部中间的组织里面。这种伤害会导致隐痛或紧缩感，在咳嗽、吞咽或是深呼吸时症状会加剧。膨胀的空气能够干扰到心脏的循环，导致失去意识。

皮下气肿

纵膈里面膨胀的空气有可能沿着胸骨继续向上拓展。然后空气就在颈部周围的组织里面膨胀引起皮下气肿，意思就是空气在皮肤下面的组织里面。这种伤害可能会造成声音的改变、皮肤作响，还会觉得颈部充满了什么东西。

气胸

如果肺部破裂导致空气进入肺部和胸膜脏壁之间的空隙，就会导致出现被称为气胸的症状，意思就是空气被困在了胸腔里面。上浮过程中被困在了胸腔里面的空气继续膨胀，使得肺部无法工作，并会影响到心脏的运作。气胸的症状包括严重的疼痛和呼吸困难。

肺部伤害是很严重的，也可能是致命的，可能要靠生命支持装备来维生。这也是为什么你应该修完一门心肺复苏课程。你可能需要在专业医疗（所有的肺部伤害都需要医疗救治）队伍赶到之前，进行急救。

不让膨胀的空气顺利排出能够导致几乎所有的肺部过度扩张伤害。你可以通过持续呼吸来避免伤害。如果出于某些原因，你需要将水肺调整器从你的嘴里取出来，要轻轻地连续呼气，避免屏住呼吸。

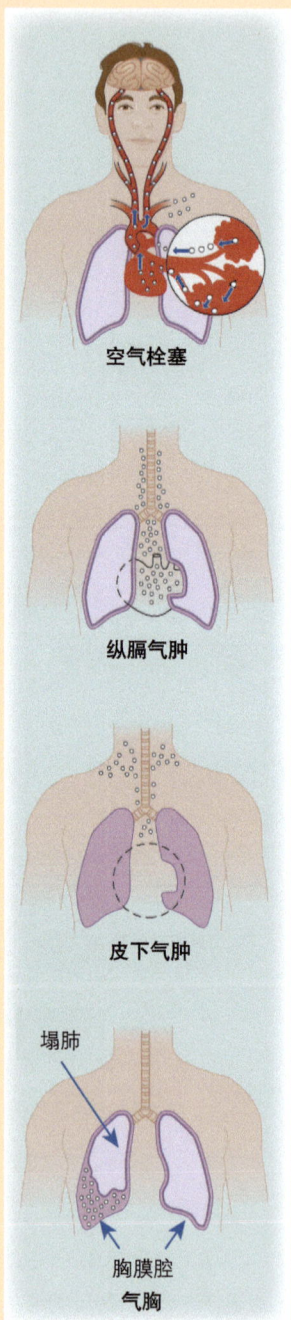

空气栓塞

纵膈气肿

皮下气肿

塌肺

胸膜腔

气胸

持你的活动处于一个较慢的、可控的速度。如果呼吸变得急促或是吃力，你应当立即停止一切活动，深深地吐气，直到你的呼吸恢复到一个可控的状态。

被污染的空气

如果没有正确对空气压缩机进行操作或保养，那么使用此空气压缩机向气瓶中灌入的压缩空气就可能被污染。

污染源有可能是一氧化碳———一种由于不完全燃烧而产生的气体。一氧化碳会降低血液运输氧气的能力。血红蛋白的亲一氧化碳力大约为亲氧力的210倍。通常每半分钟血红蛋白会用氧气替换二氧化碳，但是当一氧化碳与血红蛋白相结合，替换过程可能会长达数小时。在高压环境下吸入被污染的空气可能导致你出现昏迷状态。一氧化碳是一种无色无味的气体，但是通常情况下它会和其他刺鼻气味的气体相融合。所以，如果潜水供气罐内的空气气味异常或是发臭，应该马上通知负责灌装气体的工作人员。好的气站会定期测试其供应的空气质量以保证纯度。

水的警示

如果你不小心吸入水，喉头会条件反射地痉挛，保证液体不进入肺部。学会避免在水里咳嗽、呛水等，不仅仅因为本身就很不舒服，而且还会让你吸入更多的水而失去浮力。在水下呼吸与在陆地上呼吸是不同的。在水下，你的呼吸要更加缓慢轻柔，以保证你只吸进空气而没有水。空气一旦开始流动，后面的呼吸就会变得正常和容易起来。

还有另外一个动作可以防止水进入喉咙，你可以用舌头抵住上牙内侧的上颚，形成一个防溅板。如果你用尽了各种方法去避免，但还是吸进了一点水并开始咳嗽，试着快速连续用力吞咽三次。吞咽动作可以帮助你克服反射性咳嗽。

如果水真的进入了你的肺部，会干扰到你的呼吸。如果肺部大面积进水，你可能会被淹死，这也是你从事任何水上活动所要面临的风险。所以训练的目的，就是为了将各种风险尤其是溺水的风险降到最低，使得你可以最大限度地享受水上活动的乐趣。当你严格按照课程所教的规则和惯例来行动时，受伤的可能性几乎可以忽略不计。

进水后的第一反应就是尽力吞下去以保持呼吸道的干燥，当你吞下的是海水时，你可能会觉得不舒服、恶心，还有可能腹泻。如果你一连吞了好几口海水，你应该终止潜水。

气瓶耗尽

有些潜水者平时并不注意维护他们的装备，到了水下以后，出现了气瓶内气体用光的状况。在高速公路上没了汽油都比在水下没了空气供应更情有可原。有很多方法可以帮你应对用光气体的状况（第六章会学习到），但是最好的方法就是通过日常监控你的装备，使得它们处于随时可用的状态，以避免问题的发生。

心脏和肺

浸泡在水中改变了心脏的工作量。当你直立在水中时，你下肢感受到的压力比上肢要大，这种压力差使得比常态下更多的血液集中在上肢，使心脏每一次跳动所输送的血量大大增加，负荷为在陆地上同等状况下的 1.3~1.5 倍。

水温会改变你心脏的速率和节奏，另外身体和感受上的压力也使得心脏负担加重。如果你的心脏不够健康，水温、水压、运动本身以及感受的压力等综合作用下，很有可能会出现严重问题。如果你的心脏有问题但是又很想要潜水，你首先需要获得潜水医生的医嘱许可。即使是最微小的心脏问题也有可能导致你突然在水中失去意识，甚至溺水。适合潜水的身体素质是非常重要的安全保障。

过低的水温会增加心脏的负担，因为低温会使得体内循环减少向四肢输送血液以便保存热量，越来越多的血液往身体的核心部位集中的同时，水压也大大加重了心脏的负荷，你的心脏可能会无法正常地舒张和收缩来增加血量。结果可能导致血液充满肺部毛细血管，而为了减轻压力，毛细血管会把血液运输到肺部空腔里面。当液体累积在肺部，也就是俗称的肺水肿，会导致严重的呼吸窘迫，并可能导致恐慌甚至失去意识。你应该逐步测试你的循环能力，避免在水温很低的情况下猛地入水潜水，应当逐步调整，以适应水下状况。

在水下时，你能力的发挥远没有在陆地上好。在水压的作用下，你的心脏和肺并不能像平常那样发挥它们应有的水平来工作。常常会出现的一种情况是，当你在水下试图拼尽全力，结果你的装备不能够提供满足你身体所需的空气，很快导致一种很可怕的窒息感涌了上来。为了保证你的心肺功能不至于超负荷运转，你必须学会控制自己的行动，并且形成自己的套路。

平衡调整和晕船

如果你的耳膜破裂，比体温要低的冷水就能够接触到内耳的半规管。半规管是人体中为大脑提供信息以保持平衡的器官，对温度和压力的变化十分敏感。冷水降低了半规管的温度，可能导致眩晕，但事实上只是运动被主观地感受为一种眩晕。当内耳的水温升高到与体温一致时，这种眩晕就会消失。很明显，对于这种情况，预防胜过应对。

当一只耳朵的中耳空腔气压突然发生变化（一种会影响半规管的变化），也会产生一种定向障碍的感觉，这种感觉被称为变压性眩晕。当大脑从压力变化中恢复过来时，这种由变压性眩晕引起的定向障碍就会迅速消失。

眩晕有很多原因。不过幸运的是，重度的定向障碍在潜水活动中并不常见。如果你在水中遇到定向障碍，试着找一个固定的对象作为参照物，直到眩晕感消失。如果是在悬浮时遇到了定向障碍，就闭上眼睛，拥抱自己以降低眩晕的效果，告诉自己，这种感觉不会持续太久，避免恐慌。

内耳感知到的运动、视觉信息和你四肢关节感受到的压力都会影响你的平衡。当你的大脑从内耳、眼睛和身体各个方面搜集到很多混杂的信息，你可能就会有恶心的感觉。你必须避免出现晕车、晕船，因为在水中呕吐是非常危险的。

药物可以帮助减少晕船的可能。这种药会使你耳中与平衡相关的感官迟钝，不过药物也有副作用。因此，如果你有晕船的症状，向潜水医生咨询你应该尝试哪种类型的药物，并在你计划潜水前的几天，服用一下药物，如果有效果和反应，记录一下。如果这种药物使你产生困倦或视力模糊，不要在潜水的时候服用。

寻找没有副作用的药物来替代。引起头晕、嗜睡、心悸或是视力模糊的药物会导致你在压力下失去知觉。很多潜水者都通过服用药物成功地避免了晕船。所以你只需要找到适合自己的晕车（船）药。服药至少 30 分钟后再进行运动。

如果你不想服用药物，你可以通过其他方法来降低晕船的可能性。潜水之前吃一顿好的、不辣的餐食。一个空荡荡、只有胃酸的胃部比一个充满了食物的胃部更容易出状况。潜水之前的早餐如果包括咖啡和橙汁，那就很有可能会晕船。当你乘船时，应该尽量选择靠近中间的部位，避免坐在船的前端。你也要避免坐在发动机附近吸入废气，避免乘船时阅读。你可以闭眼躺一会儿以减少乘船反应，保持安静，大脑就不会被视觉信号干扰，内耳也可以逐步调整以适应运动状况。

在失重昏暗的环境中，你可能会出现方向失衡。在某些情况下，如果仅仅依靠你自身的平衡感，可能很难判断哪边是上、哪边是下。为了避免方向失衡，你必须学会认识那些在水中能帮助你识别方向的线索。面罩中的水位在最低点，气泡总是上浮，你的负重（如你的配重腰带）可以定位自己的上部和下部。

视觉调整

经验可以帮助你调整在水下被放大的视觉感受。你的身体适应水下视觉距离如此迅速，以至于在你上浮到水面上时你需要再重新调整回陆上视觉距离。在潜水结束时，船或是岸边的距离看上去远比实际距离要远。等你到达时你甚至会感到惊讶，你游到岸上所用的时间远比你预计的要长。

你的视觉会平衡颜色的差异。如果你知道你所观察的物体的颜色，这个物体看上去就更接近你所知道的那个颜色。近距离下使用人工光源可以让你更容易观察到一个颜色更丰富、更瑰丽的海底世界。

你的视觉也会调整以适应水底光线暗淡的环境，不过这个过程需要时间。短时间在较为混浊的水中深度潜水并没有足够的时间和条件让你来进行视觉调整，所以细节不会很清晰。如果没有人工光源，你不会看得很清楚。你可以通过避免在潜水前接触强光或是眩光来提升你调整视觉的能力。白天在水面上佩戴好的、深色的太阳镜。当你完成了夜潜训练后，你会学到更多技巧帮助眼睛调整以适应夜潜。

湿气会使你的面具的镜片结露，模糊你的视线。干净的玻璃表面不会起雾，所以在下水以前一定要确保彻底清洁你面镜的镜片或是镜头。

入气和排气

你的身体在水下时会吸入氮气，而身体能够在潜水结束时安全地排出的氮气量是有限制的，如果超出了这个量，你可能会受伤。在这一部分，你将学到减压方面的知识，这将有助于你了解潜水计划表和潜水计算机如何帮助你避免受伤。

减压理论

气体通过从集中区域向密度相对较小的区域扩散来降低浓度。当外部压力增加时，气体就会从肺部空腔进入血液，然后通过血液运送到身体的其他组织。当环境压力降低时，扩散就以相反的顺序进行。

影响身体气体扩散的因素有两个，一个是时间，另一个是血液循环（此处指在一个组织中的一次循环）。循环越高级，在此组织中的气体越快能够跟你所呼吸的气体达到压力平衡。要达到这种平衡状态需要时间。一个组织在一个给定压力值下，接收它最大承受值的一半气体所需要的时间称为一个"半衰期"。现在有一个组织，它的饱和值为六个"半衰期"，如果血液循环在 5 分钟之内可以将 50% 的气体扩散到一个组织里面，这个组织会在 30 分钟内达到饱和。排气过程同样需要六个"半衰期"。

空气的主要成分是氮气和氧气。在水肺潜水的规定范围内（最深值为 130 英尺或是 39.6 米），你所呼吸的气体中的氧气在解压过程中是无须过度担心的，因为你会用到氧气，并将其吸收。而空气的主要成分氮气，则是一种惰性气体，不会被身体吸收利用。所以当你上浮时，你必须想办法排出你在水下所吸入的氮气。如果氮气只是进入你的身体，本身没有什么问题，但是如果压力在短时间内迅速减少，你的身体没有办法在如此短的时间内将氮气排出，就会出现问题。如果你迅速减少在一些液体上所施加的压力，原本溶解在液体里的气体就会形成泡沫浮出来。一个最好的例子就是溶解在碳酸饮料里的二氧化碳（见图3.6）。在一个密封的压力容器中，气体溶解在液体里面，当你突然打开罐子减少压力，气体就形成泡沫，因为它不能够在溶液中慢慢扩散。但是，如果容器上有一个非常小的孔，当你再彻底打开容器的时候，二氧化碳会慢慢出来而不会冒泡，因为之前有一个缓慢的泄漏减压，气体已经慢慢地扩散。

图 3.6

迅速降低的压力使得没能够扩散的气体在不被压缩的液体里形成泡沫

你必须关注身体吸入的氮气量以及身体排出它的速度。如果你在下潜过程中吸入了过多的氮气，但是却没有在上升的过程中将氮气以非泡沫的形式释放出来，那么上升过快所导致的这些泡沫可能会引起减压病，这是一种非常严重的潜水病。

数学模型为我们提供了在你身体不同部位的氮气的含量。因为身体各个部位的循环各异，使得各个组织吸收氮气的速度也不同。减压专家使用一种称为隔室的数学模型来研究身体各个部位吸收和排出气体的规律和数据。不同的隔室通过它们各自的"半衰期"来区分。一个"5分钟"隔室的"半衰期"是5分钟。专家们通过隔室来计算气体吸收和排出的时间，从5分钟到960分钟不等。

一个已经吸收了气体的隔室在出现泡沫以前，还有一点点降低压力的空间。最初，科学家们认为对于一个在特定深度下已经饱和了的组织而言，当压力减少为原本压力的1/2时，就会出现泡沫。这个比例也被认为是峰值，绝对不可超过。

后来科学家们发现，比例峰值会因组织器官的不同而发生改变，因为不同的组织吸收能力不尽相同。例如脑部组织吸收和释放惰性气体的速度比骨骼组织要快。那些释放气体速度快的组织的比例峰值比释放气体慢的组织的比例峰值要高。不同的比例给潜水者带来甜蜜的负担，也使得问题复杂化，因为在不同的深度，是由身体的不同部位来决定潜水者在该深度中可以待多久。该控制隔室模型被用于确定我们现在所使用的潜水时限。在任何深度下，都不要待超过该深度的控制隔室达到比例峰值的时间。如果超过这个时间限制，那么在上升过程中，你就必须停下来，给组织足够的时间将气体排出。不同深度的时间限制已经被制成了不同的潜水表格，输入到不同的潜水计算机当中。这些工具帮助潜水者保持身体各个组织的氮气含量维持在峰值以下。

将气体从组织中排出需要时间，所以你在上升过程中减压的速度非常重要。本书第七章提到的潜水表格无论是上升速率或是压力减少速率，都不得大于每分钟 30 英尺（9 米）。有些潜水计算机所用的数学模型采用的速率是上文提到的潜水表格速率的 2~3 倍。你必须缓慢上浮，防止身体里出现泡沫。

在持续上浮之前，停顿式上浮可以帮助排出气体，防止出现泡沫状况。这样的停顿称为安全停顿或是休息停顿，在潜水深度超过 30 英尺的时候，强烈建议采用这种方法。你下潜得越深，所需要的安全停顿就越多。建议的做法是，当你上浮到你下潜深度的一半时，停顿 5 分钟，然后在浮出水面以前，在 15~20 英尺（4.5~6.1 米）处再停顿 5 分钟。

减压病

减压病是由于高压环境作业后减压不当，体内原已溶解的气体超过了过饱和界限，在血管内外及组织中形成泡沫所致的全身性疾病。科学家们并不十分确定减压病的临床状况会是何种形式。有些症状是在潜水者浮出水面时就立即出现的，有些则是潜水后过了几天才出现的。大约有一半的减压病在潜水后 1 小时内发作，症状取决于泡沫的数量和位置。状况严重时，会对患者的神经系统造成严重影响，导致永久性瘫痪。减压病有些普遍的临床表现如下：

皮肤瘙痒灼热

关节红肿疼痛

麻木

刺痛

虚弱无力

瘫痪

下列因素可能会增加减压病的发病机会：

睡眠不足

服装过紧

饮酒

潜水过程中和之后过度运动

脱水

狭窄的位置

生病

潜水后登高

年龄

疤痕组织或是受伤

水温过冷

身体疾病状况

有专家认为，应该避免进行那些能增强循环的剧烈运动，因为这些运动可能增加减压病发病的概率。避免的活动有健身、饮酒、洗热水澡或是泡澡。另外还要注意高海拔地区的突然减压，如高空飞行或是潜水后立即开车上山，这些都增加了出现减压病的可能性。避免所有可能引发减压病的活动。

出现减压病的病人需要立刻进行急救和就医，因为这种情况是很严重的，而且会随着时间推移而进一步恶化。最好的急救措施是吸氧。吸氧帮助氮气在体内扩散开来并逐步排出体外。病人应该保持不动，少量饮水。安排把病人转移到最近的医院，在做过初步的诊断治疗后，医务人员会把患者转移到一种叫作高压舱的设备当中进行高压治疗（见图3.7）。高压治疗包括增加舱中的压力以缓解甚至消除症状，之后进行药物治疗，然后再给患者慢慢减压。再加压必须在密闭的环境中进行。

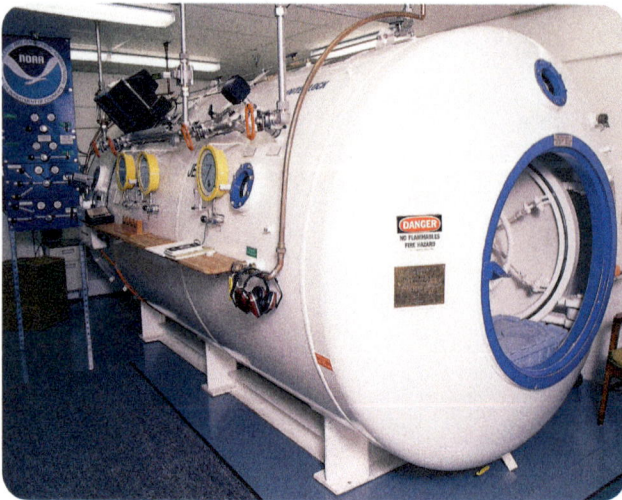

图 3.7

在已经出现减压病的情况下，高压舱是唯一安全的重新加压手段

　　减压病之所以危险是因为它能够造成永久性伤害。减压病造成的关节疼痛和神经衰弱是无法治愈的。为了降低减压病出现的概率，在潜水期间你要保持良好状态，并且在允许的深度范围内进行潜水。潜水速度不能超过潜水计算机所估算的最大值。上浮过程中，浮出水面之前，至少停顿两次（如前文所推荐的方法，见图3.8），将过量的氮气排出。合理的上浮速度和停顿都是不同形式的减压，以降低减压病出现的概率（具体细节，见第七章）。另外可以做的就是，不要在潜水之后马上登高，避免出现气压过度降低的状况。

　　还有一点要记住的是，减压病和动脉气体栓塞的症状很像，非专业人员很难区分。所以，潜水后出现任何症状都应立即就医。

图 3.8

上浮到水面之前正在进行减压的潜水者

氮麻醉

随着氮气的气压升高，在水下 100 英尺（30 米）左右，潜水者可能会出现一种被称为氮麻醉的状况。科学家们并不确切知道氮气的作用机制为何，但是反映出来的效果与一些麻醉气体类似。与麻醉剂相关的情感反应从兴奋到过度自信到恐惧应有尽有。这样的麻痹也妨碍思考、推理、判断、记忆以及控制身体的能力。氮麻醉是很危险的，它使你意识不清，大大降低了你应对突发状况的能力。被麻醉后的状态因人而异，甚至同一个人在不同的状况下的反应也不一样。

这种麻醉状态会在你下潜到一定深度的时候突然出现，你可以通过上浮一定的高度迅速缓解症状。以下因素容易导致一个人陷入昏迷的状态：

由于过度劳累，身体中的二氧化碳含量处于高位

酒精及其后遗症

焦虑

冷

药物

毒品

经验、经常潜水和保持注意力高度集中都能降低对氮麻醉的敏感性。提前预防永远好于事后解决。专业的培训使得你有资格在潜水时配备特殊的混合气体，减少氮的影响。未完成培训就配备混合气体进行潜水是很危险的，绝对不要尝试。

预防脱水

潜水中，你需要保持体液以防止脱水。感觉到冷让你比平常多尿。又如前面章节所解释的那样，每次你从水肺里面吸入气体时，又会耗费体液使其温暖潮湿。所以呼吸湿度较低的空气会导致脱水。在水下你通过制造出一个吸入压力从而推开空气输送装置的控制阀，以吸入空气。它的吸力虽然很小，但是比平时你正常呼吸所需的吸力大。比平时呼吸更费力的负压式呼吸也增加了生理性排尿。在水下呼吸使得脱水问题变得复杂。利尿性饮料（如咖啡和酒精）和某些药物

导致尿量增多。避免摄入任何可能增加小便的物品。一定要防止过度脱水是因为脱水容易诱发潜水伤害。为了防止脱水，你应该做到以下几点：

做好保暖防护

保持自己处于良好的状态，尽可能地轻松呼吸

避免摄入利尿饮料和药物

经常及时补充体液，潜水之前和两次下潜中间多喝水

注意：在潜水时，如果你等到口渴了再喝水，就已经处于脱水状态了。未渴先饮，然后每次下潜结束后都至少补充 1 品脱（约 0.56 升）的液体。一种很适合在潜水后饮用的液体是按 1∶1 稀释的运动饮料。避免饮用酒精是因为酒精会加重脱水。

移动性调整

你的潜水装备限制了你的移动。它们大大限制了你的移动范围，使得行走也变得困难。水越冷，你的防护装备越厚，运动范围就越小。

潜水装备是相当重的，想要移动或是举起它都是相当具有挑战性的。不正确的搬运姿势可能会导致背部受伤。蹲下，而不是弯腰，用你双腿的力量来提起气罐或是潜水安全带。设备的重量也改变了你的重心，并且会影响你的平衡。在摇晃的船上或是不平坦的地方穿脱装备时，保持平衡会是很大的挑战。当你出水时，小心移动并且扶住人或物作为支撑。

穿戴脚蹼让你可以使用腿部的大块肌肉进行推进。潜水时，你需要学习使用你的腿来游泳，利用身体的角度来控制方向。这些技术将你的手解放出来做其他事情。尽量少用手来推动前进。不过脚蹼也让你出水时的行走变得困难。当你需要向后或是向旁边移动时，拖着脚走动。保持膝盖弯曲，并且注意不要下沉。

水的阻力阻碍你在水下的移动。影响阻力的一个因素就是运动速度。速度越快，阻力就越大。潜水者平均能够维持 1 小时 1 英里多的速度（0.9 海里或是每小时 1.6 千米）。时速 1 海里约等于时速 1.15 英里（时速 1.85 千米），是用于测量水中速度的计量单位。在水中，速

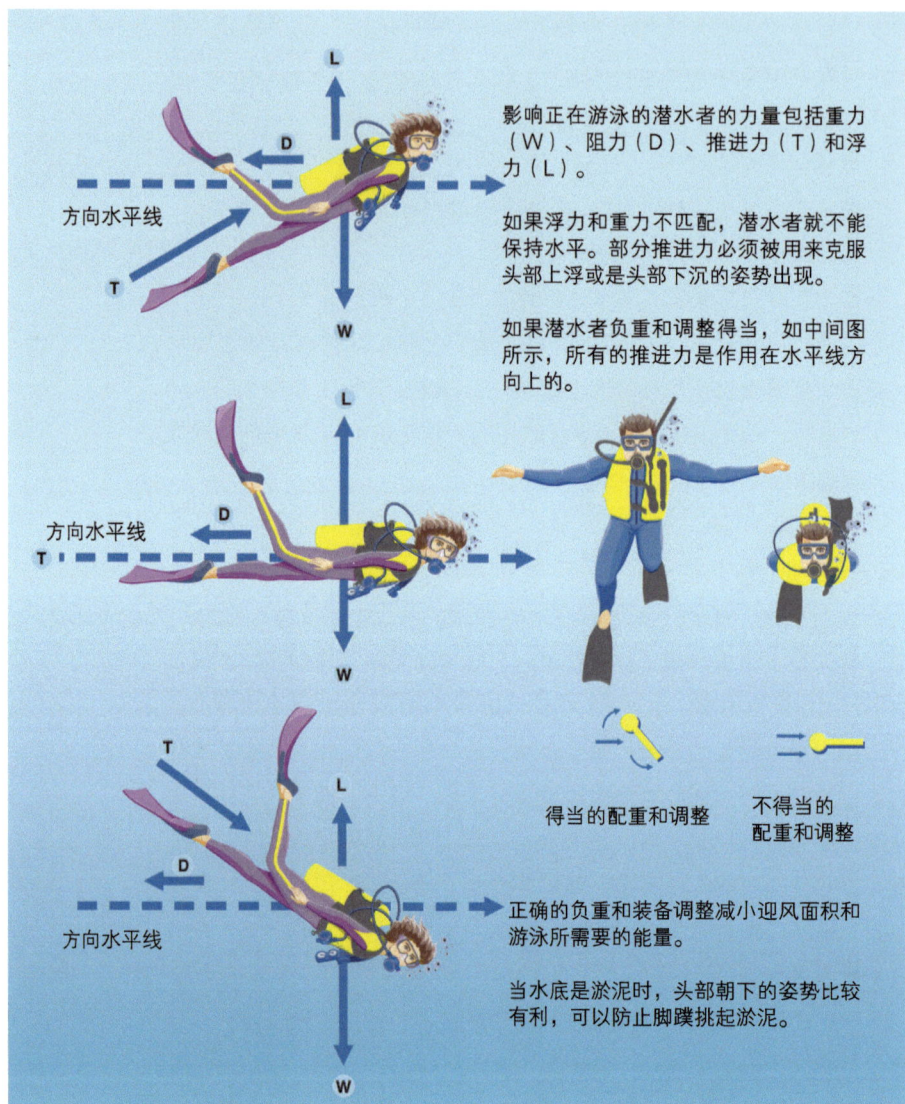

影响正在游泳的潜水者的力量包括重力（W）、阻力（D）、推进力（T）和浮力（L）。

如果浮力和重力不匹配，潜水者就不能保持水平。部分推进力必须被用来克服头部上浮或是头部下沉的姿势出现。

如果潜水者负重和调整得当，如中间图所示，所有的推进力是作用在水平线方向上的。

得当的配重和调整　　不得当的配重和调整

正确的负重和装备调整减小迎风面积和游泳所需要的能量。

当水底是淤泥时，头部朝下的姿势比较有利，可以防止脚蹼挑起淤泥。

图 3.9

当潜水者在水里移动时，重力、浮力、推进力和阻力四重力量作用在他身上

度加倍则需要4倍的能量供应。试图在水里像在空气中一样移动会让人很快疲惫不堪。放慢速度，保持一个稳定而缓慢的频率，慎重行动以减少阻力的影响。

　　影响阻力的另外一个因素是运动体的大小。表面积越大，阻力越大。一个在游泳中的潜水者处在四种力的作用下：重力（负浮力）拽住潜水者向下；浮力（正浮力）拉动潜水者向上；推进力推动潜水者向

前；阻力则阻碍潜水者前进（见图3.9）。潜水者往往腰上都系有负重带，负重腰带会拉动潜水者下肢向下。而输气管的浮力又将上肢抬起。这些力的相互作用，增加了潜水者在水中的垂直表面积，从而也加大了阻力。你应该调整你所穿戴装备的比例，使得身体尽可能地在水中保持水平状态，从而最大限度地减少阻力，以减少游泳所消耗的体力。也可以考虑在上肢接近头部的地方少量负重来调整水平，也就是你在水中的位置。

当物体表面光滑圆润时，水流平稳顺畅地流过。但是当表面不规则或凹凸不平时，流动则变得紊乱，而紊乱的水流则会增加阻力。正如跑车的流线型设计旨在减小阻力提高车速，你也可以选择和配置你的装备，使得表面尽可能光滑以减少水流的阻力。

总结

为了适应水下环境，你必须做出多方面的调整。你呼吸的方式是最需要适应的部分。当你使用潜水装备时，你必须连续呼吸，避免憋气。你也要控制你自己的活动和步伐，避免用力过度。控制压力造成的生理上和设备上的影响是最大的调整。你必须保持你身体空腔的压力平衡，避免造成压力伤害。同时你还要控制你潜水的深度和时间，避免出现氮麻醉和减压病。起初刚进入水下时，你的感觉可能很奇怪。但是你要适应这种失重的状态，接受其他所有奇怪的感受。随着你在水下新世界积累的经验逐渐增多，面对潜水，你就会变得越来越兴奋。

第四章

潜水大发现

通过本章的学习，你将能够做到以下几点：

1. 描述浮潜和水肺潜水装备的目的、种类、功能、选择标准和维护及保存。

2. 比较区分不锈钢水肺气瓶和铝制气瓶、干服和湿服、集成和非集成配重系统以及保留阀门和非保留阀门。

3. 准确定义下列词语：浮力调整器、除雾、短裤、连衣裤、背带裤、K阀门、J阀门、DIN阀门、阀门底座、防爆盘、O形环、端口、级（一级头、二级头）、章鱼二级头、毛细管深度计、弹簧深度计、玻意耳定律、排气、转盘、潜水压力表（SPOG）、保险塞、备用气源（AAS）、备用气瓶、备用空气设备、基线、控制台和天花板值。

海藻森林里的鱼群，潜水公园，卡特琳娜岛，美国加利福尼亚

潜水装备

装备帮助人们融入水下世界，使得人在水下能够观看、能够呼吸、能够移动、能够休息。潜水是一项极其依赖装备的活动。在这一章，你将会学到你需要什么样的装备，如何挑选你需要的最好的装备，以及如何养护你的装备。你将会熟悉下列名词：

面镜

呼吸管

脚蹼

浮潜背心

防护服（潜水服）

配重系统

浮力调整器

水肺气瓶

气瓶阀门

水肺监控

备用气源

仪表

潜水刀和其他装备

特殊装备

纽扣海兔螺，南凯科斯，特克斯和凯科斯群岛

在开放水域潜水，你必须配备正确的装备。浮潜者（在表层潜水的潜水人员）应该佩戴面镜、呼吸管、脚蹼和潜水服。一个轻装潜水者（在表层以下潜水的潜水者，潜水过程中屏住呼吸）需要配备浮潜装备，可能还要穿防护服和重物装配带（如果需要配重配套）。水肺潜水装备包括但不限于面镜、呼吸管、脚蹼、防护服、配重系统（如果有必要的话）、浮力调整器（BC）、水肺套装（气罐、阀门、调整器、备用气源）、仪器仪表和潜水刀。如果水温很低，潜水者还需要头套、潜水靴和手套。图4.1展示的是两位完全装备好的潜水者。

潜水者所需的基本装备

无论是浮潜、轻装潜水还是水肺潜水，面镜、呼吸管、脚蹼和一些漂浮装备都是必备的基本装备。

面镜

为了保证聚焦，眼睛需要在它们前面有一片空气空间。你的面镜为眼睛提供了这样的空间，也为它们提供了通往一个新世界的窗户。目前市面上有很多种面镜，但是基本上只有两种基础类型适用于休闲潜水：带清水阀门和不带清水阀门这两种类型。带清水阀门的面镜有一个单向阀门，通过它你可以将进入面镜的水再排出。第六章你将学到如何清理不带阀门的面镜里的积水，因为很多面镜都没有阀门设计。还有第三种面镜，是全脸面镜，这种只适用于商业和专业潜水。图 4.2 展示了绝大部分常见的面镜。

你挑选的是哪种类型的面镜远不如面镜是否符合你的脸型重要。你所选择的面镜必须与你的脸型完美贴合，这样才能在潜水过程中既舒适又防水。当你挑选面镜时，舒适度和防水性是两个最重要的考虑因素。为了测试面镜是否合适，你可以拆掉带子或是把带子挪到前面，将头向后仰，把面镜放到脸上（不要用力推），确保你的头发没有超过面镜的密封边缘，然后轻轻吸气，如果你吸气产生的真空压力将面镜紧贴在了脸上，那么这个面镜就适合你。如果你需要用手推才能使得面镜贴合在脸上，那么在水下时，该面镜就有可能会漏水漏气。

图 4.1

完全装备好的冷水潜水者（左）和温水潜水者（右）

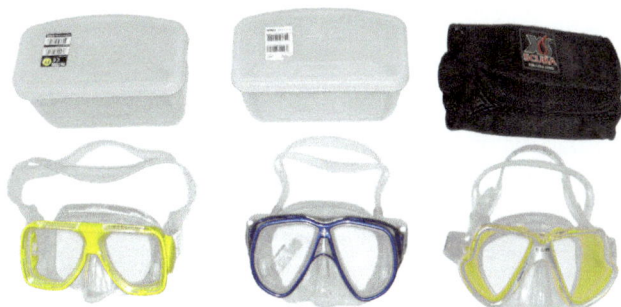

图 4.2

购买面镜之前，一定要试戴一下，确保舒适与合适

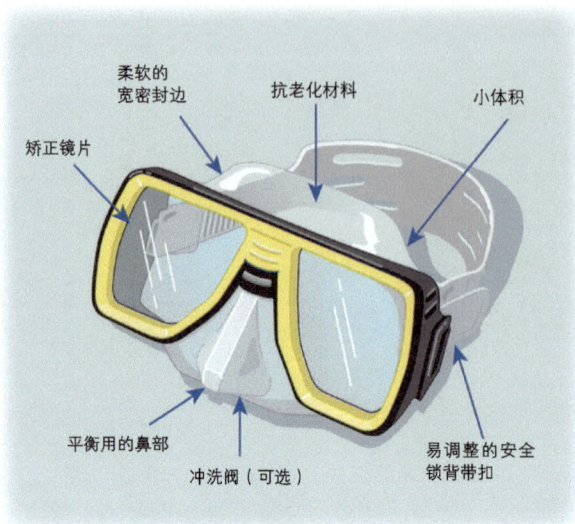

矫正镜片

柔软的
宽密封边

抗老化材料

小体积

平衡用的鼻部

冲洗阀（可选）

易调整的安全
锁背带扣

图 4.3

面镜的特性

影响面镜贴合的舒适度和契合度的因素包括样式、使用的材料类型以及密封方法。最好的面镜是硅树脂制成的，很软很韧，与橡胶化合物相比，抗过敏性和抗老化性都要好很多（见图4.3）。小面镜的浮力不会引起问题，但是体积较大的面镜的浮力可能会影响密封性。体积较小的面镜更容易清理积水，保证能见度。宽的、双边密封的面镜比单边密封的面镜要更防水。

新面镜的镜片上覆盖了一层生产过程中盖上的油膜，你必须把这层膜完全清理掉，这个过程称为除雾。要不然面镜在水下会不断的起雾。用去渍粉彻底清洁你的面镜。面镜的镜片非常结实，很难被划伤，因此在清洁时不用太过轻柔。有很多商家提供起雾解决方案，可以帮助你在潜水时保持面镜清晰。如果彻底清洁过的面镜在使用过程中还是有一点起雾，可以让少量的水进入面镜中冲刷起雾的区域来解决问题。

如果你需要的话，有几种视力矫正的方案可供选择。普通眼镜不能应用于潜水中，因为上浮过程中身体排出的气体会被困在眼睛和眼镜表面之间的空隙里，这样会伤害到眼睛。在潜水训练过程中，请不要佩戴隐形眼镜，但是，潜水训练结束以后你可以使用它们。因为很有可能你在学习如何清除面镜里的积水时就把隐形眼镜搞丢了。有些隐形眼镜爱好者更喜欢带有小的排水阀的面镜，因为这样的话清理积水时冲掉隐形眼镜的可能性就小了很多。有一些公司生产带度数的面镜，这些面镜的镜片可以替换为矫正镜片。如果你只需要简单的矫正，当你购买面镜时，可以顺便购买可替换的矫正镜片。

不潜水时，请将你的面镜收到面镜盒里保存。盒子有助于防止面镜磨损，防止硅胶氧化变色。

呼吸管

人头部的重量大约相当于一颗保龄球的重量。如果你必须在游泳的同时把一颗保龄球托出水面，你很快就会体力耗尽。所以如果你游泳的同时还要保持头部在水面以上，你很快就会累了。但是，如果你让水的浮力托起你的头，你可以轻松地游上几个小时。呼吸管就可以在水的浮力托住你的头的情况下让你呼吸，以节约能量，更持久地享受水下美景。

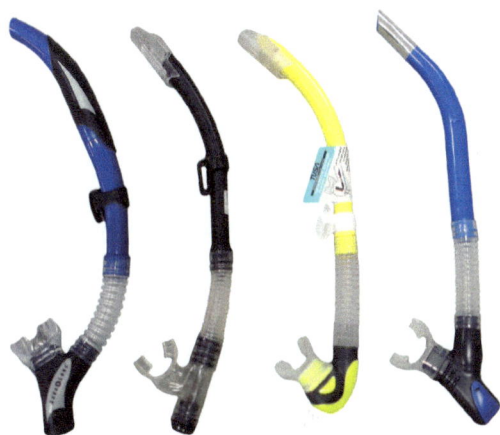

图　4.4

三种常见的呼吸管。左起第一个、第二个和右起第一个配备排水阀门，右起第二个没有配备排水阀门

呼吸管最简单的形式是用一根管子从潜水者的嘴里延伸到水面以上的某个点。呼吸管的基本形状是一个一端有咬嘴的J形管。跟面镜一样，呼吸管的两种基本形式也是可排水型和不可排水型。可排水型呼吸管有一个单向阀门，通过这个阀门，你可以将进入呼吸管的水排出。在第六章你也会学到如何清除没有阀门的呼吸管里的进水，所以很多呼吸管都是不带阀门的。有些带阀门的呼吸管是自洁型的，当你上浮到水面时，重力会自动将水压出呼吸管。

还有一些可供选择的呼吸管功能，包括可旋转咬嘴和更灵活的软性下半部管体（通常是弯曲的状态，不使用时可以头朝下直立倒挂）。这种软管会减少呼吸管与水肺调整器之间的干扰。特制的咬嘴最大限度地增加舒适度，并且可以在没有排水装置的情况下，防止水进入呼吸管的上部。

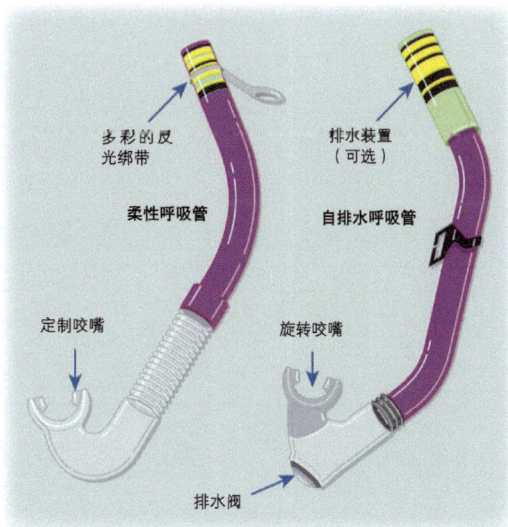

多彩的反光绑带

柔性呼吸管

定制咬嘴

排水装置（可选）

自排水呼吸管

旋转咬嘴

排水阀

图　4.5

柔性呼吸管和自排水呼吸管的特性

图 4.6

两种类型的呼吸管固定器

比起选什么造型的管子，是否合适才是购买呼吸管时最应该考虑的因素。当你把咬嘴含在嘴里一段时间以后，一定不能刺激到你的嘴巴、牙龈或是下巴。咬嘴在你嘴里的角度，应该处于一种不需要你用力咬住就可以保持住的状态。一个不合适的咬嘴可能会导致牙龈或是下颚肿痛。呼吸管的内径至少要有 3/4 英寸（1.9 厘米），这样才能保证空气流过管子时不造成呼吸困难。

用呼吸管固定器将你的呼吸管固定在面镜的左侧。市面上有很多种固定器，比较受欢迎的款式如图 4.6 所示。如果你张开嘴，咬嘴仍然能够保持在你嘴里，那就说明调整到了正确的位置。

脚蹼

如果没有脚蹼，潜水的乐趣就少了很多。脚蹼增强了你在水中移动的能力，将你的双手解放出来做别的事。你在潜水时，可以依靠脚蹼踩水前进，与单纯靠手脚相比，因为脚蹼大大增加了踩水时与水的接触面积，从而提高了移动的能力。你腿上的肌肉比你胳膊上的肌肉要发达很多，假设将脚蹼套在手上使用，很快胳膊就酸了。但是，你的腿却足够强壮，可以承受这样的负担。脚蹼也通过加大阻力受力面积来帮助你在水中保持稳定。阻力为反向运动和方向控制提供杠杆力。

图 4.7

三种类型的后跟可调式脚蹼

脚蹼有两种基本类型：套脚一体式和后跟可调式。套脚一体式脚蹼是直接赤脚穿戴的，因此比较适合温暖的气候下浮潜时穿戴。而后跟可调式脚蹼是穿在一种被称为"靴子"的足部覆盖物上面的，通常用于水肺潜水。后跟可调式脚蹼通常比套脚一体式脚蹼更大、更硬（见图 4.7）。小型轻便的脚蹼不足以满足水肺潜水的需要。

脚蹼的材料和设计有很多种，而脚蹼的两大基本要素是尺寸和脚蹼片的硬度（见图4.8）。鞋片越大、越硬，推动力就越大，但是同样的用时消耗的能量也越多。如果脚蹼片太硬，有可能会导致你的腿部抽筋，变得疲劳。你应该从中等尺寸和中等硬度的脚蹼开始试用，等到适应了以后，可以长时间使用而没有任何困难时，再考虑更换为推动力更大的脚蹼。

加长足袋

高科技材料

叶片的大小和硬度

易调整的安全锁扣

图 4.8

潜水脚蹼的特质

选择任何潜水装备最重要的判断标准都是舒适性和配合度，这一点在选择脚蹼时尤其重要。为了能够选到合适的脚蹼，可以坐下来穿上脚蹼试一下。如果要试穿后跟可调式脚蹼，提前穿好潜水靴。把脚举到空中，上下左右摆动，脚蹼跟脚应该可以一体摆动。如果你觉得你的脚在足袋里面晃动，那就说明脚蹼太大了。潜水装备应该是贴而不紧的，太紧的脚蹼可能会使脚抽筋。脚蹼的足袋应当可以贴合在脚上但是又不会对脚产生额外的压力。挑选脚蹼时，合适度、舒适度、脚蹼片的硬度和尺寸是需要优先考虑的，其次才是材质、时尚度和价格。

图 4.9

浮潜背心

浮潜背心

当你向浮潜背心（比浮力调整器要小很多也简单很多）里面吹满气以后就会产生正浮力。当你想要浮在水面上休息，或是将你收集到的东西带回岸上的时候，正浮力就成为无价之宝。当你放空浮潜背心里的空气时，你就可以获得负浮力。任何时候你想要潜水，都要装备一个浮潜背心。

潜水者常用的浮潜背心大多是套头式的，在腰

DEEP SEE

部系紧（见图 4.9），这类浮潜背心都配有一个吹气管，尺寸各不相同。有咬嘴的粗管比没有咬嘴的细管更容易充气。

浮潜装备的保养与维护

正确地保养你的浮潜装备可以大大延长它们的使用寿命。使用过后用干净的清水擦拭装备；在阴凉处控干；存放在阴凉、通风、无虫的地方。长时间的阳光暴晒、雾气、盐分和游泳池的氯都会损害你的装备。向使用过的浮潜背心里面灌入清水并摇晃，彻底清洁以后，将水彻底排干，然后充气保存。定期检查面镜和脚蹼的带子，防止干燥开裂。如果出现老化现象，就更换带子。清洁完面镜后，在镜片上滴上一两滴除雾剂抹匀，以便在存储过程中保持镜片的清洁。

防护服

在潜水时，即使不考虑水温，你也需要穿上不同类型的防护服。除了防寒，防护服还可以保护身体不被擦伤或刺伤。防护服的基本类型有湿式潜水服（湿服）和干式潜水服（干服）两种。总的来说，水温越低，防护服就要越厚，需要防护的身体部位就越多。防护服有各种不同类型，但是最常见的是连体衣或是分体式衣服，配件背心可以帮助保持重要器官的热量。头罩、靴子和手套分别帮助减少从头、脚和手部损失的热量。

湿服

湿服适用于水温在 60~85 华氏度的环境（15.6~29.4 摄氏度）。水可以进到湿服里面，但是进去的水也可以出来并且带走热量。湿服越合身越好；进去的水越少，防护服越暖和。表 4.1 比较了几种不同类型的湿服。下面的描述提供了更多的信息。

氨纶防护服很薄，伸缩性好，有吸引力。这种材质的全身型防护服在热带水域的潜水中十分受欢迎。氨纶防护服可以防护 45% 以上的裸露皮肤，防止擦伤、蛰伤和暴晒。而且它们十分轻便，便于旅行携带，也可以作为内衣穿在厚重的橡胶防护服的里面，提供额外的保护（见图 4.10）。

表 4.1 湿服

类型	温暖度	特性	适用温度范围
氨纶	比赤裸皮肤温暖 45%	轻、体积小、可以作为内衣穿在其他防护服里面	78 华氏度（25.6 摄氏度）+
热塑性塑料	比氨纶温暖 30%	具有悬浮力，不需要配重调整、吸汗、防风	75 华氏度（23.9 摄氏度）+
加绒的热塑性塑料	比不加绒的热塑性塑料温暖 10%	同热塑性塑料	72 华氏度（22.2 摄氏度）+
泡沫氯丁橡胶 1/8 英寸（2~3 毫米） 3/16 英寸（4 毫米） 1/4 英寸（5~6.5 毫米）	比加绒的热塑性塑料温暖 20%~100%	有浮力、需要配重、干燥时间长、蒸发会使穿戴者感到寒冷、小维修很简单	可以低至 60 华氏度（15.6 摄氏度）
头罩、背心、靴子、手套	更温暖 16%~66%	减少水流循环，不同的组合可以适应不同的温度变化	可以低至 60 华氏度（15.6 摄氏度）

图 4.10

温暖水域里常见的几种湿服：泡沫氯丁橡胶连身衣（左）、短款泡沫氯丁橡胶防护服（中）和尼龙防护服（右）

　　像三明治一样被两层氨纶夹在中间的热塑性塑料是湿服的另一种常用材料。这种材质的防护服比氨纶防护服要暖和 30% 左右。热塑性塑料防护服大多很薄，专为热带水域设计，适用水温范围为 75~85 华氏度（24~29 摄氏度）。有一些防护服里面还有一层柔软的毛绒衬里，因此格外温暖，毛绒衬里可以增加 10% 的温暖度。它也可以穿在氯丁橡胶防护服里面作为内衣，在寒冷的水域里面保暖。

热塑性塑料防护服有些优点：在重量和体积之间有种完美平衡，使得它在水中自然就处于悬浮状态，因此穿着这种防护服时，可能都不需要配重带。面料的伸缩性使得你可以自由移动，而且材料本身吸汗性好，又可以防风。

图 4.11

常见的冷水湿服类型：左侧的外套和中间的上衣（可以连头罩也可以不戴）是穿在右侧的农夫约翰式连体衣的外面，形成一个组合

湿服材料是泡沫氯丁橡胶（见图 4.11），泡沫中含有的惰性气体气泡起到了防护防寒作用。防护服越厚，防护效果越好。一件 1/8 英寸（约 3 毫米）厚的氯丁橡胶潜水衣比含毛绒内层的热塑橡胶套装要暖和 20%。

泡沫氯丁橡胶防护服的厚度大多在 1/8 英寸到 3/8 英寸（约 9 毫米）之间，适用于在极冷的水域潜水。最常见的厚度有 1/8 英寸、3/16 英寸（约 4 毫米）和 1/4 英寸（约 6 毫米）。你可以将防护服材料贴在身体的关键部位以减少热量损失。但是防护服越厚，你就越难控制浮力。向那些对于你要去潜水的水域非常有经验的潜水者咨询，根据他们的意见选择合适的厚度。

通常氯丁橡胶防护服的两侧都会覆盖尼龙。尼龙增加了防护服的轻度和持久性，尼龙部分是被缝合和胶合上去的。你可以对防护服进行小修小补，但是如果要进行较大的维护，则需要返回专业厂家进行处理。

如果你穿的防护服是氯丁橡胶的，那么你就需要配重来平衡浮力以达到悬浮的状态。这一类防护服，在你松开配重的瞬间，就会产生浮力。但是防护服所产生的浮力有利有弊。氯丁橡胶是不防风的，而通过防护服所蒸发的水分会让身体降温，感到寒冷。在比较寒冷的气候里，在每次下潜之间的空挡，你可以在防护服外面再穿一件外套。比起其他材质的防护服，这一类防护服变干需要花费更多时间。薄的氯丁橡胶防护服的移动性很好，但是随着材料厚度的增加移动性也慢慢降低。

防护服的款式非常多样，包括短款、连身长款、农夫约翰款（见图4.10和图4.11），在挑选湿服时，有几个因素你必须考虑。拉链越多，进水的可能性就越大，那么热量的损失就越多。在寒冷的水域潜水时，你可以选择无拉链设计。好的湿服会有一个脊柱防护，与你的脊柱相贴合，可以顺着脊柱方向最大限度地减少水循环。有些还会连着一个面罩以减少脖子周围的水循环。在水里你可能会跪在水底，因此有护膝设计的话是再好不过了。

你可以在潜水衣里面再多加一些加热包。这种加热包里面装有一种无毒的可以重复使用的化学物质，在不同的环境里可以在130华氏度（54摄氏度）保持半小时或更久。有些防护套装里面配有专门的可以装加热包的口袋。

你可以购买市面上标准尺寸的湿服，也可以定制符合你自己身材的湿服。合身是防护服最重要的条件。你的防护服必须每一个部分都特别贴合，但是又不能太紧，这会影响到你的呼吸或是循环。如果你在出水的时候感觉到稍微有点儿紧，那么那就是一件非常合适的防护服。要找到一件合适的防护服真的是潜水准备中的一大挑战。有时候你可能会租到一件你甚至想要买下来的防护服。

湿服配件

水肺潜水者需要足部防护，潜水专用的鞋子称为潜水靴或是短靴。大部分的靴子都是氯丁橡胶制成的，可以只盖住两只脚和脚踝，从便宜的氯丁橡胶袜子到完整的带有厚实

图 4.12

市面上有带拉链和不带拉链的潜水靴

图 4.13

分指手套和连指手套为手指防寒，保护手指不受伤害

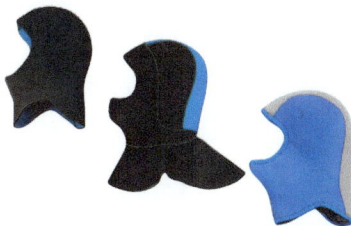

图 4.14

头罩在寒冷的水域里帮助保持热量

鞋底的鞋子都有。有的有拉链，有的没有。有拉链的靴子容易穿脱，没有拉链的更保暖（见图 4.12）。

当水温低于 70 华氏度（21 摄氏度）时，你应该进行手部防护。有些潜水者会戴手套，像是龙虾捕手。手部防护包括分指手套、连指手套和长防护手套（见图 4.13）。水温较低时，选择连指手套，因为连指手套更厚而且比分指手套表面积更小，热量损失更少。当水温特别低时，选择长防护手套。对于温带海域而言，薄的氯丁橡胶手套就足够了。在热带海域潜水时不要戴手套。当你戴着手套时，你就会更放心地想要去触摸或是抓珊瑚和海洋生物，而手套可能对它们造成伤害。

头罩是一件非常重要的保暖配件，在不同的水温条件下，可以帮助减少 20%~50% 的热量损失。头罩有两种基本类型，分离式和连接式（见图 4.14）。在寒冷水域潜水的潜水者喜欢连接式的头罩，因为比起分离式，连接式头罩的防水效果更好。有些分离式头罩在脖子周围有一圈裙摆一样的部分延伸到脖子下端；另外一些适用于寒冷水域的头罩会有一个大的像围裙一样的部分罩住脖子和肩膀。薄头罩适用于比较温暖一些的水域，而厚头罩适用于在比较寒冷一些的水域里面进行防护。

你可以通过多穿一件潜水马甲来增加约 16% 的保温效果。潜水马甲的材料各异，并通过分层来提供更多一层防护（见图 4.15）。分层技术可以有效降低水循环，提高防护效果。有些潜水马甲直接连有头罩。

图 4.15

多增加一条潜水马甲，可以为你的湿服增加多达 16% 的保暖性

湿服的日常维护

在护理得当的情况下，湿服可以使用很多年。潜水之后，将你的湿服泡在干净的淡水里面。如果你没有条件浸泡湿服，就用水打湿它。用专用的湿服晾衣架来晾你的湿服，这类衣架比普通衣架更宽更大；在阴凉处晾干而不是太阳下晒干；将其悬挂在阴凉的避光防潮的地方进行保管，相信我，车库不是一个好的选择。收存湿服时，不要折叠存放，因为长期折叠会造成永久性的折痕，而折痕处的防护效果就大大减弱了。定期检查是否有开线或是漏水，如果有必要，及时送去修补。

干服

当水温低于 60 华氏度（15.6 摄氏度）时，你要考虑穿戴干服了，水无法透过这类防护服。干服比湿服要保暖很多的原因有三点：

1. 与你身体接触的是空气而不是水。空气吸收的热量比水少，你在传导中损失的热量也就更少。

2. 在干服下面你会再穿一层内衣，这层内衣困住了一小层空气，形成了一个绝佳的防护层。

3. 三种基本形式的干服里面有两种会受到压缩的影响，但是这个影响微乎其微，因此干服的防护能力基本不受下潜深度的影响。

干服根据材料的不同被分成三类。表 4.2 比较了最常见的三类干服。泡沫氯丁橡胶潜水服所使用的材料跟湿服一样，但是干服在手腕和脖子处密封，并且连接有干靴和防水拉链（见图 4.16）。

图 4.16

干服的主要材料分为泡沫合成橡胶（左）、合成橡胶（中）和尼龙（右）

表 4.2 干服

类型	优点	缺点
泡沫合成橡胶	流线型合体设计	干燥时间长
合成橡胶	耐用、容易维修、持久、浮力小于泡沫合成橡胶	防护效果比泡沫合成橡胶稍差，价格高，有点笨重
壳（两种） 　涂层尼龙 　莱卡	速干、容易维修、尼龙很便宜、莱卡使用寿命长	容易被刺穿、笨重、尼龙使用寿命短、莱卡价格高

干服的价格大概是湿服的 2~5 倍，但是如果维护得当，使用寿命远长于湿服。如果你主要在寒冷水域进行潜水，干服是很好的投资。

干服制造出了一个封闭空腔，可以承受挤压。干服有一个标配的低压充气阀，在下降过程中，你可以通过充气阀向内部充气来对抗水压的挤压。因为上浮过程中空气会膨胀，因此干服还标配有一个排气阀。

潜水是一项利尿的活动，也就是说在潜水过程中你的尿量会增加。对于穿着湿服的潜水者来说，在公开水域排尿很简单，但是如果你穿的是干服，问题就会复杂很多。有一些干服有拉链，但是也只有当你浮出水面以后才有用。所以穿着干服的潜水者只能上岸以后小便，穿着没有拉链的干服的，必须脱掉干服。

有几种类型的内衣可以穿在干服里面。有些价格便宜，但是到了水里以后随着深度增加而被压缩，湿了以后就失去了防护能力。很多价格比较贵的内衣都具有很强的抗压性，即使是湿了，仍然能够保持绝大部分的防护能力。穿干服的潜水者中，有不少人喜欢穿两层内衣：一层比较薄的贴身穿，用来吸汗；一层厚一点的用来进行防护。水分会吸收热量，所以当内衣吸走汗水后，你会觉得更温暖。

干服也有一些缺点。比起湿服，穿着干服的时候控制浮力的难度比较大。除非你能控制干服，要不然很快你就会不受控制地上浮。如果你试图穿着干服潜水之前，就必须参加潜水培训。因为干服比湿服要笨重，所以穿脱干服比湿服要容易，但是干服的笨重也使得要在水表层游泳变得十分困难。跟湿服相比，干服对你在水中活动的限制性也更大。然而，当保暖是第一需要时，这点小小的不便就算不上什么了。

干服配件

大多数干服都是连靴的，相对便宜的干服会用乳胶靴，稍微贵一点的会用硬底靴。乳胶靴里面需要穿厚袜子，外面需要再套上湿服配套的潜水靴。所以到最后往往选择干服的潜水者需要大号足袋的脚蹼。你可以根据需要选择连指或是分指手套跟干服搭配。如果水温极其低，那么你可以选择带连体手套的干服。有些干服也直接配有橡胶头罩，但是大多数潜水者都会选择使用独立的氯丁橡胶头罩。图 4.17 展示的是一些干服的配件。

干服的维护和保养

干服比湿服更需要保养。更换拉链和阀门花费都不便宜，因此不要让盐分在拉链上或是阀门内结晶。每一次在咸水水域潜水之后，立刻把拉链和阀门泡到清水里面。用清洁用品清洁脖子和腰封，然后冲洗干净。在橡胶部分晾干后，涂上滑石粉，滑石粉可以防止橡胶老化分解。用一个宽大的晾衣架将干服对折挂起晾干。根据使用说明润滑拉链，然后保持拉链敞开状态存放。如果需要修补，请专业人士来做。

图 4.17

干服靴和干服手套帮助潜水者保暖

防护服的挑选

在挑选防护服时，需要考虑很多方面：你的体形体格、身体特点、你想去的潜水地点、潜水的方式、潜水的次数、潜水时的具体活动，等等。预算多少也是一个重要方面，不过要记住，便宜不一定是最划算的。如果买到的防护服不合适，那你就要花更多的钱再买一件更合适的。

你计划潜水的次数也是一个很重要的指标。如果你计划每天也就只去潜水一次，所需要的装备跟计划每天潜水很多次所需要的是很不一样的。你待在水里的时间越长，装备的保暖性就要越好。

如果你很瘦，很容易觉得冷，你需要高于平均值的保暖装备。那些身体脂肪含量高于平均值的人可能并不需要满足平均值需要的保暖装备。脂肪是天然的、最好的保暖装备。温暖舒适对于潜水安全和享受潜水乐趣都是非常必要的。

如果你打算绝大部分的潜水都集中在一个区域，那么那个区域最受欢迎的潜水服应该是你的最佳选择。如果当地水温很低，你必须在干服和湿服之间做一个选择。如果你最终选择湿服作为你第一次在寒冷水域潜水的装备，背带裤、背心、带头罩的上穿式外套组合就比高腰裤、普通的外套和分离式头罩组合要保暖得多。订制的贴身防护装备肯定比标准尺寸量产的防护装备要保暖。

如果你需要长时间在表层游泳，那么干服不是一个好选择，因为你可能会过热。有些干服的蓬松所造成的阻力，可能使你很容易累或者是抽筋。但是另一方面，在水下，干服比湿服要保温得多。如果你绝大部分时候的下潜深度都深于40英尺（12米）、水温在60华氏度（15.6摄氏度）以下，而你又可以避免在水面上长距离游泳，干服绝对是你的选择，只要你能保证使用前先经过训练。

如果你想尝试在不同的气候条件下潜水，氨纶或是热塑性塑料同氯丁橡胶相结合的湿服会是不错的选择。你可以根据温度的不同，穿戴不同的部分。你的需要随着潜水活动的改变而改变。一个在水下玩寻宝游戏的潜水者产生的热量肯定比一个基本不动的水下摄影师产生的热量要多。你在水下活动得越少，你需要的防护就越多。你的愿望、需求和预算决定了你选择什么样的防护服。当你在做选择的时候，可以参考当地有经验的潜水者和潜水教练的意见。

你选择什么样的配件取决于你选择什么样的防护服、潜水目的地的水温、你计划要进行的水下活动和你的预算。水域温暖时，薄而短的头罩就可以了，厚而长的头套适用于水温较低的区域或是干服。靴子可能是包脚的，可能是齐踝的，也可能是连体的。鞋底可能是软的，也可能是硬的。而手部防护则是从赤手空拳到厚的连指手套或是干服手套。

当地的专业潜水人员可以帮助你挑选防护服和配件。无论你挑选什么类型的防护服，有一点请牢记于心：这是为了你潜水的乐趣而做的投资。如果你觉得冷而感到不适，潜水就完全没有了乐趣。

配重系统

防护服增加了你的浮力。你需要配重系统帮你获得一些负浮力。配重腰带（见图4.18）是一种比较常见的形式，另外一种形式是将配重融合到水肺套装里面。配重腰带是将重物连接或是插到一条带子上，然后你将带子系到腰间。这条带子由尼龙编制而成，约有2英寸（5厘米）宽。你可在带子上系上铅块，在带子里塞满铅粒，或者是将铅块和铅粒放到口袋式腰带里。在中空的腰带里面塞上铅粒挂在胯上，远比硬铅块要舒服得多。铅粒大小不一，如果你不小心掉了腰带，造成的伤害远小于铅块。
小直径的铅粒的单位重量
远高于铅块。所以你需要
的配重越大，你所选择的
铅粒就应该越小。

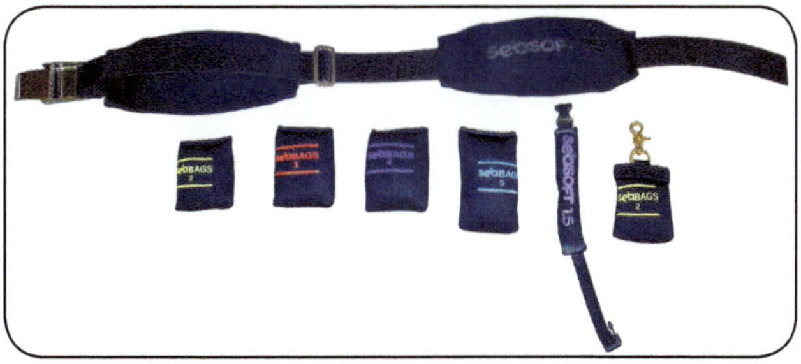

　　随着下潜深度的增
加，防护服也会被压力压

图 4.18

配重腰带和各种
不同类型的重物

缩，除非是有什么方法可以调整腰带以弥补防护服的压缩量，不然配重腰带会变松。因此可以给腰带配一个弹性调整器，市面上可供选择的种类很多。

　　要将配重腰带上的重物固定好，保证它们不会移动。在这方面口袋式配重腰带比较好。当你往腰带里面插重物的时候，要保证第一块和最后一块有固定器。固定器可以在配件中找到。

　　配重系统最重要的一个因素就是可以非常便捷地拆卸。紧急情况下，你必须要迅速弃重以获得正浮力。无论你选择什么类型的配重方式，稳定可靠、容易装配和容易拆卸是必要条件。

　　市面上有几种不同类型的配重物可供选择。大型的髋骨形状的大多是用来平衡冷水用防护服的浮力。小的长方形的铅块因为经济实惠而被广泛应用。有涂层的配重物兼具美观和实用性。制造商将铅块制成各种形状，并在外层涂上一层乙烯基。涂层降低铅对海水的污染性，提高了外观亮度，使得配重系统在水里更容易被发现，并且减少了对防护服的磨损。装了铅粒的网包也很受欢迎。你也可以将铅粒塞进一条中空的腰带里。尽管有涂层的铅粒会稍微贵一些，但是比没有涂层的要好。选择在脚踝处配重也可以，不过有些专家认为没有必要。

　　还有一种集成型配重方式，可以省掉腰带的麻烦，就是把配重物附在水肺气瓶上或是放到浮力调整器里。集成配重使得潜水装备更重了一些，但是仍然比单独的配重方案更好地分配了重量。有些潜水者认为集成配重方式更好的原因在于，配重物不太会变形，不需要压缩调整器；而且在腰部以上配重就减轻了下半部的压力。当然，当你重心过高时，在出水的时候容易失去平衡跌倒。因此，要想用好集成配重，你需要力量、良好的平衡感和谨慎的态度。集成配重通常是使用散装的或是包装好的铅粒。

配重的保存与维护

与其他潜水装备不同，配重的部分并不需要特别多的维护和保养。千万不要把使用过后的裸铅泡到水里面，因为铅会污染环境。如果有灰色的水从你的配重装备里面流出来，更换里面的铅并且要涂上涂层（旧的铅可以循环利用，不要直接扔掉）。如果你使用的是口袋式配重系统，可以将里面的重物取出后，再清洁载体。

定期检查配重装备的功能状态，例如快速解开和压缩补偿。如果你使用的是配重带，检查连接的部分，确保没有断裂或是破损，并且保证皮带的一端整齐干净，便于插到锁扣中。如果你发现端头已经磨损，剪掉一块然后火燎。要小心不要割伤或是烧到自己。

如何挑选配重装备

在挑选配重装备时，你需要考虑的是你的体格、需要的重量和需要调整重量的频率。

如果你块头很大，腰比臀部要粗，然后你的防护服又很厚，那么配重腰带不太适合你，尤其是当你需要的配重超过30磅（13.6千克）时。在第六章，你会学到如何测试你的浮力以便确定你所需要的配重。询问那些和你体形相似的潜水者的意见。如果你需要的配重超过30磅，你可能需要一条配重腰带再加上一套集成配重装备。如果你只需要一点点配重的话，基本上任何类型的配重装备都可以。

如果你潜水的类型经常变化，你的配重也需要经常变化。在淡水与咸水中潜水，要调整不同的配重。如果你改变防护服的搭配，也需要调整配重的重量。你需要调整的情况越多，你越需要一个可以适应各种变化的配重装备。

浮力调整器

浮力调整器帮助你控制你的浮力，你可以在水面上膨胀浮力调整器以增加浮力，下潜时就放气以减少浮力，在水下可以往里面充气以

表 4.3　浮力调整器

类型	浮力气室的位置	优点	缺点
外套式	身前和身后	平衡支撑；潜水者能够保持直立	不适合浮潜
背包式	身后	不会跟干服的阀门控制部分互相干扰	会推动潜水者前倾；潜水者很难保持直立状态
前置式	身前	适合浮潜；潜水者可以保持直立	气瓶需要单独的背包；移除装备之前需要断开充气软管；提供的浮力不如外套式多

保持悬浮。很多浮力调整器都配有一个背包，可以用来装水肺潜水气瓶。浮力调整器主要有三种类型：外套式、背包式和前置式（表 4.3 是三种类型的比较）。现在潜水中所应用的大部分都为外套式，可以提供前后左右环绕式浮力。外套的基本设计有两种：一种是肩部有膨胀管，另一种比较新的是肩部还有调节带。该肩带上有一个方便的可调节的解除装置（见图 4.19）。

背包式是把浮力调整器放在你的背后。这种类型特别适合于在水下拍照和一些特殊的潜水活动。如果没有笨重的浮力调整器环绕着模特们，视觉效果上会更好一些。而且背包式浮力调整器并不会像其他类型的调整器一样干扰到干服的阀门操作系统。

前置式调整器从你的脖子绕过，并且盖住胸前。最初的浮力调整器就是这种类型，不过现在已经很少有人用了。绝大多数潜水爱好者都认为外套式调整器远远好于前置式调整器。前置式适用于浮潜，也适用于水肺潜水。外套式和背包式都不适用于浮潜。

图 4.19

带背锁和快速释放装置的外套式浮力调整器

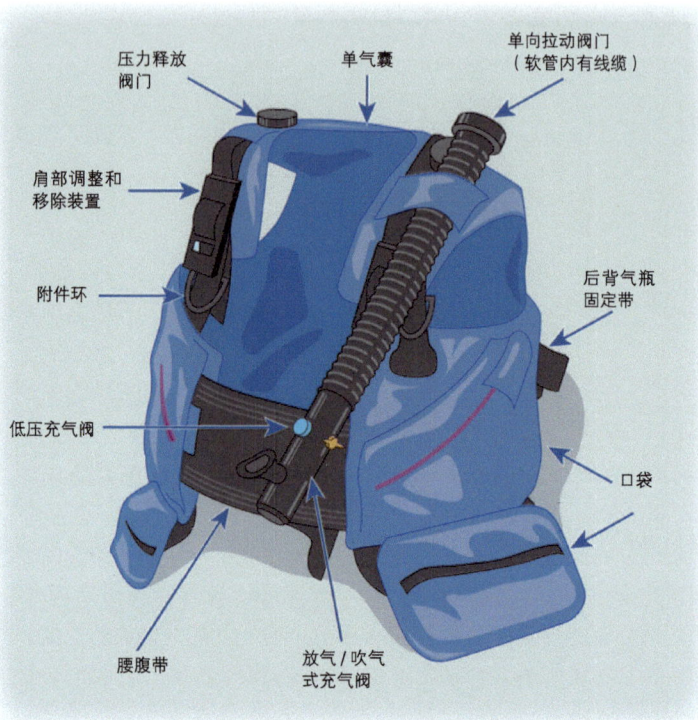

压力释放阀门

单气囊

单向拉动阀门（软管内有线缆）

肩部调整和移除装置

附件环

后背气瓶固定带

低压充气阀

口袋

图 4.20

理想的浮力调整器

腰腹带

放气/吹气式充气阀

浮力调整器的核心，就是一个带有附件的气囊（见图4.20）。一种情况下气囊本身就是储存空气的容器和覆盖物，另外一种情况是气囊外面再包裹一层编织物。气囊的接缝是黏合还是焊接的，取决于所用材料的类型。

如何挑选浮力调整器

在挑选浮力调整器时，你需要考虑到你的体格、你计划潜水的区域以及你要进行的潜水的类型。部分调整器所提供的浮力比其他类型的要大。一个在寒冷水域穿着湿服潜水者比一个在温暖水域穿着薄防护服潜水者需要的浮力要大，尽管并不是所有的时候都是浮力越大越好。

如果你体形高大，魁梧有力，那么可能调整器的大小和尺寸并不是特别需要关心的。但是如果你身材比较娇小，聪明的做法是挑选那些小一点、轻便一点的调整器。调整器的长度非常重要。如果调整器过长，就会干扰到配重装备的穿戴和移除。如果你的腰很短，应该考虑集成型配重方式。是否合适非常重要，因为调整器需要能够在水中支持你。调整器应该是与你身体贴合而不是骑在你身上。可以根据具体体格进行调整的型号是最理想的。

另外一个比较好的选择是购买单一气囊调整器。比起双气囊型，单一气囊调整器更便宜，维护起来也没有双气囊那么麻烦。你可以通过租赁多试用几种，也可以帮助你做决定。跟有经验的潜水者多聊聊，也多观察一下你经常潜水的地方有哪些调整器。

调整器的维护和存放

你投资在调整器上的钱不是一个小数目，但是，与其他潜水设备一样，如果维护得当，调整器可以使用很多年。使用完的调整器内外都要冲洗清洁，尤其是在游泳池或海里使用过后。游泳池里的氯和海水里的盐分都会对调整器造成伤害。将调整器里的水排干，再灌入约 1/3 容积的清水，摇晃，然后再把水排干。彻底冲洗充气组件，并且将调整器完全充气直到完全变干。充气可以测试气囊和阀门的密封性。调整器需要保持完整充气状态至少 1 小时，如果不能，请专业人士进行维修。任何时候只要你的调整器工作不畅，都要交由专业人员修理维护。没经过专业培训、不使用专业的工具和备件去尝试修理调整器是很危险的事情。

潜水气瓶

潜水气瓶有各种尺寸和各种压力等级，常见的尺寸有 63、71.2、80 和 100 立方英尺（1784 升、2016 升、2265 升和 2832 升）。气瓶内可填充的空气气压被称为气瓶的工作气压，从 1800 磅每平方英尺到 4000 磅每平方英尺不等，或者是 122~272 个标准气压。

钢瓶

一些空气压缩机只能灌到 2500 磅的空气（170 个标准气压）。当你没办法获得高于 2500 磅的气压时，钢瓶可能比铝瓶更可取了。一个 71.2 立方英尺的钢瓶所含 2250 磅（153 个标准气压）的空气比一个 80 立方英尺的铝瓶所含有的空气要多大约 5 立方英尺（142 升）。要

图 4.21

潜水气瓶有很多不同的尺寸，分为钢制和铝制两种

想充满一个80立方英尺的铝瓶，气压需要达到3000磅（204个标准气压）。

不过钢瓶也有一个主要缺点，就是会生锈，这也会导致一个气瓶不安全和无法使用。一定不能让潜水气瓶进水。压缩空气里面的氧气含量很高，会加速腐蚀过程。你可以保持钢瓶内里干燥，但是外部是完全暴露在湿气里面的。在气瓶外部镀锌防止氧化，但是绝对不可能在内部镀锌，因为镀锌会影响空气的纯度。可以在镀锌层外面刷上油漆做装饰，但是如果只刷油漆是不够的，因为油漆可能会裂开，水分会透过裂纹进入。除非油漆下面有镀锌层，否则气瓶还是会生锈。

钢瓶的另外一个缺点是，由于制作流程的原因，它的底部必须是圆的，所以钢瓶没有办法自己站立，因此你需要配备一个塑料或是橡胶的底座。把钢瓶放在底座上，才能站立得住。有些底座还有侧面的防护，防止当你把钢瓶放倒的时候瓶子会滚动。湿气和残留在底座和钢瓶之间的盐分可能会腐蚀气瓶，因此首选带自排水功能的底座。

铝瓶

铝瓶也有各种不同的尺寸和压力等级，常见的尺寸有63、80和100立方英尺（1784升、2265升和2832升）。铝瓶的工作气压为3300磅（224个标准气压）。

铝其实也会被氧化，不过在氧化过程中形成了一层氧化物覆盖在上面，反而会阻止内部继续氧化。这是钢瓶无法比拟的一个优势。生锈是一个会快速加剧的过程，但是铝瓶氧化却恰恰相反，反而是一个自我抵御腐蚀的过程。

铝瓶的底部是平的，不需要底座就能够自己站立得住。但是有很多潜水者还是会放一个底座，以保护瓶底和任何可能被瓶底打到的东西。

铝瓶也有缺点。铝比钢要软，所以铝瓶也比钢瓶容易凹陷。在铝瓶里面，有一个黄铜气瓶阀门控制着空气的流动。不同金属之间的电解作用可能会使得阀门卡在气瓶里，除非是把阀门定期取下来涂上一层特殊化合物。钢瓶就几乎不会出现气阀卡住这种情况。

铝瓶不需要镀锌。你可以把它们涂上各种图案，但是不要烤漆。当温度高于 180 华氏度（82.2 摄氏度）时，铝瓶的强度会降低，可能导致充气的时候发生爆炸。如果你想要装饰你的气瓶，让专业的人做。

气瓶标识

潜水气瓶瓶颈周围会有几行标识，用来说明气瓶的基本信息（见图 4.22）。美国制造的气瓶上，第一行是批准制造该气瓶的美国政府机构、所使用的材料和该气瓶的工作气压。这一行的第一组字母，代表的是政府机构，例如 DOT（美国交通运输部），CTC/DOT.（加拿大交通委员会和美国交通部）或者是 ICC（美国州际商务委员会）。下一组字符则代表了制瓶所用的材料。3A 和 3AA 指的是钢瓶，3AL、E6498 和 SP6498 指的是铝瓶。第一行最后的几个数字是如此重要以至于你要背下来，这个数字说明的是气瓶的工作压力值是每平方英尺多少磅。

第二行的标识包括：序列号（你应该记下来以帮助你辨别自己的气瓶）、制造工厂的代表字母或数字，该气瓶第一次充气测试的年月

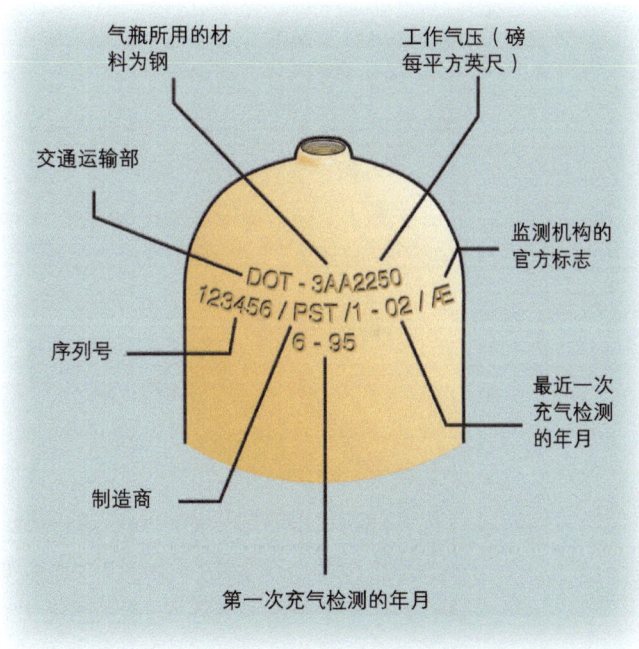

气瓶所用的材料为钢

工作气压（磅每平方英尺）

交通运输部

监测机构的官方标志

DOT - 3AA2250
123456 / PST / 1 - 02 / 匚
6 - 95

序列号

最近一次充气检测的年月

制造商

第一次充气检测的年月

图　4.22

气瓶瓶颈标识

图 4.23

潜水气瓶充气站

应该在这行下面的某个位置。美国法规规定，压缩气瓶必须经过充气压力实测才可以投入使用。之后每五年需要进行一次测试，每次测试都会在下面打上一个日期，作为该气瓶通过压力测试的标志。

你可以在充气站为气瓶充气（见图 4.23）。当你去充气站充气时，工作人员会检查标识确定该气瓶上一次测试的时间以及该气瓶所能承受的气压。

如何挑选气瓶

挑选潜水装备最重要的两个标准就是合适与舒服。这两个标准也同样适用于气瓶的挑选。身材娇小的人要用小气瓶，而身材高大的人则需要大气瓶，因为他们的肺部更大，需要的空气更多。

气瓶所使用的材料会影响到它的容量、尺寸和工作压力。尽管钢本身比铝要重，但是同等的容量的气瓶，铝瓶比钢瓶要大很多、重很多。因为铝没有钢那样坚实，要想承受同样的气压，铝瓶壁要比钢瓶壁更厚。对于一个固定尺寸的气瓶而言，压力越大，气瓶的容量就越大。现代潜水钢瓶的容量非常大，但是也非常重。对于娇小一点的潜水者来说，比较合适的尺寸是 50 和 63 立方英尺（1416 和 1784 升）。对于一般身材的人而言，比较常选择的尺寸是 71.2 和 80 立方英尺（2016 和 2265 升）。

挑选潜水气瓶的另外一个重要的考虑因素是气瓶的浮力，这是由气瓶的体积和重量决定的。铝瓶的浮力比钢瓶要大。容量大的气瓶在

表 4.4 气瓶的尺寸、工作压力和浮力

容积（立方英尺/升）	工作气压（磅/平方英尺）	满气浮力/空瓶浮力
铝瓶 50/1416	3000	−2.7/+1.3
铝瓶 63/1784	3000	−2.3/+2.7
钢瓶 71.2/2016	2250	−2.0/+3.6
铝瓶 80/2265	3000	−2.0/+4.4
钢瓶 76/2152	2400	−6.5/−0.1
钢瓶 80/2265	3500	−7.4/−1.0
钢瓶 102/2888	3500	−7.6/+0.5

充气和不充气状态下的浮力变化比容量小的气瓶要大，充满气的气瓶到空气瓶之间的浮力变化可以高达 8 磅（3.6 千克，表 4.4）。有些气瓶无论充气还是空的，都只有负浮力。但是绝大部分气瓶都是在充气的状态下沉，在空的状态会上浮。 气瓶浮力变化非常复杂，因此你应该挑选那些在你潜水水域最常见的气瓶，并且多挑选几个下水试潜一下，看看哪个最容易控制。

你需要决定潜水时你要使用压缩空气、氮氧混合气或是混合气体。如果你选择的不是混合气，你的气瓶、气瓶阀门和控制器都要是专门为这一种气体配备的。

把压缩空气专用的气瓶和控制器用于控制混合气体是很危险的。用于控制混合气体的控制器、气阀和气瓶一定要"不含氧"。

多缸气瓶潜水装备适用于特殊的场合。作为一个初学者，你不需要双缸甚至多缸的气瓶。单缸气瓶可以满足大部分的潜水需要。

潜水气瓶的配件

塑料套或是布套筒可以帮助你保护气瓶的外观，有些套筒上还有一些空间可以装一些随手取得到的小物件。气瓶绑带把气瓶固定在浮力调整器上。还有一些小的配件可以帮你移动和运输气瓶，前文提到的气瓶底座就是其中一个特别好的配件。

潜水气瓶的维护和保存

气瓶是高压容器。虽然它们很坚实，但是你仍然要小心处理。外观损伤可能会导致气瓶失效。避免把气瓶扔来扔去，如果需要的话，通过木板将气瓶滚动到车上或船上。运输或存储时，保护好它们。除非有人在旁边手扶着，否则不要让气瓶直立。如果气瓶倒了，很有可能会砸伤人或物。然而在存放时，你又要将气瓶直立，这样气瓶内部的湿气就会下沉到气瓶底部，检修人员就很容易检测到并且进行维护。使用过的气瓶要用清水仔细清洗外部，尤其是要注意底座的部分。

生锈可以很迅速地毁掉一个气瓶，一块锈迹可以破坏气阀或是调整器。防止生锈的一个方法是将气瓶充满气保存。当你在潜水时，水会进入空的气瓶。因此，不要用光气瓶里的所有气体。如果你打开阀门存储气瓶，湿气也会很容易进入。所以存储气瓶时，保证里面有 20 磅左右的空气。不过，虽然少量空气产生的低压可以阻止水进入，但是也会给里面原本就有的水汽提供氧气，从而加速了氧化。

充气的过程中水有可能被压进气瓶。空气压缩机里面的脱水器应该能从空气中除去湿气，但是如果脱水器不能正常工作，水就会随着空气一起被压进气瓶里面。有时候灌装气体用的软管可能会被打湿，软管里面的水就会被泵进你的气瓶里面。因此去管理严格的气站进行充气是非常重要的。

潜水行业要求对气瓶每年进行一次目检。检测包括外观检查、拆阀检查、使用特殊光源进行内部检查、针对铝瓶还有一个特殊的电子测试、更换阀门和检测证明的印花检查，绝大多数的充气站在给你的气瓶充气之前，都会要求检验最近一次检查的印花。当你搬运你的气瓶时，留心听是否有东西在瓶子里面移动的声音。如果听到什么声音，把你的气瓶拿去做个目检。

美国政府法规规定，压缩气体钢瓶每五年要做一次压力测试。有些国家甚至要求一年或两年就要做一次。测试是在水里进行的静水压测试。检测人员在气瓶里面灌满水，然后把它浸泡在一个充满水的密闭容器里。检测人员通过液压向瓶身施加压力，瓶身在压力的作用下稍稍膨胀。膨胀将水从浸泡气瓶的容器里面挤出去。检测人员会测量膨胀，然后释放掉压力。气瓶必须在一定时间内恢复它原来体积的

10%。如果气瓶太脆而无法膨胀或是无法顺利回缩，检测人员会判定它无法继续使用。

只有当气瓶完全中空并且打开阀门的状态下，你才有可能将气瓶通过飞机托运，不过这种状态对于气瓶来说不是特别好。建议不要空运你的气瓶。潜水目的地都有气瓶供应，所以没有必要带着气瓶去旅行。

气瓶阀门

气瓶阀门控制液体或气体的流动。潜水气瓶的阀门有四种：简单阀门、储备阀门、高压阀门和多缸阀门。因为多缸阀门气瓶适用于先进的特殊潜水活动，因此本节只会讨论简单阀门、储备阀门和高压阀门。

简易阀门

简易阀门就像水龙头一样，是个可以开关的阀门。你逆时针扭动阀门将其打开，顺时针扭动将其关闭。在市面上第一本潜水设备名录里面这款阀门被定义为物品 K，从那以后简易阀门就被称为 K 阀门（见图 4.24）。

阀门座是一层软性的密封面，它负责关闭阀门，阻止空气流动。关闭的压力过大，有可能会损坏阀门座。

潜水气瓶阀门有几个特点，其中一个就是有一个呼吸管从阀门底部延伸到气瓶里。阀门呼吸管防止湿气和颗粒在你反转气瓶时进入气瓶里面。气瓶阀门的另外一个标配就是一个很薄的金属垫片，称为防爆盘。如果气瓶被充气过度或是火灾产生的热量使得瓶内气压增大到了会爆炸的程度时，防爆盘会炸开并且释放瓶内压力以防止气瓶爆炸。随着时间的推移防爆盘会被腐蚀老化，偶尔会突发防爆盘自动爆炸的情况。这种情况下防爆盘爆炸的声音很大，不过并不危险（即使是在

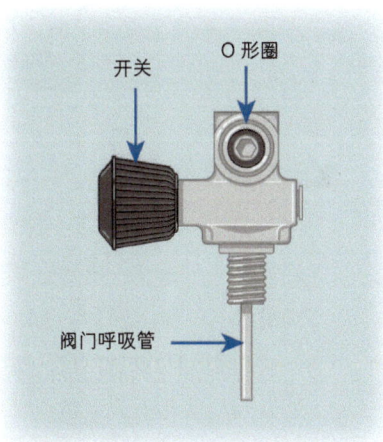

图 4.24

K 阀门

你潜水的时候爆炸也没什么大问题，虽然这种情况极其少见）。如果你的防爆盘裂了，你需要找专业的阀门维修人员维修。制造商会根据瓶压将防爆盘分类，不同的压力的气瓶必须使用对应的防爆盘。如果你想把一个气瓶的阀门换给另外一个气瓶，一定要注意防爆盘的分类。如果你将一个低压的防爆盘换到一个高压的气瓶上，防爆盘就会裂开。

潜水气瓶的阀门出口设计有两种，传统式的就是基本与阀门口等高，周围围绕着一圈软的圆环，称

图 4.25

紧闭的 DIN 阀门

为 O 形圈。O 形圈在阀门和气瓶调整器之间形成高压密封，所以必须干净，没有任何的割伤划伤。有一种比较新型的设计是带有下凹的 O 形圈的旋转出口，被称为 DIN 阀门（见图 4.25）。这种阀门比传统的 O 形圈阀门所承受的压力要大。超过 3000 磅（204 个标准大气压）就需要 DIN 阀门。

储备阀门

J 阀（在潜水设备名录里面这种阀门被称为物品 J）的设计目的是确保气瓶里面有一定的空气以保证正常上浮。将压力表（SPGs）应用到潜水当中预示着 J 阀已经过时。

J 阀里面的杠杆容易引起问题。如果杠杆的位置不正确（朝下），那么阀门就起不到保留空气的作用。如果潜水者没能在潜水之前将杠杆调到朝上的状态，或是在下潜过程中杠杆跳动了，那么就没有空气可以供给潜水者上浮使用了。安全隐患也推动了 J 阀的消失。

阀门的保存和维护

气瓶阀门是由比较软的金属制成，而且很薄，所以很容易被蛮力破坏。对于阀门而言，防护罩是个不错的选择。防护罩可以帮助减少 O 形圈的磨损，防止灰尘等进入气阀，也能够避免对阀门开关周围高压密封面的外力破坏。在存放气瓶时对气瓶进行防护，不让其没有任

何依靠地立在那里的一个重要原因就是保护气阀。如果气瓶滚动或是倒了，就会伤害到气阀导致其失效。

当你打开气瓶阀门时，动作要慢，并且要先开到最大，然后再关掉一半。如果有东西卡住了把手，阀门座在完全打开的状态下受到的伤害比慢慢关上的状态下受到的伤害要大。当你关闭阀门时，避免过度用力，用力过猛会缩短阀门座的使用寿命。

使用过后清洁阀门是个好主意，在装有温水的容器里将气瓶倒扣，把阀门泡在水里是个更好的主意。短暂地打开阀门吹走开口处的水。如果你让水留在开口处不管，在水分蒸发之前给气瓶充气，水分就会被压进气瓶。

每年请专业人员检查维护你的气瓶阀门，并且只要你感觉不能轻松操作气阀，或是防爆盘需要更换了，你都要马上去找专业人员来维修。在做年度目检的时候，会对阀门做日常维护（润滑）。密封气瓶用的大 O 形圈也可以在目检的时候更换。但是年检时对阀门做的部分维护并不能取代每年一次的阀门养护。做完整的阀门维修的时候，技术过硬的维护人员会把阀门完全拆卸下来，清洁每个部分，并且替换需要更换的零件，重新组装后，然后再进行一个整体测试。

水肺调整器

水肺调整器的作用是释放高压空气的压力，将其调整到可以呼吸的水平。大部分的水肺调整器都通过两个阶段来降低气压。一级调整器是连接着气瓶阀门的调整器，将高压调整到一个中间压力值，约为 140 磅（9.5 个标准大气压）。一级调整器有一根软管通向第二级，包括你的咬嘴。二级调整是把中间压力降到环境压力的程度。水肺调整器事实上是一个按需供应的系统，只有当你通过吸入动作要求空气

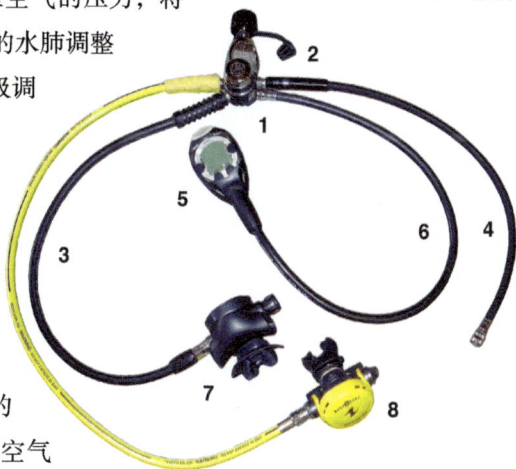

图　4.26

水肺调整器命名法
1. 一级调整
2. 防尘罩
3. 低压软管
4. 低压充气软管
5. 控制台
6. 高压软管
7. 先导二级调整
8. 二级调整

供应时，调整器才会供应空气，并不像其他持续的自动供应的系统，调整器根据潜水者的需求来工作。水肺调整器非常安全可靠，还有一个自动防故障装置，该装置会在有部件出现问题的时候，自动切换为自动供气模式。图 4.26 提供了更多关于水肺调整器的信息。

一级调整

水肺调整器的一级调整可能是平衡的，也可能不平衡。气瓶内气压的变化对于一个平衡的一级调整来说影响很小。如果一级调整不平衡，调整器的效果也会随着瓶内气压的变化而变化。所以平衡的一级调整比较可取。

一级调整常用的两个阀门是膈膜阀门和活塞阀门（见图 4.27），膈膜可以将水和泥沙从内部隔开，使得偏置弹簧在水压的作用下打开阀门，当一级调整的压力等于中间压力与水压之和时，瓶压会将阀门关上。膈膜阀门的组成部分比活塞阀门要多，因此维护和保养上也要更贵。但是膈膜能将水和泥沙隔绝掉，因此与活塞阀门相比，使用寿命和效果都要好很多。

活塞阀门则是一个敞开的几乎没有什么可以移动部分的简单设计。水压直接作用于活塞上，同偏置弹簧一起打开阀门。瓶压使活塞移动，当一级调整的压力等于中间压力与水压之和时，阀门就会关上。活塞式比膈膜式更容易操作，也相对比较便宜。但是渗透进的泥沙、盐分和矿物质也会在活塞内部累积，影响其性能。两种阀门各有优劣，因此不管哪一种都可以接受。而膈膜活塞式阀门则是两者的综合。膈膜将水和泥沙隔离后将压力传递给活塞。

图 4.27

典型的一级调整器。蓝色箭头代表了弹簧的压力，黑色圆点代表 O 形圈

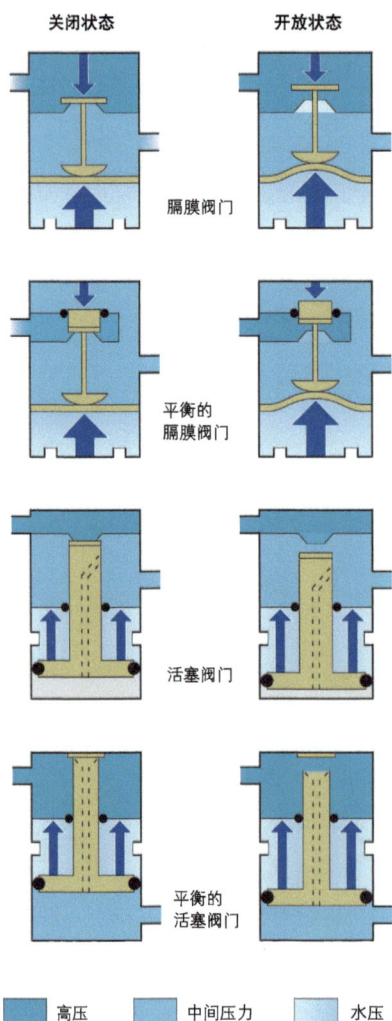

关闭状态　　开放状态

膈膜阀门

平衡的膈膜阀门

活塞阀门

平衡的活塞阀门

高压　　中间压力　　水压

一级调整器一定要有某个部件同气瓶的阀门连接。最常见的调整器一般在阀门周围会有一圈支架将阀门同调整器连接起来。调整器的入口处，有个过滤器，用螺丝拧到了气瓶上。在高压下工作的水肺调整器用 DIN 式连接而不是 yoke 式连接的方式。DIN 式是将调整器直接拧进气阀内而没有在外的支架。

一级调整器包括多个开口，称为端口。其中一个端口通过压力表测量高压空气，其他的端口是为了测量低压空气。一个调整器应该有几个低压空气端口向二级调整器供应空气、一个备用二级头和一个浮力充气筒，很有可能还会有一个干服充气筒。端口的尺寸很多。高压端口一般比低压端口要大，帮助防止连接错误。如果一条低压管误装了高压端口，会导致破裂。

有些调整器具有屏蔽环境影响的功能。这类调整器有一个连接在一级调整器上的可以调节的密闭空腔，里面密封了一些特殊液体。这个密封的、可以调整的空腔将水压传导给调整器，但是可以阻止水分、盐分和泥沙进入内部。温度极低的水有可能导致没有屏障保护的调整器被冻上，但是在密封空室中的液体却不会。

二级调整

最常见的二级调整器的形状像是一个一边着地的杯子（见图4.28）。想象一个柔韧的膈膜横在杯子的顶部，一个咬嘴连接在杯子的底部，还有一个排气阀门连在较低的边上。可以激活容器内部阀门的杠杆，同一个静态膈膜相接触。通过咬嘴的吸入动作在二级调整器内部制造出一个小真空，压力减少拉动膈膜，移动杠杆从而打开阀门，让空气从一级头流到二级头。当你停止吸气，内部的气压就恢复正常，膈膜和弹簧也就复位，关上阀门，阻止空气流动。当你呼气时，就增大了二级调整器内部的气压，打开了排气阀，将空气排出。

二级调整器常用的两种阀门分别是下游阀和先导阀。在下游阀型调整器里面，一个小的偏置弹簧保持阀门关闭。吸气动作移动膈膜，从而带动杠杆。杠杆的移动克服了弹簧的限制，打开阀门，使得中等压力的空气进入二级调整器。吸气之后，空气流动直到膈膜往外移动，释放弹簧关上阀门。下游阀型二级头操作简单，价格不高，能够

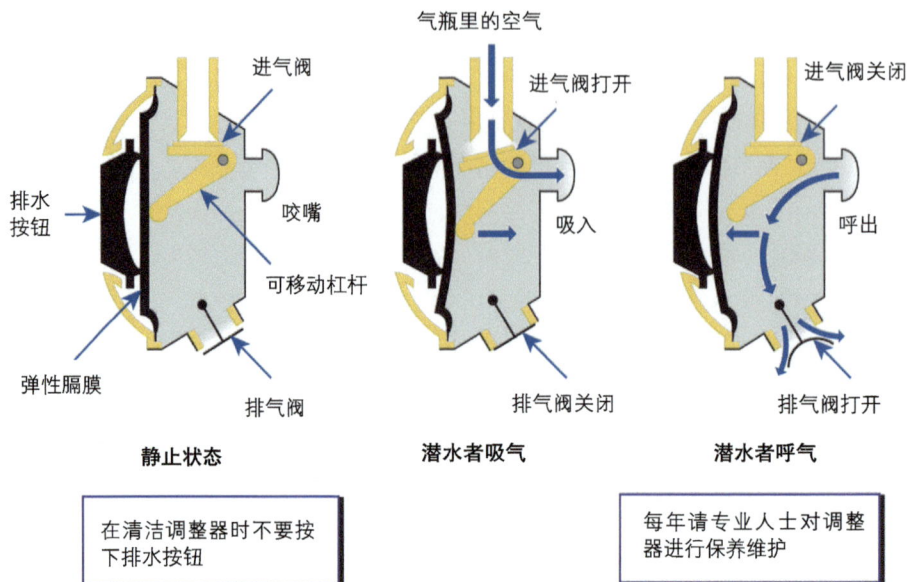

进气阀

气瓶里的空气

进气阀打开

进气阀关闭

排水
按钮

咬嘴

吸入

呼出

可移动杠杆

弹性膈膜

排气阀

排气阀关闭

排气阀打开

静止状态

潜水者吸气

潜水者呼气

在清洁调整器时不要按
下排水按钮

每年请专业人士对调整
器进行保养维护

图 4.28

二级调整器
工作原理

承受的泥沙量比先导阀要大。

在先导阀型调整器里面，膈膜移动打开一个小的阀门，然后小的阀门带动打开大一些的阀门。当你停止从调整器里吸气时，膈膜回到原来的位置，阀门关上。但是先导阀的成本和维护费用都比下游阀要高。在比较浅的水域，你可能体验到先导阀里面流动的空气产生的震动。

所有的调整器都有一个制动按钮或是区域，当你按下按钮时可以手动打开二级头。你可以用这个功能来测试调整器，排出二级头内部的水和残渣，并在关闭气瓶阀门以后释放调整器内部的压力。

调整器内排气阀门的位置多种多样。有的在底部，有的在旁边，也有的在二级头的前端。当调整器里面有水而咬嘴又在你嘴里时，排气阀的位置会影响到气泡的排列和调整器的清理。有些调整器直接通过一个排气座将气泡排出。在第六章你会学到更多关于调整器的位置对清洁的影响。

当你含住调整器时，调整器的软管从哪个方向出来，决定了调整器是左撇子、右撇子还是双向型。例如当你用的是右撇子调整器时，软管一定是在右侧。当你使用的是双向型调整器时，管子可能在左侧，也可能在右侧。把咬嘴放入口中时，调整器的方向配置对于知道调整器的定位很重要。图 4.29 展示了可能的方向配置。有些二级头的外壳材料坚固耐用、重量轻、特性好，不像金属一样容易弯曲和被腐蚀。咬嘴的类型样式也有很多。选择柔软舒适、不会使下巴疲劳的咬嘴。维修人员可以很快、很轻松地更换咬嘴。

图 4.29

水肺调整器有不同的配置

调整器配件

调整器软管灵活多变，但是底部有一个弯曲的刚性金属连接器，软管和金属相接触的地方是压力承受点，因为在这里软管纤维撞上了一个坚硬不屈的表面。为了防止软管在有些地方崩坏，你应该使用软管套筒。至少给一级头的每个软管尾部套上套筒。

带有减震的调整器包在运输和存储过程中帮助保护调整器。袋子应该够大，保证调整器和所有的软管都能够收纳进去而不会有硬掰弯的状况。

适配器使得把 DIN 式调整器应用在标准气瓶阀门上变为可能。在 DIN 阀门的线圈外面罩上一层保护罩。

有些调整器是把净化按钮直接作为一部分组装了进去，另外有一些调整器没有。对于没有的调整器而言，净化按钮是个很有帮助的附件。在不使用调整器时，按下净化按钮从二级头阀门上移走偏置弹簧的压力，可以帮助延长气瓶底座的使用寿命。

上色的二级头外罩使得你可以将你的调整器与你的设备颜色搭配起来。其他的配件还有如上文提到的咬嘴和适配器。

如何挑选调整器

从水肺调整器里面吸气和呼气都很花费力气。对抗阻力需要费力，好的调整器会将呼吸阻力降到最低。多比较几个调整器的功能数据，然后挑选那个你呼吸起来最省力的，这也意味着它有一个平衡的一级头。

挑选那种被广泛使用、容易维护的调整器。你应该选择那种无论你在什么地方都能够找到售后维护地点的、使用常见备件的调整器。

你的潜水类型会影响你的选择。如果你计划大部分的潜水都在离岸，那么你应该避免先导阀二级头，众所周知，先导阀受到泥沙的影响特别大。膈膜式一级头比较适合离岸潜水。

如果你没有水肺气瓶，可以考虑与调整器一起购买，这样你也可以确保调整器跟气瓶阀门相配合。如果你计划在接近零度的水里潜水，你应该挑选屏蔽环境影响的调整器。记住，富氧气体和混合气体需要特别干净的、专用的调整器。

调整器的维护和保存

你的气瓶调整器是一种精密仪器，需要维护和保养才能保证功能得到最好发挥。保证泥沙不进入调整器里面。不要让盐分在调整器内部结晶。在海里潜水后，马上要把调整器浸泡到干净的温清水里面。要在盐变干以前清除掉。如果当时条件有限无法浸泡调整器，至少要清洁一下。浸泡和清洁双管齐下是最好的了。清洁或是浸泡调整器时，遵循以下原则：

1. 保持一级头干燥。一级头外面的防尘罩的作用就在于不让水和灰尘进入一级头。养成更换防尘罩的习惯，当你把调整器拆下来时，把它跟防尘罩和叉臂螺钉放在一起。在你浸泡或清洗调整器以前，确保防尘罩安装到位。

2. 允许低压水轻柔地流过二级头，进入一级头上的开口处。高压水会把沙石压进缝隙里，造成破坏。温和的水压则会冲走脏污。

3. 在清洁二级头时，不要按下清洁按钮，除非调整器被增压了。如果没有增压调整器，在二级头里面有水的时候你又按下了清洁按钮，你就打开了二级头阀门，让水流入了软管从而进入了一级头。

当调整器已经里外彻底干了，将其平放存放。长期存放时，将调整器放到一个密封袋里防止受到水汽影响。不要硬掰软管，因为会伤害到软管纤维。如果软管有割伤、膨胀或是泄漏，应更换软管。

你可以通过定期维护调整器来避免绝大多数问题。即使看上去没有什么功能问题，也要将你的调整器定期拿去护理。不在调整器的护理上投资会影响到你的安全，也会缩短调整器的使用寿命。

备用气源

如果你在水下用光了空气，有几个装备选择可以帮助你（尽管用光空气是个纯粹的失误）。你最好的选择就是备用气源（AAS），是指除了你的水肺以外的另一个压缩空气源。当你的水肺在潜水过程中开始自由流动或是漏气时，AAS就十分有用。你可以换上备用气源正常上浮。两款首选的备用气源分别是附加的二级头和备用潜水装备。多一个二级头使得两位潜水者可以共用一个水肺，而不用来回交替使用咬嘴。而备用潜水装备则是一整套水肺装备，在紧急状况下可以提供一整套独立的空气供应。当你有备份方案时，你就不需要依靠你的同伴来提供空气。附加的二级头比一整套备用潜水装备要便宜，但是也提供不了一个独立的水肺系统所有的优势。

附加二级头

市面上目前有两种附加的二级头可以选择。一种是调整器的二级头，另一种是浮力补偿器低压充气阀的集成二级头（见图4.30）。额外的调整器二级头（见图4.30）或是章鱼二级头，都必须符合以下条件：

1. 调整器的一级头要能满足二级头的空气流动量的需求。

2. 额外的二级头的软管要比主要的二级头的软管长一些。

3. 额外的二级头需要附在胸前的位置，你要能够自由迅速地移动，不要让二级头摇晃。

4. 附件应该能够盖住额外的二级头的咬嘴口，防止脏污和碎片进入调整器里。

5. 额外的二级头应该颜色明亮以便区分。

有一两种方法可以把调整器的二级头集成到浮力补偿器的低压气泵里。浮力补偿器可以有一个内置的调整器二级头，或者二级头有一条快速释放的软管，使得二级头可以组合进低压软管序列，引导至充

图 4.30

额外的二级头

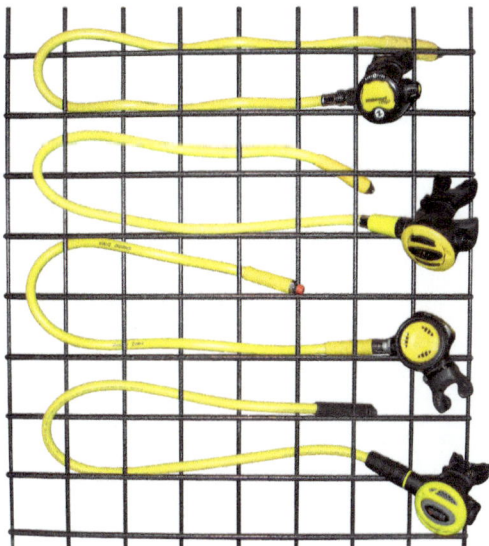

气组成部分。这两种方式各有利弊。额外的调整器二级头可以少要求一条软管，因为单条软管就可以既供给二级头，又供给浮力补偿器的增压泵。当你必须分享空气而你有的是内置二级头的话，你就必须从内置二级头呼吸，因为软管的长度不够你的同伴使用。当你有的是一个额外的二级头时，你或你的伙伴可以使用任意的空气源。内置在浮力补偿器增压泵的二级头可能导致空气泄漏。为了阻止泄漏，你必须断开低压空气的连接，也就失去了低压空气增压泵和额外的二级头。

备用水肺

有两种类型的备用潜水套装。一种叫作备用气瓶。备用气瓶是一个小的水肺装备（13~20 立方英尺，或 368~566 升），有独立的、标准的气瓶调整器。你可以把备用气瓶拴在主气瓶的旁边。而备用气源则是一个很小的水肺装备（2~4 立方英尺，或 57~113 升），使用一种特殊的调整器直接连接到阀门上。备用气瓶可以在各种情况下提供充足的气源，但是备用气源就只够供应从较浅的深度上浮到水面上所需。当然，备用气源小而轻，而备用气瓶则相对笨重（见图 4.31）。

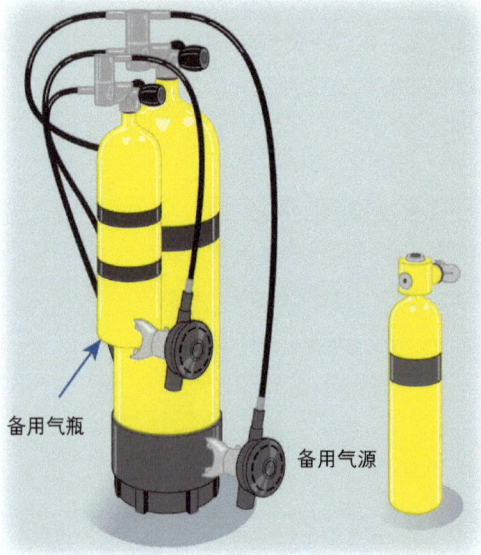

备用气瓶

备用气源

图 4.31

备用气瓶和
备用气源

备用气源的维护与保养

备用气源装备应得到跟日常装备一样的维护和保存。有些潜水者想要省钱，因此年检就只检测他们的日常装备。这笔账算得不聪明。备用装备需要跟日常装备一样进行维护。

仪表

在水下潜水，相当于在三维空间里运动，就像是空中的飞行员一样，仪表对于飞行安全而言十分重要。飞行员需要关于地势、方向、时间和燃料余量情况的信息。同样，在水中时，你需要关于深度、方向、时间和空气余量的信息。最起码你需要的仪表有深度计、水下计时器、潜水罗盘和潜水压力表（SPG）。强烈推荐潜水计算机。你所需要的所有仪表都可以由一个集成设备提供。

深度计

如何了解你下潜的深度，有四种深度计供你选择：毛细管深度计、弹簧管深度计、薄膜式压力表和电子深度计。制造商在海水里面校准深度计。大多数机械深度计在淡水里面没有办法显示正确的深度，但是他们表示说，如果最开始你是在海里使用的，那么到了淡水里面，深度计显示的就是相应的海水的深度，或者它们可以根据垂直压力变化来进行调整。在淡水里面深度计的示数是可以准确呈现的，因为一定时间范围不同深度的参考列表里的数据，是基于海平面深度做成的。表 4.5 比较了四类深度计。

毛细管深度计是一种非常简单的装备，就是一个中空的充气的透明塑料管，一头密封，放置在一个圆形的表盘里。开放的一端对着零刻度。毛细管深度计使用的是玻意耳定律，在下潜过程中，水压将管

表 4.5　深度计

类型	精确度	优点	缺点
毛细管深度计	只在深度小于40 英尺（12 米）时数据才精确	牢固、便宜	可能会被碎片和空气气泡塞满
弹簧管深度计	误差在 1%~2%	精准度高	可能被高海拔地区突然降低的压力损坏
薄膜式压力表	非常精确	在高度变化导致压力变化时，可以重新设定零刻度	价格高
电子深度计	误差在 6 英尺（15 厘米）以内	深度计会根据大气压力的变化而自动调整零刻度	必须要有功率充足的电池，价格高

内的空气压缩，水与空气的接触面的位置与表盘上标记深度的示数有关。在两个大气压的压力下，管内空气会压缩到它原始长度的一半。

弹簧管深度计是一个被做成弹簧样式的很薄的金属管。这个小管可能是接触水的，也可能是被密封在油里面。油封式弹簧管深度计比敞开式更受欢迎。作用在敞开式压力表上的水压拉伸金属管，增加了线圈的直径，这种拉伸使得弹簧管产生了一种螺旋运动，这种运动被机械连接到一个指针上，表明深度。对于油封式弹簧管深度计来说，水压导致线圈的直径缩小。线圈的这种变化被机械连接到一个指针上，显示有多少压力作用在了深度计上。准确但昂贵的薄膜式压力计利用精密的力学将可移动薄膈膜连接到一个能表明深度的指针上。电子深度计同样准确和昂贵，它通过一个压力传感器（换能器）、电子线路、显示屏和电池显示深度。

深度示数的最大值表明了一款深度计的适用范围。在第七章你将会学到，从计划的角度上讲，你一定要知道你下潜的深度。

数字深度计保留你达到的最大深度。仪器显示的信息会保留到下一次潜水时或在潜水过后12小时之后，它自动重置。许多有着指针的现代深度计都有一条指示线，指针推着这条线在盘面上转动。针退回原位时，线仍然在最高点。你可以通过旋转表盘上的一个螺丝来重置指示线。当你使用这种类型的深度计时，你必须记住在每次潜水之前，重设能够显示的最大深度值。

水下计时器

潜水时你可以使用自动或手动计时器来记录时间。两种类型都可以通过表盘上的指针或是数字显示来表明时间。水压激活自动计时器，当深度达到3~5英尺（1~1.5米）的时候，计时器会自动开始计时，并在深度不够这个数字时停止。自动计时器比手表要好的一点是，你无须记住你是从什么时间开始潜水的或是什么时间结束的，虽然有些自动计时器需要你在每次潜水之前都重设一下。

在水下可以用作计时器的防水手表通常都有一个能旋转的转盘，通过它你可以设定显示运行的时间。电子手表更精确，但是按键太小使得它们很难操作。最好的选择是电子自动计时器，可以追踪你潜水的时间长短、潜水间隙你浮在水面上的时间和你一共潜了多少次。当你使用的是电子自动计时器时，你不需要记得每次去重新设定。潜水计算机可以精准记录潜水时间，有些甚至可以显示一整份关于你潜水的时间档案。

潜水罗盘

在水下你视线所及很难超过100英尺（30米），所以水下导航特别重要。如果你在没有方向参照的情况下潜水，你有可能会潜到离你计划的出水点很远的地方。

潜水罗盘能帮助你避免在水面上长距离游泳或是在厚厚的水草中间穿梭游泳。你可以使用罗盘在水下植物的树冠之下导航，看哪里有道路可以穿过植物。罗盘对于精准定位水下区域也非常有用。当水面起雾时，也可以用作水面航行导航。

常见的罗盘有三种，卡片式、指针式和电子式。卡片式和指针式罗盘都是机械的。北极附近的磁场吸引着被磁化的磁盘或是指针，提供一个方向参照物。靠近含铁金属或是有磁性来源如磁铁或电机时，卡片式和指针式罗盘有可能偏离正确指向。

不同位置的地球磁场会发生变化，这些变化会影响到磁盘和指针的平衡。有些制造商提供为地球不同区域校准过的罗盘。一个好的罗盘应该具有30度的倾斜空间。在挑选罗盘时，一定要询问关于校准的问题。

潜水罗盘内有液体帮助控制针或磁盘的摆动。为了在潜水时发挥应有的作用，指南针设定一条参照线，称为基线，作为指针显示出方向的参考。另一个理想的特性是一个旋转的转盘上面刻有弧度索引标识，使你可以为一个特定的方向标记指针位置。

潜水人生，点滴智慧

如果想避免潜水事故，你应该按装备应有的使用方式，使用熟悉的、保养良好的、组装得当的潜水装备。当我回顾我几十年的潜水经历时，我能够回想起很多事件。在这些事件中，潜水者之所以陷入麻烦中，就是因为他们没有遵守基本的设备安全操作规程。潜水允许我们使用生命维持设备去探索我们完全未知的世界。现代潜水装备也很多很全，但是你必须好好保存它们，定期保养，以保证它们可以正常工作。你真的想靠着没有被精心维护和保养过的装备去"外太空"？当我们潜水时，我们是进入了内部空间，我们的潜水装备就像去外太空的宇航员的装备一样重要。

潜水过程中的设备问题确实在增加，但是事故的原因很少是设备故障。设备问题引起焦虑，带来压力。一名潜水者在经历环境压力和恐惧的时候，可能一个小小的装备问题都会引起恐慌。学习如何管理自己和自己的装备帮助你减轻压力，避免恐慌，预防事故的发生。一个最重要的原则就是：要想无事故地潜水，就要处在良好状态的、熟悉的装备，并且正确合理地使用这些装备。

有些罗盘要从上面读取，有些罗盘要从侧面读取。侧读罗盘将刻线显示在仪表盘侧面的一个小窗口上。对于正读罗盘，你就直视。在第六章中，你将会学到更多关于如何读取罗盘信息的知识。

电子式罗盘通常都是潜水计算机的一个内置部件（见图4.32），前进的方向通过数字形式和地理数据展示出来。可以提前设定好前进的方向（需求导航），设备会显示任何需要修正的地方以保证方向正确。方位会被存储在一个存储设备上。

潜水压力表

压力表之于潜水就像汽油表之于汽车一样重要。压力表监测水肺气瓶的气压。电子或者机械的压力表都可以。机械压力表就是一个高压弹簧管，气瓶里的高压空气穿过调整器的一级头，穿过高压管然后进入位于高压管内部的压力表。压力试图拉伸弹簧，弹簧移动刻度盘上的指针来显示气瓶压力。物理冲击会毁坏机械压力表。

电子压力表由一个压力传感器、电路、电池和显示屏组成，以高压深度计的形式出现，显示的可能是数字，也可能是图形。

无论是符号或是数字都显示了你气瓶内的空气量。如果电路板受潮或是电池没电了，电子压力表就不能正常工作了。有些电子压力表是无管的，它们并不需要用软管将气瓶和压力表连接起来。这样的压力表通常是多功能的（潜水计算机、指南针和压力表）。在潜水接近尾声时，你应该保留300~500磅的空气在气瓶内。机械压力表通常在表盘上都会有一个红色区域表示少于500磅。潜水时，你应该要时时留意你的空气供给，保证在指针指向红色区域前你能回到水面上。电子压力表通常会通过闪烁来提醒空气供给低。

压力表有一个释放塞，用来在高压泄漏时释放内部压力。确认释放塞的位置，不要在塞子周围放置任何东西，这些东西有可能会影响释放塞发挥其应有的功能。如果释放塞不能够被拔掉从而释放压力表内部的压力，压力表的表盘可能会裂开。

仪表控制台

你可以单独购买不同的潜水仪表，也可以组合在一起购买。将几种仪表组合到一起在一个显示平台上显示数据，是很方便的事情。这种组合叫作控制台。仪表控制台连接到从气瓶调整器一级头输出来的高压软管上。当你所有的仪表都在一个控制台上，你的胳膊就从一堆重量当中解放出来，而且潜水前的准备工作也迅速了许多。

仪表控制台分为机械和电子两种。机械控制台包括一个压力表和一个深度计，有些也包括计时器、指南针和温度计。仪器通常具有表盘可以发光的特性，便于在光很暗的情况下读数。

如果是电子控制台，所有的仪表信息都在一个界面上显示（见图4.32）。对于机械控制台而言，如果其中一个仪表坏了，其他的仪表还可以正常工作。但是，当电子控制台出问题的时候，所有的数据都会没了。除非是有某种照明，否则电子显示屏在黑暗中很难读数。

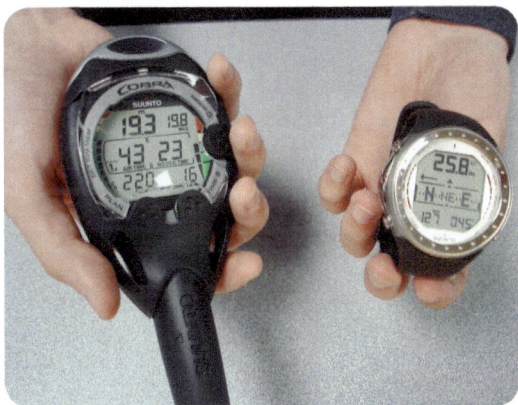

图 4.32

带有计算机和压力表的控制台（左）和电子潜水罗盘（右）

潜水计算机

潜水计算机是一种电子仪器，由压力传感器、电子电路、电池和一个显示屏组成。一台程序已经设定好的计算机通过压力和时间信息不断计算着被有着不同半衰期的隔间吸收的氮。半衰期是指一个数据模型（隔室）将其中的气体增加或减少一半所需的时间。有一个与人体组织很像但不完全一致的隔室，在六个半衰期内可以完全充满或完全释放。当计算机的一个隔室达到预定的水平，设备就会显示你已经接近时间限制，在这之后，直接上浮到水面上就变成不可能了。当达到时间限制时，计算机会显示一个最小深度，也就是天花板值。你不能上升超过这个高度，否则你就可能会遭遇减压病，除非你等到计算机显示你已经充分排出足够的气体使你可以继续上浮。潜水计算机提供非常精确的时间和深度数据。还有一些常规的功能包括低电量提醒、连续上浮警告、潜水日志、潜水计划模板和关于飞行以及潜水的信息。第七章时我们会讲到关于潜水计算机的其他相关信息。

仪表的维护与保养

物理冲击会对仪表造成伤害，因此保护你的仪表不要被撞击。将你的控制台收好而不是到处乱放。不要在高温下陈列和摆弄潜水仪表。

在第一时间修理压力表的空气泄漏。时不时地请专业人员给你的压力表的精确度做个测试；或者把你的压力表的数字与一个特别精确的仪表进行比对，如电子深度计。遵循所有的维护建议。有时候海拔升高造成的减压会破坏一些仪表。除非该仪表是为了在高海拔地区使用而设计的，否则空运时一定要将仪表用密封的盒子打包。每次使用过后，都用干净的温清水浸泡和清洁仪表。对于那些对压力传感区域，要特别注意，防止它们被灰尘或是盐分堵塞。

电子仪表需要电池。有些仪表必须返回厂家才能进行电池更换。那些允许用户自己更换电池的仪表，如果没有正确更换电池，仪表会如脱缰的野兽一样无法控制。

潜水刀和其他配件

这一部分会列出一些额外的必要和可供选择的装备。图 4.33 展示了几个潜水刀和其他配件的样品。

图 4.33

潜水刀和其他配件

潜水刀

潜水刀是要求配备的装备。在水中，各式各样的线有可能会纠结在一起，所以你必须带一把刀在身上，必要时切断捆绑，将你或是你的同伴释放出来。

不少潜水刀的设计包括大刀和小刀两种，可以放在随手可取的位置上的小刀比不能够马上找到的大刀要好。潜水刀最重要的一个要素就是要有锋利的刀刃，好的刀片不易生锈且刀刃锋利。锯齿状的刀片比直叶片在切割上更有力。

有些刀被设计成多用途工具，除了切割以外，还可以用来挖、撬、砸和测量用。

如果你有这样一个多功能刀具作为潜水装备，你还是应该准备一个小的单独的潜水刀。

潜水刀都配有护套，可以帮助把刀固定在某个位置上。确保护套的锁扣可靠，防止潜水刀丢失。你可以将一把小刀绑在你的腿上、胳膊上、你的控制台上，甚至是浮力补偿器上。把大刀固定在你大腿的内侧，用延伸到肩部的带子绑好，以抗衡防护服压缩。

为了防止腐蚀生锈，每次潜水后，都要彻底清洁潜水刀，检查刀刃，打磨掉锈迹，并涂上油来保养刀片。

其他配件

很有可能你还需要几件小的但是重要的、必备的配件。这些配件包括一个装备包、一面潜水旗和浮漂、潜水灯、潜水记录板、工具包、信号装置和急救包。

装备包

潜水中你需要的杂七杂八的东西如此多，所以你也需要一个包来装这些东西。装备包可以很简单，也可以很复杂，可以有多个夹层或空间，新颖的携带或移动方式，密封的边角和各种面料。最适合你的类型取决于你的需要和你的预算。一定要买那种有可以完全围绕并且完全能够掌握整个包重量的袋子的类型。不管你如何做预算，你都需要为你的装备添置一个装备包。

图　4.34

潜水旗

潜水旗和浮漂

在很多国家和地区，当地法规要求在潜水时使用潜水旗。在美国，传统的潜水旗是红色的旗子，带有白色的斜条纹（见图4.34）。这类旗子通常由乙烯基制成，安装在玻璃纤维杆上并用缆线固定好，使得它一下子就可以从一堆物品当中脱颖而出。除了红白旗，当你从船上开始潜水时，你应该使用国际阿尔法旗，阿尔法旗是燕尾形蓝白

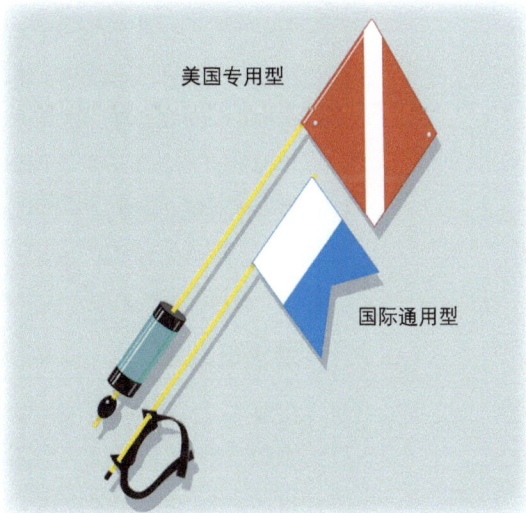

美国专用型

国际通用型

旗。除了美国以外，阿尔法旗是个具有普遍意义的潜水标志。

除非你是从船上开始潜水，要不然你需要一个漂浮物来托起你的潜水旗。有些潜水旗有一个浮漂。你也可以通过配件把潜水旗插到一个内管上。你还可以选择把旗托用帆布盖住以保护内管。

潜水灯

潜水灯增加了你潜水的乐趣。水下灯光的强度要低一些，灯光重现水下生物的颜色，使得你可以在珊瑚和海藻中间穿行（见图4.35）。当使用潜水灯时，你能够看到和享受到更多。

市面上有很多潜水灯，包括大的、能量强的、可充电潜水灯和使用一次性电池的小灯。

首先考虑小的潜水灯。大灯适用于夜间潜水，这本身就是一项要求更高的活动。小灯方便携带，无论是白天潜水还是作为夜间潜水的备用光源都适用。现今的很多小灯光源都很明亮而集中。根据维护指南维护你的潜水灯。

图 4.35

无论白天或是夜间潜水时潜水灯都很有用，它可以重现颜色，照亮黑暗处

工具包

这里推荐两款工具包：潜水工具包和潜水救援工具包。潜水工具包里面包含你潜水时经常常用到的工具。潜水救援工具包包含你在救援时可能用到的工具。看下一页的物品清单，可能是两个工具包里你都需要的。因为潜水工具包里面的东西都很小，也容易被弄湿，建议你把它们分开放在单个的容器里，这样你就可以轻易找到它们。

等你带着装备千辛万苦到达了潜水地时，你不会希望有任何的装备问题让你不能去潜水。有些状况例如：带子裂了，O形圈丢了或是咬嘴坏了等，除非你有备件更换，要不然就无法潜水了。所以在防水箱里准备一个潜水救援工具包。工具包里的物品，也要干湿分开保存。

潜水记录板

在潜水时，你需要记录和参考一些周边和水下的信息。塑料记录板比纸质的要好，因为水不会影响到记录板。你可以用铅笔或是油笔在潜水板上写字。潜水记录板包括对照记录板、参考记录板、潜水日志记

录板和写作记录板。每一种都有它自己的价值。当你成为一个经验丰富的潜水者时，一次潜水你可能要用到几个记录板。最开始时，你可能需要一个装备清单记录板、潜水计划记录板和水下写作记录板。

信号装置

当你在潜水中开始漂浮不定时，尤其是那些洋流特别强的地区，辐射距离远的信号设备就变得特别宝贵。你身边应该随时都备有一个哨子，哨子比喊叫更容易引起注意。吹响哨子不需要花费太多的力气，而且哨子的声音可以在水面上传播很广。

低压空气作用的潜水喇叭搭配一个小于 50 磅的压力罐，产生的声音能够传播超过 1 英里远。虽然这种设备很小，但是因为声音很大，所以你必须保证发出声音时设备离你比较远，避免听力受损。

你可以带一根很长的、颜色明亮的、薄的救生管，可以很容易地塞进你的浮力调整器的口袋里。在水面上给救生管充气以后，可以使你在水中更容易被发现。

你可以用一面小镜子来反射太阳光照射到远处。还有其他一些形

工具包

潜水工具包

- ✓ 面具除雾剂
- ✓ 润唇膏
- ✓ 湿服洗涤剂
- ✓ 晕船药
- ✓ 防晒霜

潜水救援工具包

- ✓ 面具带
- ✓ 调整器喉舌咬嘴
- ✓ 脚蹼带
- ✓ 钩形扳手
- ✓ 呼吸管收藏盒
- ✓ 螺丝刀
- ✓ 气瓶 O 形圈
- ✓ 尼龙扎带
- ✓ 快卸扣
- ✓ 麻绳
- ✓ 配重带
- ✓ 胶带
- ✓ 强力胶
- ✓ 备用电池
- ✓ 重型尼龙线和粗针
- ✓ 氯丁橡胶胶水
- ✓ 临时修理用的玻璃纤维石膏带

式的信号装置如激光笔、闪光灯、防水照明弹等。被洋流困住的风险越大，你就越需要信号装置。

潜水急救包

潜水地情况复杂多变，同时因为潜水本身也是一项体力运动，所以可能会有人受伤。所以你需要为紧急状况做好准备。你应该在潜水点备好急救包。下面的清单列出作为一个标准的急救包，有哪些东西是需要准备的。把所需物品用防水盒打包好。第六章会介绍如何使用这些急救用品。

急救包

- ✓ 氧气面罩
- ✓ 镊子
- ✓ 晕船药
- ✓ 绷带剪
- ✓ 异丙醇
- ✓ 小手电筒
- ✓ 双氧水
- ✓ 拨打紧急电话用的硬币
- ✓ 白醋
- ✓ 突然潜水事故时紧急联络人

- ✓ 小苏打
- ✓ 潜水急救用书
- ✓ 止痛和三角绷带
- ✓ 抗菌软膏
- ✓ 太空毯
- ✓ 加热包
- ✓ 小笔记本和笔
- ✓ 洗眼液
- ✓ 橡皮筋和止血带

特殊装备

其他的特殊装备包括氮化物（富氧空气）设备、混合气设备和呼吸器。要想取得设备许可证，潜水者需要更长时间、更专业的培训。使用这些特殊装备的风险也使得训练和严格遵守使用规则变得十分必要。

高氧潜水氮化物（EANx）

在水中呼吸含有氧气水平大于陆地空气21%的特殊气体对潜水者很有好处。更高的氧含量减少了氮气的吸入，从而降低了减压病的发病率。然而，潜水者必须知道使用EANx相关的技术要求和危险。专用设备和专业的培训是必不可少的。

向标准的气瓶里面灌装 EANx 是绝对不允许的。EANx 装备上有明显标志，与普通的水肺潜水气瓶区别开来（见图 4.36）。许多现代化潜水服务站都设有 EANx 灌装区。标准的高氧氮化物有 EAN32 和 EAN36，分别含有 32% 和 36% 的氧气（也被称作 Nitrox32 和 Nitrox36）。氮气和氧气在灌装过程中被混合在一起，但是最后的混合比例可能不是特别精确。所以潜水者需要在潜水前测试一下气瓶里的气体。潜水者会用一个手持的氧气分析仪来确保氧气的含量达标。

如果你吸入的氧气含量过高，可能会发生抽搐。氧气部分的气压必须保持在安全范围内（1.4~1.6 个标准大气压）。出于这个原因，高氧氮化物潜水是有适用深度（MODs）限制

高氧潜水氮化物气瓶具有明显的标志，以便于将其同标准气瓶区分开来

的。EAN32 和 EAN36 的适用深度分别为 110 英尺（33.5 米）和 95 英尺（29 米）。这两个深度是绝对不可以超越的，没有调整的余地。另外，潜水者必须确定等效空气深度（EADs）来为减压做准备。计算机可以自动算出 EADs 并且给出潜水建议。在你使用 EANx 装备时，潜水运营商和充气站的工作人员都会要求出示特殊训练的证明。这些培训还是很普遍的。

技术性潜水

这种形式的潜水甚至比使用高氧氮化物潜水更特殊，因为需要用到混合气体和科技含量更高的装备。这种潜水中呼吸的气体包括氦、氖、氮和氧气，混合的比例取决于要下潜的深度。很显然在尝试这种类型的潜水以前，潜水者需要接受大量的专业训练。有些气体混合物没有办法维持生命，除非是在一定的深度下氧气部分的气压达到一定值。在这种情况下，潜水者必须用正常的气瓶下潜到一定深度后，再切换到低氧混合物。这种潜水的目的在于试图拓展下潜的深度和时间

图 4.37

CCR2000（丹·韦伯友情提供）

的限制。技术潜水比休闲潜水的风险要大很多，但是也有很多人认为其回报值得冒这个险。

有些技术性潜水者在开路水肺潜水里面也使用多功能大容量气瓶。另外一些人则使用复杂而昂贵的闭路式呼吸装备（CCRs）来大大延长潜水时间（见图4.37）。使用氧气和惰性气体混合物的水下呼吸器使得呼出的氧气可以循环被吸入直到被彻底代谢为止，如果需要，新的氧气会被添加到混合物中以保证氧气的比例维持在要求程度。呼出的二氧化碳会被一个叫作洗涤器的过滤罐吸收。你可以通过一个中控装置自动替换氧气或是通过气阀手动完成。结果就是，在完全不受深度的影响的情况下，潜水者可以在水中多待上几个小时或者充气一次就可以完成几次潜水。图 4.37 展示了一个现代的 CCR。

CCR 潜水和开路潜水的前期准备和开始的流程非常不同。例如，潜水者需要先使用 CCR 呼吸一下以便激活二氧化碳的吸收流程。这个过程需要几分钟的时间并且会受吸收剂温度的影响。在下潜过程中，潜水者需要在 20 英尺左右的深度确认一下装备的刻度。上浮过程中更换气体混合物的行动，必须由一个中控装备或是潜水者手动来完成。所以这种形式是真正意义上的技术（需要专业技术）的潜水。

氧气的含量是通过多重传感器来控制的，在正确维护和校准的前提下，这些传感器是十分精确的。现在所使用的闭路式呼吸器 CCRs 缺乏可靠的二氧化碳监测传感器。二氧化碳的毒性可能是致命的，仅靠潜水者的症状反应来判断是不可靠的。所以使用二氧化碳的时间必须被监控，并且必须更换达到使用次数和时间（基于统计学数字）的二氧化碳吸收剂。

因为 CCR 价格很高、必须被经常使用又需要很高的维护保养费用，使用这种装备的潜水者很少。但是其能极大拓展潜水时长这个优势对很多潜水者而言还是非常有吸引力的，所以近年来这种呼吸装备开始慢慢流行。

潜水装备清单

- ✓ 面罩、呼吸管、呼吸管存放盒
- ✓ 脚蹼和靴子
- ✓ 潜水气瓶（充满）
- ✓ 浮力补偿器
- ✓ 防寒衣、头套和手套
- ✓ 配重系统
- ✓ 压力调整器和压力表
- ✓ 备用气源
- ✓ 深度计、计时器和罗盘

- ✓ 信号设备（口哨、镜子、救生管）
- ✓ 潜水刀
- ✓ 浮漂、潜水旗、锚
- ✓ 潜水表
- ✓ 潜水灯
- ✓ 记录板和铅笔
- ✓ 浮力标记
- ✓ 收集袋
- ✓ 工具包

备用设备

- ✓ 气瓶
- ✓ 配重
- ✓ 带子

- ✓ O 形圈
- ✓ 呼吸管保存盒

二级装备

- ✓ 急救包
- ✓ 紧急联络号码和无线电频率
- ✓ 潜水日志
- ✓ 泳衣
- ✓ 毛巾
- ✓ 外套

- ✓ 帽子或面罩
- ✓ 太阳镜
- ✓ 潜水工具
- ✓ 潜水救援工具包
- ✓ 饮用水

总结

　　潜水是一项需要借助很多装备的活动。通过本章的学习，你已经开始了解了你需要配备的装备、如何挑选它们以及如何保养它们。你会从你的教练、零售商、杂志和其他潜水者那里学习到更多的关于装备的知识。准备好的装备，尽可能进行好的维护。如果你的装备有问题，你是没有办法好好享受潜水的乐趣的。

第五章

潜水大发现

通过本章的学习，你将能够做到以下几点：

1. 描述水生食物链和解释赤潮产生的过程。

2. 列出五种可能危害生命的水生生物和三种避免这种伤害的方法。

3. 列出四种类型的污染物并描述它们对水下环境的影响。

4. 列出潜水者可以帮助保护水生生物的三个行动。

5. 列出在水下避免破坏环境的五种方式。

6. 对淡水潜水和咸水潜水的潜水条件进行对比。

7. 解释洞穴潜水、溶洞潜水和冰川潜水的危害。

8. 解释潮汐的原因及其对潜水活动的影响。

9. 解释波浪和海浪产生的原因及其对潜水活动的影响。

10. 解释潮流产生的原因及其对潜水活动的影响。

11. 详细描述一个洋流，解释如何从中逃离。

12. 能够解释以下术语：浮游生物、水华、赤潮、大型海藻、巨型海藻、叶柄、复叶、鱼肉中毒、鲭亚目鱼、河豚毒素、海洋温跃层、对流、反向温跃层、上升流、涡流、洞穴、溶洞、水槽、虹吸、大陆架、海啸、停止、大潮、小潮、洪水、退潮、平潮、风浪区、海隆、海峡、海槽、浪高、波长、海浪周期、波列、巨浪、激浪、环流、沉降流、退潮流、风海流、漂移、层系、漂移潜水和轨迹线。

成群的黄尾鲷，基拉戈，美国佛罗里达州

潜水环境

学习潜水可以让你有机会去熟悉覆盖地球表面超过 70% 的水生环境。海底世界很迷人。这一章介绍潜水环境里的生物及其地理条件。你将了解人类和环境之间的相互影响，你会知道你对海底世界的影响远超过你的想象。

海葵虾，科苏梅尔岛，墨西哥

水生生物学

海底世界充满了奇妙多样的植物和动物。水生领域的范围内有成千上万的动物，从几微米的微型生物到以吨计量的重型家伙。为了欣赏、尊重、享受这些水生生物，你需要学习一些关于生物学的知识。本节将帮助你了解水下领域的水生动植物。水生生物主要分为三类：随洋流漂浮移动的生命形式、可以自由游泳并逆流游动的生物，以及那些定居在海洋底部的生物。

随洋流漂浮的漂流者

漂流者被称为浮游生物。漂移的动物被称为浮游动物，漂流的植物被称为浮游植物。浮游生物的食物链从水中开始（见图 5.1）。小动物吃浮游植物、大型动物吃小动物。大型动物死亡后，它们的尸体会沉到水底被分解，分解后的部分浮到水面就变成了浮游植物的养料。温暖的水温和充足的营养使一些浮游植物迅速繁殖。过度繁殖的浮游植物被称为水华，可以将水染色，破坏水下的能见度，并分泌出对那些靠过滤水中的食物为生的动物的有害毒素。夏季，一些地区的水华释放的毒素使该地区的蛤蜊和贻贝无法安全食用。有一种红色浮游植物经常产生水华，在海洋中被称为赤潮。产生水华的区域的潜水条件会因此变差。

另一种类型的水生植物是海藻类，它是水生世界的一个重要组成部分。植物利用光来生产自己的食物，并且成为动物的食物。它们通过光合作用的过程将水和二氧化碳转化为氧气和碳水化合物。各种类型的藻类在水下光线可以照到的地方生存。大多数藻类生长在阳光充足的浅水区。在一些淡水地区，厚厚的苔藓植被呈褶状堆积在水面。泰莱草是一种像草一样的绿色的咸水型藻，为许多生命形式提供了栖息地。还有一些长长的、流线型的藻类生长在寒冷的浅水区，如冲浪草或鳗草，如果你踩着它们走路可能会滑倒。走过覆盖着湿滑的植物的岩石时要小心，以免滑落跌倒。

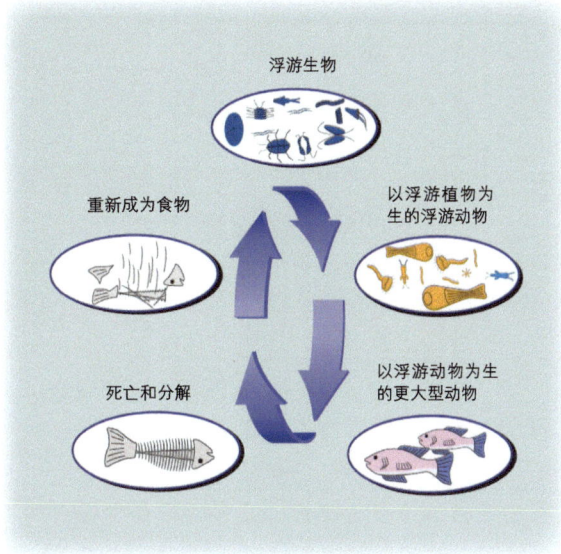

图 5.1

水下食物链

巨型海藻被称为巨藻，有着长长的链条状的被称为叶柄的叶片，叶柄有可能把你卷住。你应该学习如何避免和处理这个问题。它还有一个像根一样的结构，称为固着根，将巨型海藻固定在海水底部；还有许多气漂，称为浮囊，使得顶部朝水平面伸展。巨藻的叶子表面为叶状体。叶子的大部分面积是海藻床，有浓密的簇团，覆盖了水面（见图 5.2）。在水面上，你很难游过巨藻的簇团表面，但在水下要游过巨藻的簇团缝隙则很容易。在海藻密集的地区潜水，水下导航技能是非常重

图 5.2

一个典型的海藻床

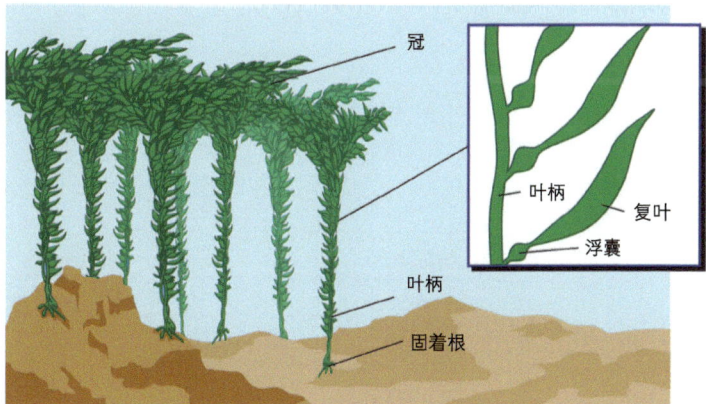

117

要的。海藻茂密的地区是受欢迎的潜水区域，因为那里生活着丰富多样的海洋生物。

游泳者

潜水活动的一项回报就是观赏鱼类。水下世界几乎到处都可以看到鱼。你甚至游不过最慢的鱼，所以不要追逐它们。如果想近距离观察鱼，你必须融入环境。鱼类主动接近你会比你主动接近它们更容易一点。

如果要收集鱼类，你需要具有专业知识和程序。大多数鱼都有一个内部气囊来进行浮力控制。如果鱼浮出水面的速度太快，那么会因为鱼鳔胀破而死亡。尽量不要捕捞鱼类，因为如果经验不够丰富就可能对它们造成伤害。

食用某些种类的鱼可能对人体有害。有些鱼是有毒的。鱼中毒的类型包括鱼肉毒、鲭鱼毒素、河豚毒素。

有些鱼肉毒是某些藻类毒素导致的。鱼肉毒中毒会在 6~12 小时内引起肠胃问题。如果你吃到没有被冷冻保存的鲭亚目鱼类，它的毒素会让你在 1 小时内产生恶心和呕吐的症状。河豚毒素是鱼类毒素中毒性最剧烈的一种，因吃河豚所致（见图 5.3）。河豚毒素中毒可在几分钟内致人死亡。应避免吃大型和看起来古怪的鱼类。可与当地渔民一起检查一下，以确定哪些鱼是可以安全食用的。

许多大型的海洋动物——海狮、海豹、海豚、鲸和海牛——居住在海中。它们看起来优雅、美丽、令人赞叹。观赏它们是一种令人兴奋的体验。有些动物可能出于好奇而接近你。如果你离它们有一定的距离，水中的水生哺乳动物通常不会伤害你。但是如果你离得太近，出于防御，海狮和海豹在陆地上可能会咬你。

海底动物

海底"居民"包括一些静止的动物，如珊瑚、海扇，以及移动的动物，如螃蟹、龙虾。有生命的海底静止居民通常不在渔业捕捞和潜水游戏的范围内，你不应将它们带离海底。严禁捕捞珊瑚、海扇和其他看起来静止不动的动物，比如海星等。如果你为了寻找食物而捕捉螃蟹、龙虾，你应该知道如何确定动物的性别，如何在不伤害它们的情况下抓住它们，如何衡量最小可捕捉的大小。避免捕捉雌性动物，尤其是在产卵期的雌性动物。一些潜水者捕捞时只掰一个蟹爪，这样有利于保护物种，因为螃蟹可以通过一只足来捕食，并且可以在断足处再生一个新的足。

腔肠动物

如果你在咸水区域潜水，你应该了解腔肠动物，这是一种包括海底定居的"居民"（如珊瑚）和游动的生物（如水母）的动物（见图5.4）。腔肠动物，如美丽的海葵，有圆形的、排列在身体周围的被触手环绕的嘴，这一类是水螅纲的腔肠动物。另一种类型则称为珊瑚纲，可以形成许多不同的形状。珊瑚纲的腔肠动物能分泌出可在表面结壳的物质，群居而形成巨大的珊瑚礁。你要学会识别和避开可能伤害到你的腔肠动物。

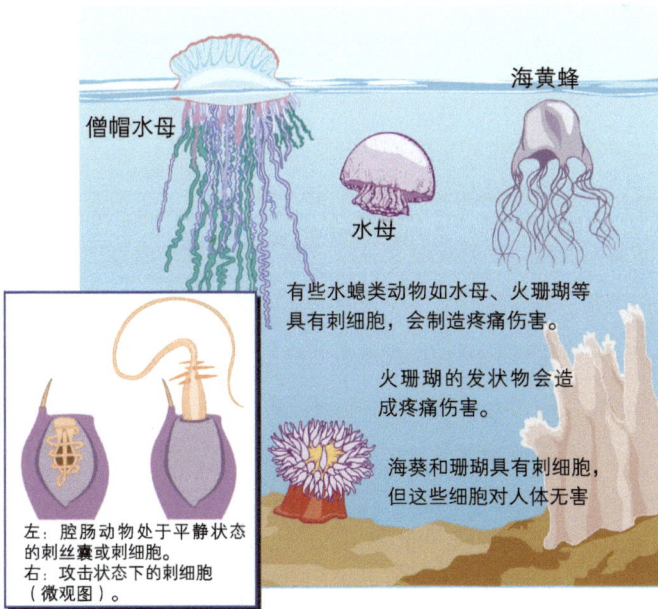

僧帽水母

海黄蜂

水母

有些水螅类动物如水母、火珊瑚等具有刺细胞，会制造疼痛伤害。

火珊瑚的发状物会造成疼痛伤害。

海葵和珊瑚具有刺细胞，但这些细胞对人体无害

左：腔肠动物处于平静状态的刺丝囊或刺细胞。
右：攻击状态下的刺细胞（微观图）。

图 5.4

几种带刺的水生生物

119

有潜在风险的水生生物

水生生物有多种多样的机制来获取食物，并且保护自己不受攻击。你可以通过熟悉这些生物的捕食方式来最大限度地减少自己受伤的可能性。水生生物其实很少主动攻击人类，当你靠近时，它们通常会逃跑、躲藏甚至静止不动。如果你不碰触、威胁或是挑衅它们，水生生物很少会故意伤害你。但是要记住一点，水生动物是野生动物，如果它们在你喂食的过程中咬伤你，你不应该怪它们。图5.5列出了几种你可能遭受到的来自水生生物的伤害以及推荐的急救方式。

引起擦伤和割伤的动物

许多动物例如某些类型的珊瑚和藤壶都有坚硬尖锐的结构，很容易把肉切开。这种割伤很疼，愈合缓慢且容易感染。应避免接触被坚硬的生物覆盖的岩石和礁石。有些鱼类在鱼鳍或尾部有刀状突起，它们通过来来回回的快速挥舞和对一切靠近它们的东西乱砍来保护自己。

造成刺穿或撕裂的动物

海胆是海洋里的豪猪。冷水海胆的刺又粗又短，而暖水海胆的刺则长而薄。如果你碰触到了海胆，它的刺可以刺透你的防护服，刺就留在了你的肉里，又肿又疼。这类刺很难被自己拔掉，如果你不小心被海胆刺到，应该找医生把刺取出来。

有些鱼沿着其背部有一排很长很锋利的刺。这类鱼的鱼鳍底部有存着毒液的液囊。如果被刺破并且压到了毒液囊，你等于给自己注射了毒素。有一些物种的毒素会导致人体出现十分严重的症状。还有一些鱼类，鱼鳍上长有刺，如狮子鱼（也称为火鸡鱼或斑马鱼），狮子鱼的毒素也会使人体出现严重的症状。淡水鲶鱼也有毒刺。

还有一种叫作锥壳贝的贝类利用毒液杀死动物为食，它们的毒液含有剧毒，而且这些动物可以将其毒液注入到人体内。在热带水域不要捕捉和触碰锥壳贝。

鳐鱼则是典型的海底居民，它们长得又圆又扁。有些鳐鱼的尾部

有潜在危险的水生动物

伤害	急救措施
擦伤或割伤	
藤壶 珊瑚	擦洗伤口，对伤口进行消毒
刺破或割伤	
锥壳类 海胆 有毒的鱼（如鲉鱼、狮子鱼） 黄貂鱼	用热水浸泡患处。对于锥壳类刺伤，应用静脉止血带固定受伤区域。如果是被鲉鱼类刺伤，明智的做法是立即就医
咬伤	
梭鱼 蓝环章鱼 海鳝 海蛇 鲨鱼 海龟、麝鼠、短吻鳄	止血、清洁、消毒伤口；如果是被蓝环章鱼咬了，要立即按住伤口，并且立即寻求医疗救治，还可能需要进行人工呼吸；如果是被海蛇咬伤，要立即按住伤口，固定区域，并即刻寻求医疗救助
蜇伤	
毛足虫 火珊瑚 火海绵 水母	用醋浸泡伤口区域

对于任何类型的受伤都必须寻求医疗救助

图 5.5

潜在的伤害和相应的急救措施

有锋利的锯齿状倒钩。鳐鱼往往就只蛰伏于海底，如果有人打扰它们时，它们就会拱起背部用倒钩攻击敌人、保护自己。盖在倒钩上的鞘往往留在了被撕裂的伤口处，里面含有毒素。

在某些水域，潜水者、钓鱼的人和游泳的人脚踝处有黄貂鱼的伤口是很常见的。要避免这种伤害，你在水下走路时就要贴着地面摆动双脚。美国西部海岸有一种叫作电鳐鱼的生物，这种动物可以发电，能够击晕潜水者，因此必须能够识别它。如果偶然遇到一条电鳐鱼，应避免与它接触。

咬人的动物

运用你的识别能力来避免被水生动物咬到。有一种巨大的会咬人的淡水鱼叫雀鳝。海龟可以造成严重的伤害。麝鼠攻击人可能是为了自卫，海里的海鳗鱼可能对你造成严重伤害。短吻鳄也存在咬人的风险，但似乎并没有听说它们喜欢攻击潜水者。

鲨鱼会咬人，但鲨鱼对潜水者的攻击几乎是不存在的。好莱坞影片夸大了鲨鱼的危险性；只有少数种类的鲨鱼是具有主动攻击性的，而潜水者常去的水域很少遇到这些种类。绝大多数潜水者看到鲨鱼都会很高兴，因为鲨鱼常会避开潜水者经常去的水域。

如果你遇上了海蛇，请避开它们。不要试图去抓捕、控制海蛇，它们可能是有剧毒的。被海蛇咬到可能危及性命。有些淡水蛇例如水腹蛇也是有毒的。只有一个高尔夫球大的蓝环章鱼，是世界上最毒的生物之一。不要让好奇心害了你的性命。

蜇人的动物

许多水生动物都会蜇人。要学会辨识和避免接触水母、水螅、某些蠕虫甚至某些海绵。水螅有微小的刺细胞，称为刺丝囊，它们用毒素杀死动物作为食物。有一些小动物蜇人，如带刺的火珊瑚，只是让人觉得有点儿烦；但是另外有一些动物蜇人，例如僧帽水母和箱形水母，则可能造成需要医疗急救的状况。有一种典型的称为"猪鬃蠕虫"的海洋蠕虫，在身侧有成簇的柔软的绒毛。这些小绒毛看似柔软而脆弱，但是一旦被蜇就很容易穿透皮肤，并且很难拔出，会引起皮肤的烧灼感。切勿触摸这些蠕虫。在海中潜水的时候，一定要穿防护服。防护服可以保护不被蜇到；但是在脱的时候要小心，因为有很多海洋生物的刺即使已经从其身上脱落下来，仍然保有活性，可以蜇人。那些附着在你的装备上的水母或是其他的生物在你脱装备时接触到你的皮肤，仍有可能会蜇伤你。在热带水域，有些水母会在晚上游到水面上。很多地区危险的蜇人的动物都呈现季节性活动。应与当地的潜水者多交流，弄明白哪些动物应当避开、什么时间应当特别小心。

避免危险

很多水生生物都有潜在危险。热带水域的危险动物最多。通常情况下，特别严重的伤害并不常见，因为潜水者会避开那些可能伤害到自己的动物。你应该尊重动物的习性，但是也没有必要过度在意它们。不要因为看到有潜在危险的动物就惊慌或是逃走，只是简单地不要与它们接触就好。学习辨认某一区域的危险动物，知道在什么地方需要小心它们，对它们保持警觉，与它们保持距离。慢慢移动，小心观察。涉水的时候交替摆动你的双脚，不要触摸任何东西，除非你确定它很安全。中性浮力——悬浮在水中的能力——是对抗水生生物伤害的绝佳武器。

水下世界生物的多样性是如此有趣，以至于有很多潜水者把此类研究当作一项爱好。先学习和了解这些动物，等到了水下再观察它们的自然特性，这是一件非常有乐趣的事情。有些潜水者是如此痴迷于水下生物，甚至把生物研究作为职业追求。

预防和保护

水下生物是如此美丽和珍贵，但是人类造成的污染也伤害到了湖里和海里的生命。潜水者本身就对美丽的礁石造成破坏。除非我们立

潜水人生，点滴智慧

水面以上和水面以下的环境具有相似性。在陆地上，温度、天气、植物和动物会随着所处地域的变化而变化。我们可以欣赏到多种多样的山脉、平原、森林和沙漠地貌。同样，水下世界不同的地域之间也各不相同。而这多种多样的水下环境所提供的乐趣正是潜水旅行如此受欢迎的一个主要原因。

在陆地上，当你要到那些坚硬、多变和危险的地方时，你需要特别的训练和装备。仔细认真的计划和准备也是必不可少的。向导的存在使探险更加安全，也增添了更多的乐趣。在水下，当你潜到那些坚硬、多变和危险的地方时，这些要求同样适用。你可以好好感受水下世界的不同——珊瑚礁、峭壁、残骸等。但是永远要准备充分、装备齐全。去往一个新的地方时，要有计划和方向。

即采取行动，否则水下世界的很多地方真的有可能变为荒芜。我们必须保护和保存我们的水下资源。

由于地球上的水域如此广阔，人们常常把它们的存在当作理所当然，认为那些湖泊、海洋是如此广阔，不会受到破坏。但事实并非如此。水下环境非常脆弱，自然界的生态平衡远比人们想象的容易被破坏。因为我们看到了汹涌的波涛，我们就觉得大海很强大有力。没有见过水下光景的人，恐怕很难意识到栖息于水下的生物的细腻之处。有些海洋生物生长得十分缓慢，一年可能只长几十厘米或几厘米。

作为一名潜水者，你可以帮助减少对水下世界的破坏。每个潜水者都应该做到以下两点：1. 从我做起，保护潜水环境；2. 教育和帮助其他人来保护水下环境。比起你的很多朋友，你有更多机会亲近水下环境。你会直接看到污染、垃圾以及过度开采所造成的影响。你也会看到，当环境良好、不受干扰时，海底世界是何等美丽和丰富。你在社会上的影响力能够有所作为。在水生环境的问题上，如果你不成为解决问题的一部分，那么你就会是问题的一部分。

污染

阻止污染是当今世界面临的最大挑战。人类对环境的污染让人难以置信。我们已经污染了空气、大地和水。每一天，人类将数百万加仑的废物排放到水里。人们似乎觉得，有些东西不在眼前堆着就不是问题了。对于污染物而言，情况可不是这样。污水、工业废水、垃圾和泥沙已经破坏并且还在继续破坏着更多的水下环境。就算我们今天停止了所有污染，水生环境还要继续遭受那些已经排到水里的废弃物的长达几十年的破坏。

陆地上流入大河的径流和最终流入大海的溪流也对水生环境造成污染。用在农业生产、草坪和园林维护上的农药在水生环境里造成了大量的死亡和破坏。建筑施工废物也以不同的方式进入水中。泥沙阻挡了水生生物赖以生存的阳光，闷死了那些栖息在水底的生物。

湖泊和海洋被人类当作可以乱扔废弃物的无底洞。这种狭隘的观点导致两个非常严重的问题：1.这片水域里生活的动物和植物正在被污染杀死；2.这片区域的水无法被更换，因为大块水域是没有办法被冲走的。

潜水的影响

潜水者可能会从几个方面破坏环境：可能把一些生物赶出了它们原本生存的环境；可能在水下移动的时候粉碎或是杀死了一些生物；也有可能会搅起水底的淤泥，扬起的粉尘可以窒息杀死一些微生物。有时候，好心不一定办好事，触摸和喂食动物也可能会将它们杀死。

在水下，你可以成为一名切实的捕食者。有很多动物可以供你捕捉带走。个别无情的人把捕杀动物当作一项运动或是游戏，但是有责任心的人只会带走那些他们要食用的动物。虽然潜水者造成的影响远不如商业捕捞大，但是仍然会造成影响。如果你在礁石上叉鱼，那么在这片地区的这种鱼类很快就不再亲近潜水者。如果你想做一个捕食者，就要以负责任的态度来做这件事情。保护和保存水生资源是本节后半部分要讨论的重要话题。

在水下，很难克制住自己不去碰触什么。但你还是尽量不要去碰它，除非你知道你要碰的是什么，而且知道应该怎么碰触它们而又不伤到它们。很多动物都很脆弱，粗暴地抓着它们可能会杀死它们。有些动物，包括鱼类，可能有一层黏液保护层，如果保护层在碰触的过程中被破坏，动物就可能会因此感染并且死亡。被一个巨大的冒着泡的怪物握在手里，这种压力远远超过很多海洋动物所能承受的范围。海龟在被调皮的潜水者戏弄之后，有可能抛弃它们的蛋。不要犯仅仅为了娱乐一下而杀死动物的罪行。了解了如何接触这些动物，就可以在水下与它们亲密接触。即使不抓到它们，也一样可以与它们互动并享受其中。

给水生动物喂食曾一度非常流行，直到环保人士表示这其实对动物而言是有害的，对喂食者来说也是很危险的。有好几个潜在的问题都与投喂水生动物有关。投喂给动物的非天然的食物可能会干扰它的消化。动物们可能会对潜水者喂给它们的食物产生依赖，一旦失去供应，它们会变得无法自行觅食。食物的诱惑可能会使得动物们克服它们对潜水者天然的恐惧。当一个原本把潜水者的身影认作应该离开的信号的动物开始习惯潜水者提供食物这件事，这个动物就有可能会主动接近那些猎杀者。

在水下的潜水者有成为瓷器店里的公牛的潜力。负重过多的潜水者在水底用他们向下的脚蹼扬起一摊摊淤泥。浮力困难会使得潜水者抓住或打碎珊瑚礁或其他生物。在水底休息的潜水者在根本没有意识到的情况下就压扁了大量的植物和动物。那些游得太靠近礁石的潜水者，经常会踢死水底生物。

潜水影响的预防措施

学习和掌握好浮力控制技术的一个重要原因就是防止破坏水下环境。一个有环保意识的潜水者会在任何时候都合理配重，控制好浮力。把你的潜水变成"无接触"潜水。你应该能够从珊瑚礁的表面游过，能够微调你的目镜，能够在不碰水、不扬起淤泥的情况下观察动物。学会用手划水到指定位置而保持你的脚蹼不动。划水是一种通过手的微小运动（不是胳膊）而实现的姿势。浮力控制和手部划水都是降低潜水影响的有效技术。图5.6展示的是一个正在用手部划水的潜水者。

另外一种保护环境的方法是保持你的装备尽可能地紧贴你的身体，使它们不会乱晃或者往下掉。如果整个潜水过程中装备都拖在底部，会造成很大的伤害。请简化你的装备。在水下缓慢移动可以保存体力、节省空气，也可以减少你触碰到动物的可能性。这种方法可以帮助你避免对自己和动物造成伤害。

在水下，如果必须抓住什么东西或是把自己从物体面前推开，在接触之前应该先观察一下，避免触碰任何活的东西。如果出于某些原因你必须沉到底下，那就选择那些没有可见生命的地方。如果处于失重状态下，记住，你可能仅需一根手指就可以移动了。不要留下任何证据证明你曾经来过这片水域。

图 5.6

划水可以帮助潜水者最大限度地减少对水下环境的影响

保护措施

由于缺乏保护，很多曾经大量存在的生物现在都濒临灭绝了。野生水牛和旅鸽就是很好的例子。在某些地方，同样的事情也正发生在水生生物身上。曾一度成群拥挤在一起的饵鱼，如今在一些地方已不复存在。没有了食物，一些以此为食的较大的鱼类也不在该区域出现了。

捕鱼和游戏规则是为了保护自然资源而被设计出来的。规则包括尺寸、季节、限制和可能使用的手段，这样的罗列可以帮助保护资源的可持续供应。要遵守捕鱼和游戏规则并鼓励其他人一起遵守。从长远来看，这些规则对所有的人都有益。

如果你要带一个活物出水，那么请用负责任的方式来做这件事情。避开那些很受欢迎的潜水地，在那些被潜水者影响非常少的地区进行有限的捕捉和搜集。只拿走你需要的，而不是你能捉到的，或是你被允许捉到的。有两种类型的狩猎者对环境造成的伤害最大，一种是追求数量的，另一种是追求荣誉的。追求数量的狩猎者会尽可能多地攫取，以此打造一个强大的有能力的狩猎者形象。而追求荣誉的狩猎者则是寻找那些当地最大的动物，这也就使得繁衍的需求不能够被满足。如果你杀了一种动物，你有责任了解该动物要成长多少年才能繁衍下一代，以及这种动物的体形最大可以长到多大。你应该猎取那些已经有机会繁殖下一代但又不是它们族群中最大的动物。虽然精挑细选是很难的，但是你应该试着去保护生命。

不被打扰的自然维护着自己的生态平衡。动物们既是食物，也是捕猎者。动物以另一种动物为食，反过来又会被其他的动物吃掉。如果有太多的捕猎者，一段时间以后它们的数量也会因为食物不足而下降。如果一段时间暂时出现了猎物过量繁殖，不久捕食者的数量就会增加。人类破坏了自然原有的平衡。我们是最有效的捕食者。我们通过污染、打猎、捕鱼、划船以及其他很多我们作用在水生环境上的东西破坏了食物链。自然需要更长的时间才能从人类的破坏中恢复过来，比任何自然灾害的时间都要长。人类必须吸取教训，以减少干扰大自然对水生生物的管理。

环境保护

环境保护与所有的人都有关系，但是成为潜水者以后，它就变得与你特别有关系。关于水生环境的信息你很有可能比你的朋友和邻居知道得更多。你要成为环保推广大使，你要激励和教导周围的人一起来保护潜水环境。

人类在陆地所做的事情也会影响到水里的生命。人们扔进下水道和厕所里的那些东西最终都会进入水下环境，他们用在自家草坪和花园上的化学药剂也是一样。水里和水周围的垃圾会杀死陆生动物、鸟类和鱼类。购物前思考一下你要如何使用它们，以及如何处理因其产生的废物。那些有毒的化学物质和你用过以后的废物，最终都去了哪里？要有环保意识，教育别人也是如此。一个很简单的行为，例如选用不含磷的洗涤剂都会带来改变。磷是一种很强大的营养物质，一旦被投入水中，就会破坏生态平衡。

成为社区的一分子。关心诸如污水处理、有毒废弃物排放和建筑改造等可能对水体造成严重破坏的事情。制造业的废弃物也有害。帮助别人理解污染的严重性。

保持消息畅通并不断扩大消息网。加入一些致力于保护环境的团体，如海洋保护协会、珊瑚礁环境教育基金会（REEF）和海洋学会等组织。这些组织和团体提供最新的信息并告诉我们普通人如何提供帮助。时不时地，有很多组织赞助进行水下清理活动，这些活动是让人愉快且有意义的（本书的附录里收录了一系列你可以加入的环境保护机构）。

当你去潜水时，有很多事情可以做并且应该做。正确地处理垃圾并鼓励其他人也这样做。如果你有一艘潜水用的船，把它停靠在远离珊瑚礁的地方，避免船锚和链子伤到珊瑚礁。回收那些你在潜水过程中发现的垃圾，尤其是塑料类。优先收集塑料瓶、尼龙、铅和不锈钢。并不是所有的垃圾都是不好的，瓶子和罐子可以为一些动物提供住所。上报非法处理或是遗失的、被抛弃的渔网和罗网，这些东西在被抛弃后仍然在进行着杀戮。

水生条件

水生条件指潜水者潜水时特别的环境状态和生活状态，相关的因素包括温度、能见度和水流运动的级别。你需要熟悉整体上的水生条件，特别需要了解当地的水生条件。

纵观全局

影响海洋的因素有很多。太阳对赤道地区的照射比地球上的其他地区更直接。赤道附近的气候和水域都很温暖。距离赤道越远，温度越低。地球上不同地区水温的差异导致空气和水通过气流和潮流进行流动。风从高压地区吹向低压地区。

风和地球的转动使水移动。从全球范围内来看，在北半球，水流沿着顺时针方向移动；在南半球，水沿着逆时针方向流动。气候从西到东变化。地球与其他星体之间的引力又引起了水位的变化，称为潮汐。海上风暴产生的能量以波涛的形式移动几千公里，最终以浪花的形式释放能量。

季节变换，风和风暴影响内陆水体。来自山区和丘陵的雨水、雪水汇成溪流流入河里和湖里。从地下又渗到地面上的水形成泉。

天气、季节、地理位置和其他因素都影响着水面和水下的潜水条件。水面上波涛汹涌，水下可能平静无波；水面上一望无际，水下却伸手不见五指；水面上温暖如春，水下可能寒冷如冰。你应该熟悉水面和水下条件，以及它们对潜水所产生的影响。

说到潜水条件，你最需要记住的就是它们充满变化、多种多样。因此，当你去一个新的区域潜水时，对周围环境的定位十分重要。潜水条件通常决定了你潜水的方式。在一个区域适用的方式到了另外一个地方可能完全没有用。你应该了解你将要面对什么样的条件，这些条件会怎样影响你的潜水活动以及如何应对这些条件的影响。例如，在某个地区，走到水里再穿上脚蹼是安全的，但是在另外一个地区，你可能就需要先穿上脚蹼再进到水里。

普通淡水水域潜水条件

淡水的密度比海水的密度小 2.5%，因此你在淡水里的浮力小于你在海水里的浮力。水的密度也随着温度的变化而变化。淡水在 39.2 华氏度（4 摄氏度）时密度最大，这也和深度在 60 英尺（18 米）以上的湖泊和矿坑的基本温度和密度一样。无论温度是变得比这个高还是比这个低，水都会变轻。

淡水通常会分层，一层比较温暖、轻一点的水盖在一层冷一些、密度大一些的水上面。从比较温暖的水到比较凉的水之间的变化称为"温跃层"。当水面平静时，从上面俯瞰，温跃层上面似乎覆盖了一层烟雾。所以在温跃层的交界面上会有轻微的视觉模糊。当你在淡水水域潜水时，你必须按照温跃层以下的水温来进行防护。尽管一个湖的表面看起来温暖而阳光灿烂，但是水底部的温度可能接近冰点。

在淡水矿坑和湖泊里潜水的最佳时节取决于水体。春天和秋天通常比较好，因为这个时节，水面和底部的温度是一致的；各个深度都有氧气供鱼类生存；浮游生物的数量很少；能见度通常很好。

在晚春，太阳温暖了水域表面，无风的天气又使得表面温暖的水无法与深处凉一点的水相混合。到了夏天，大多数湖泊在温跃层以下的分层都是静止的。腐烂物在这里消耗氧气，释放毒素，于是鱼都游到温跃层以上避难。阳光和温暖的水通常会导致浮游生物大量繁殖，而污染也使情况进一步恶化。秋天，湖面和矿坑表面的水温开始下降，直到跟深处的水温一致。下降的水温和逐渐减少的阳光遏制了浮游生物的生长，能见度得到改善。风吹着水开始循环运动。水从表面可以移动到水下大约 60 英尺的深度，称为一个"对流"，这个过程也把含氧的水带到底部。在对流过程中，能见度变差。

冬天，湖面和矿坑表面的水比底部的水温要低。反向温跃层出现，直到表面的水与底部的温度一致。水结冰时，变轻 10%。如果水结成冰沉下去了，那么整个水体从上到下都会结成坚冰。而水面上的冰则会隔开下面的水。图 5.7 分析了淡水湖的年度循环和温跃层的概念。

强风在一片水域上沿着水岸吹了一段时间之后，表面上的水就被推离了岸边。从底部流上来的冷水填满这部分空间，这个过程被称为一次"上涌"，这种情况也会发生在海洋中。如果风力条件可以持续，通过这样的过程，水温可以保持稳定，即使是在夏天。上涌把深层的营养物质带入浅层的水里，也为这片地区带来了水生动物。一次上涌之后，由于温暖的浅层水面里营养物质大大增加，可能会出现一次丰收。

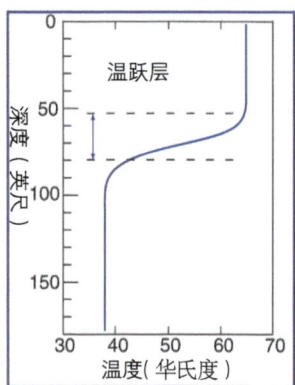

a

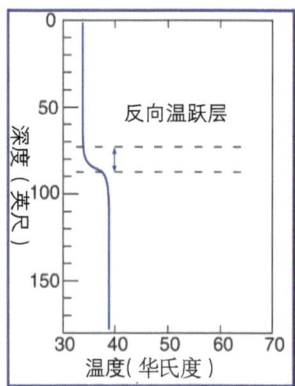

b

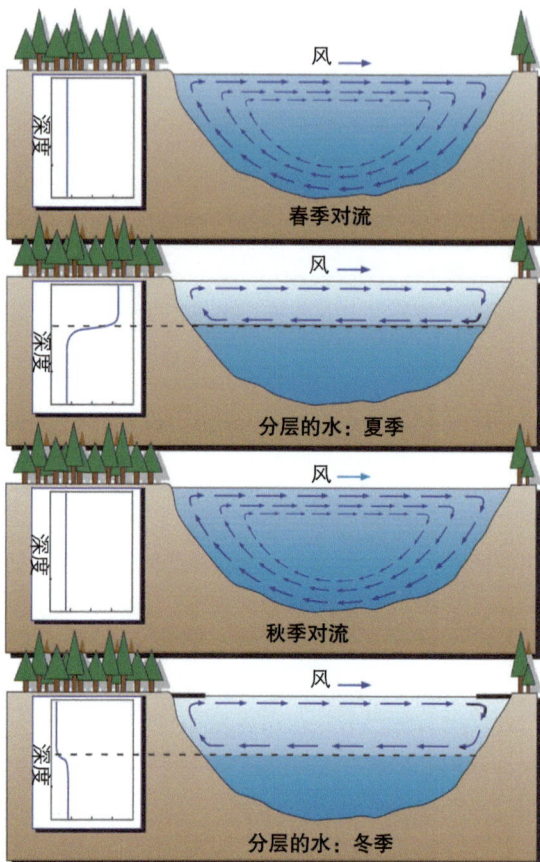

c

图 5.7

（a）温跃层；
（b）反向温跃层；
（c）对流的年度
循环

特定淡水水域潜水条件

人们可以在各种各样的淡水环境里获得愉快的潜水体验。泉水、低海拔的湖泊和矿坑都是那些居住得离海岸线较远的潜水爱好者的很好选择。另外的一些淡水环境，如河流、洞穴地下水、高海拔结冰的湖泊以及被水淹没的残存地等则可能会有很大的危险。没有上完整套培训课程以前，不应该去那些危险的地方潜水。

你可能会在河里遇到非常强劲的水流（见图5.8）。水面和转弯处的外侧水流最强。很多河里都会有逆流和称为涡流的旋涡状水流。河流很容易受到季节变换的影响，而且通常不可预测。

淡水泉可以提供非常美丽的潜水环境。流动的干净而又稳定的水体通常保持着温和的温度（65华氏度~78华氏度，即18摄氏度~26摄氏度），提供了良好的能见度。而水流经常流经地下的石灰岩洞穴，绵延几千英尺。对于有资格认证的潜水者来说，在以泉水为基础的开放水域潜水是合适的。但是任何潜水者都不可以进入那些无法直接垂直地上浮到水面的区域。一种大的、房间状的、可以看见表面阳光的空间被称为洞（cavern），那些比洞延伸得更深、已经看不到表层光的区域称为穴（cave）（见图5.9）。潜水者必须完成一系列专业课程、满足几个要求，才能在洞穴中潜水。进入这样的环境里，哪怕是很短的距离，如果没有所必需的培训和装备的话，都可能是致命的。没有经过专业的洞穴潜水培训，再多的潜水经验也不能成为一个潜水者进入洞穴的安全保证；很容易迷失方向，如果挑起污泥导致能见度降低，就容易恐慌，甚至溺水。你也许可以在以泉水为基础的环境里潜水，但是除非你满足了所有的潜水需求，否则一定要远离洞穴。本书的附录里提供了洞穴潜水培训机构的信息。

图 5.8

由于很多河流都有很强的涡流以及各式各样特有的挑战，因此建议在潜水前进行特殊训练

　　有时，地表塌落形成一个地下洞穴系统，仿佛一个水槽。流入这个水槽的水形成一个水池。一个被称为"虹吸管"的开口将水从这个水槽里又引导回整个循环系统。在这个虹吸管区域潜水是十分危险的。区域内流过的水量取决于当地的雨量。在极端情况下，正常流动的水可以逆流。

　　人们挖坑来开采沙土和石料。有时到一定的深度，会碰到地下水，矿坑就被淹没，形成了一个采石场或沙坑。其中有些地方，可以看到在当时淹水的时候被遗弃的开采设备。通常采石场都有很好

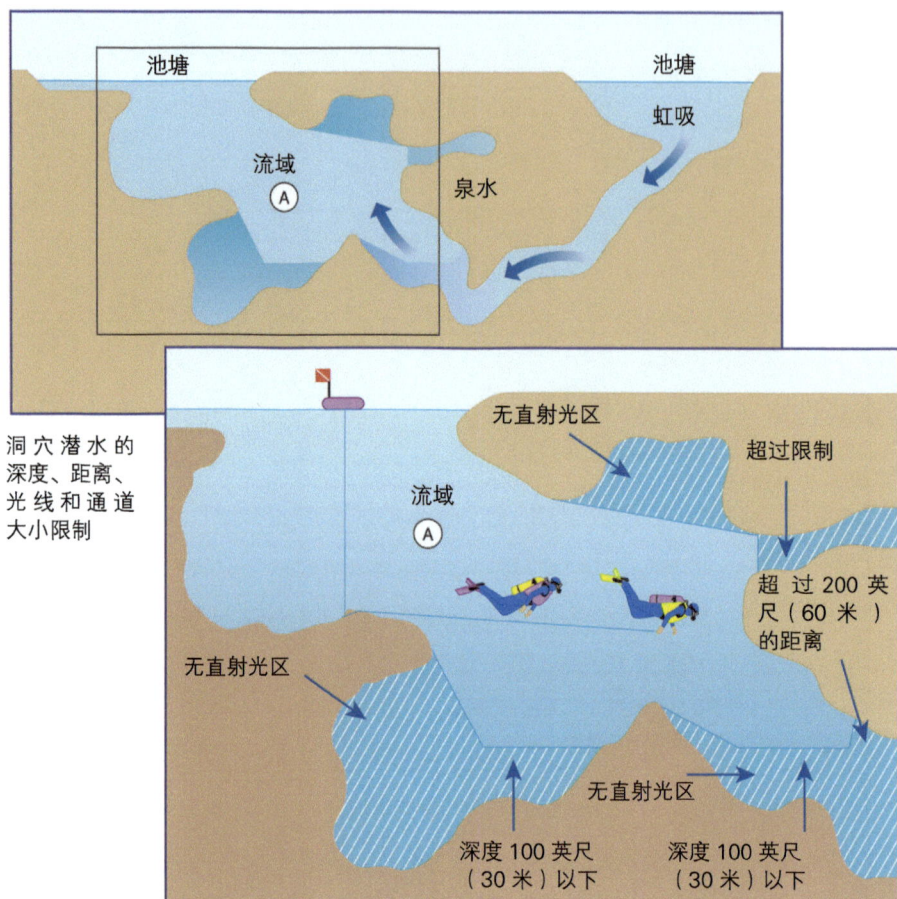

池塘

池塘

虹吸

流域

(A)

泉水

洞穴潜水的
深度、距离、
光线和通道
大小限制

无直射光区

超过限制

流域

(A)

超 过 200 英
尺（60 米 ）
的距离

无直射光区

无直射光区

深度 100 英尺
（30 米）以下

深度 100 英尺
（30 米）以下

图 5.9

斜线部分为洞，
无斜线部分为穴

的能见度，虽然一旦搅动底部的淤泥就会使能见度迅速降低。泥沙
采石场比其他采石场沉积的淤泥更多，所以水也可能是浑浊的。

　　湖泊是特别好的潜水地。在海拔 10000 英尺（3048 米）的高处
都有淡水湖。在海拔 1000 英尺（305 米）以上的水域潜水有个特别
的名称，叫作"高海拔潜水"。这种潜水有很多连带的困难，因为
高海拔地区的压力变化速率小于海平面的压力变化速率。你必须遵
循特别的流程才能避免减压病。同时，相对稀薄的空气也可能会带
来一些问题，在高海拔地区的每一次呼吸所获得的氧气都要少一些。

　　当冬天里冰封了水面，潜水变得很困难。冰下潜水的风险包括
失温、水肺调整器和浮力调整器被冻住、在冰下迷失方向等。冰下

潜水所见之景十分美丽，充满了挑战性。但是如果没有合适的训练、装备和程序就贸然去挑战，也是十分危险的。

在淡水水域潜水的潜在风险包括身体热量流失、被淹没在水下的树、钢丝、鱼线、鱼钩、急流、涡流、低能见度、淤泥和高度限制。你可以借助训练、积累的经验、得当的装备、正确的潜水技术、对区域的正确认知和定位以及良好的判断来尽可能地降低风险。

海水潜水条件

地球上有四大洋。海、海湾和港湾都是较小的大洋区域。大洋底下的地面不是平的。大陆架是陆地从土地和斜坡逐渐延伸到深度600英尺（183米）的水下部分。越过大陆架是广大的海底峡谷、山脉和大平原。在有些地区，海底山脉和火山的尖露出水面铺陈开来，形成了岛屿。在另外一些地方，深谷切断了大陆坡，形成了近岸深水条件。

地球上的海水潜水环境随着地区的变化而不断变化。加勒比地区的清澈水域，温度可以超过85华氏度（29摄氏度），底下覆盖着美丽的珊瑚礁和看上去像是植物一样的动物，色彩斑斓的群鱼比比皆是。而温带水域（温度55华氏度~70华氏度，即13摄氏度~21摄氏度）有着丰富的海藻林，每一株海藻里所蕴含的生物比热带雨林还要多。而寒冷的北半球高纬度海洋地区则蕴含着丰富的营养，也孕育了生物的多样性。在地球上所有的大洋里，你都可以体验到美丽的景色和生命的奇迹。

海洋总是在运动。潮汐、风和洋流导致水的运动。一场水下地震可以通过移动巨量的水形成被称为海啸的巨浪。尽管这些巨浪也可以被称为潮汐，但事实上它们与潮汐一点关系都没有。海啸可以造成巨大的破坏，但是海啸很罕见且可以预测。

引起海水运动的能量来源可能就在当地，也可能是在几千英里以外。你需要理解到底是什么引起海水运动的，它是如何运动的，以及如何在运动的海水中潜水。

潮汐

月球与地球之间的引力将水拉向月亮，使得水的深度变大，称为高潮；如果潮水在被拉开的过程中水深变小，这个过程称为低潮。地球上与月球相反面出现的高潮位是因为月球的引力在该点上最小以及受地球自转产生的离心力的影响。在任何给定时间里，地球上都有两个地方处在高潮位，也有两个地方处在低潮位。在一段短暂的称为平潮的时间里，潮水既不涨也不落。某些地区的地理地貌会干扰或加强水位的起落程度。

图 5.10

太阳和月亮对潮汐规律的影响

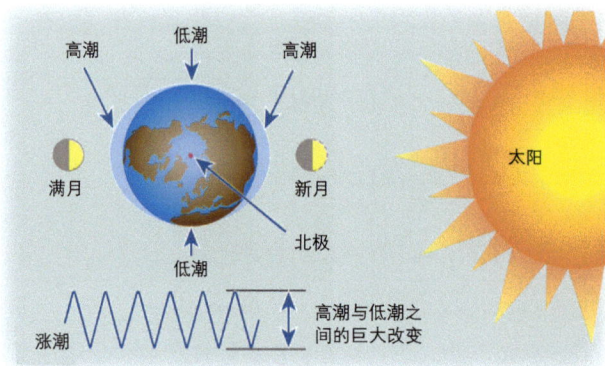

太阳也会影响到潮汐，不过只有月亮影响作用的一半大，因为月亮比太阳离地球近很多。当每月两次太阳、月亮和地球处于一条直线时（新月和满月时），潮汐是最高的，称为大潮；当太阳、月亮和地球成直角时，潮汐是最低的，称为小潮（见图 5.10）。

月球绕地球公转的方向与地球自转的方向相同，因此月球的一天（从月亮升起到下一次月亮升起）为近 25 个小时。这使得每天潮汐的时间不同，也解释了为什么潮汐的高度会有变化。

在一个潮汐变化周期里，水会从一个地区流向另一个地区。潮汐引起的水流移动称为潮流。不同的潮汐引起的潮流速度大不相同。高潮引起的水大量流入一个区域称为涨潮；而低潮引起的水从一个区域流走称为退潮。涨潮和退潮之间，有一段时间水的运动最小。这种状态称为静水期。因为地球的地貌特点，在很多地区水都不能立即流动起来。通常这种延迟会发生在潮汐预定到来的时间和静水期之间。

潮汐变化会影响到潜水活动和具体操作。涨潮与退潮之间巨大的水位差别会影响到能见度和其他条件。水位变化同样会影响到入水、出水和泊船的位置以及对运送物品的装卸。潜水者应当知道潮水的高度会达到多少。在某些地区，某些时段，潮水的变化很小（不足 2 英尺，即 0.6 米），但是在其他地区或是同一个地区的不同时段，潮水的变化很大（大于 6 英尺，即 1.8 米）。高潮和低潮之间差别越大，潮汐的影响就越大。

因为地球、月亮和太阳遵循规律移动，所以潮汐是可以预测的。潮汐之所以有很多变化，是因为各个星体之间的相对位置不断变化。尽管有诸多变量，但是科学家们仍然可以准确地推断出潮汐的发生时间和高度。美国政府发布潮汐表，国家气象频道广播持续播送潮汐信息。具体地方的修正表和潮流表也可以提供更准确的信息。潮汐表将潮汐的高度与这一地区的平均低潮联系起来（见图 5.11）。风和气压影响潮汐的高度，增强或者削弱潮水的运动。

2009 年 11 月							
	低潮			高潮			
	上午	浪高	下午	浪高	上午	浪高	下午	浪高
Sunrise 6:19			-PST-		Sunset 5:08		
1 星期六	1:35	1.0	2:35	0.5	7:49	6.4	8:46	4.7
2 星期日	2:06	1.3	3:17	0.9	8:21	6.7	9:36	4.4
3 星期一	2:38	1.7	4:06	1.0	8:56	8.8	10:35	4.0
4 星期二	3:14	2.1	5:02	0.9	9:33	6.7	11:44	3.7
5 星期三	3:50	2.6	6:03	0.7	10:19	6.5	—	—
Sunrise 6:24			-PST-		Sunset 5:03		
6 星期四	4:42	3.0	7:17	0.4	1:14	3.5	(11:15 | 6.0)
7 星期五	6:00	3.3	8:36	0.2	2:57	3.8	12:28	5.4
8 星期六	8:23	3.3	9:43	0.1	4:15	4.0	2:03	
9 星期日	10:28	2.9	10:42	0.1	5:01	4.4	3:39	
10 星期一	11:22	2.1	11:27	0.3	5:37	4.9	4:55	
Sunrise 6:28			-PST-		Sunset 5:00		
11 星期二	—	—	12:14	1.4	6:09	5.3	5	
12 星期三	12:06	0.6	12:59	0.8	6:34	5.6	
13 星期四	12:38	0.9	1:38	0.3	6:59	5.9	
14 星期五	1:07	1.3	2:13	0.1	7:24	8.1	
15 星期六	1:31	1.6	2:45	0.3	7:47	6.2	
Sunrise 6:33			-PST-		Sunset		
16 星期日	1:56	2.0	3:21	0.4	8:13	6.4	
17 星期一	2:21	2.2	3:53	0.3	8:41	6.6	
18 星期二	2:40	2.5	4:33	0.1			
19 星期三	3:03	2.7	5:17				
20 星期四	3:21	3.0					

图 5.11
潮汐表

一般来说，高潮期是最适合潜水的，但是在潮汐特别强烈的地区，可能需要把潜水时间安排在静水期。在那些潮汐变化很小的地区，时间安排可能并不是特别重要。在规划潜水时，需把当地潮汐相关的影响考虑进去。

波浪与冲浪

当风从水面吹过时，形成波纹。大风天时你可以在水坑里看到这种景象。在一片广大的水体中，在风持续吹的情况下，波纹的一侧会形成一个表面，从这个表面背后吹过来的风推动着水前行。同一个方向上稳定吹出的风越大、越猛，能够形成的波浪就越大。当波浪从形成它们的风浪区离开时，浪头开始变圆，形成涌浪。涌浪呈圆周运动，基本上不太向前，效果类似于通过抖动一条长绳的一端将一个波纹传导到绳子的另一端。波纹的能量沿着绳子传递，但是绳子本身并不向前移动。

137

涌浪是一种可以传递出几千英里但仍然保存着巨大能量的能量形式。波浪的顶部被称为波峰，底部被称为波谷，波峰到波谷之间的距离称为波高，两波之间的距离称为波长。连续两个波浪通过一个定点所需要的时间称为一个波浪周期，而一系列的波浪则称为波列。对一个波列而言，波高越高，波长越长，这个波列所蕴含的能量就越大。有时，两个波列还会相互融合，产生一个较大的波浪，称为波集。通过计算海浪的节奏，你可以在波集最小的时候穿过冲浪区，很容易地进出。图5.12展示了海浪和波浪的基本概念。

一个移动的波浪里的水呈圆周方式运动（这种运动称为圆周运动，orb）。运动的直径等于水面上波浪的高度和水下降低的深度。在水下相当于整个波列半个长度的深度处，仍然可以感受到这种运动。如果波列的长度为100英尺（30米），在水下50英尺（15米）处仍然可以感受到波浪。

当波浪进入浅水区，与水底的接触干扰了波浪里面水的圆周运动，圆周运动偏平，最终成为一种前前后后的运动，称为潮。波浪与底部接触使得波浪慢下来，也变得更加不圆滑且陡峭。波浪的高度随着水深的减少而增加。当水的深度与波高接近时，波浪就变得不稳定，向前移动。到了这个点上，波浪里的水向前移动，把它所蕴含的能量传递给了潮水。在一些有离岸桥式沙丘和水下障碍物的地区，波浪会在浅水区域被打散，越过障碍物后再重新聚合到一起，然后在岸边的浅水区再次被打散。在离岸处被打散的波浪表明了浅水区域的存在。

波浪能够一下子打散并释放出所有的能量，也可以一点点地向前轻溅，在一个更广的区域能将能量释放掉。那些迅速形成和打散的波浪形成了卷碎波，而那些向前轻溅蔓延出去的波浪则形成了崩碎波。卷碎波大多出现在陡峭的海岸，而崩碎波则大多出现在有浅坡的水底。崩碎波降低能见度的能力比卷碎波要强。

撞击的潮水里含有空气。冲浪区的白色浪花和泡沫的浮力比不含空气的水的浮力小。在浪花中，潜水者可能很难保持在水面上，但是也不要尝试在碎波处上浮，因为有可能被浪头卷起，并被移动的海水扔出去。遇到波浪时，你应该保持在较低的位置，并通过水

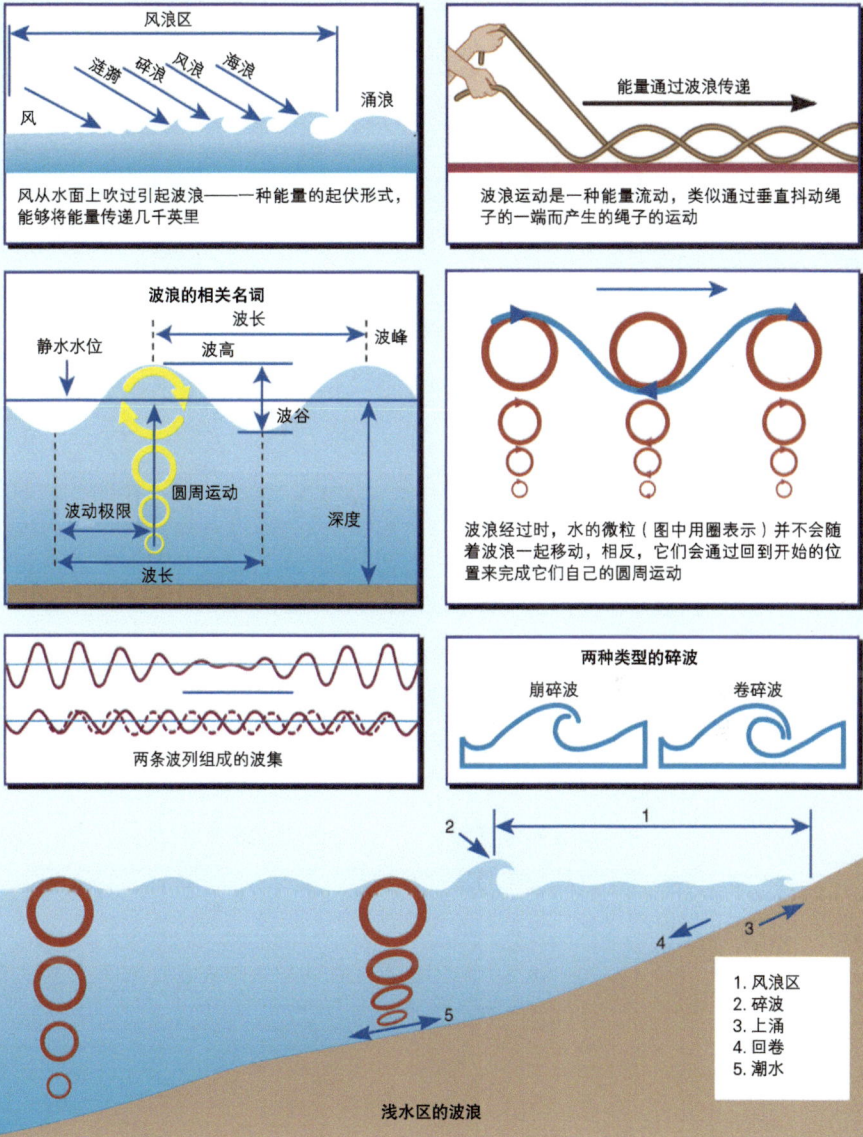

风从水面上吹过引起波浪——一种能量的起伏形式，能够将能量传递几千英里

能量通过波浪传递

波浪运动是一种能量流动，类似通过垂直抖动绳子的一端而产生的绳子的运动

波浪的相关名词

静水水位　波长　波峰　波高　波谷　圆周运动　波动极限　波长　深度

波浪经过时，水的微粒（图中用圆圈表示）并不会随着波浪一起移动，相反，它们会通过回到开始的位置来完成它们自己的圆周运动

两条波列组成的波集

两种类型的碎波

崩碎波　卷碎波

浅水区的波浪

1. 风浪区
2. 碎波
3. 上涌
4. 回卷
5. 潮水

图 5.12

风速、是否存在障碍物、大洋底部的形状和深度影响波浪的形式和浪花

肺调整器进行呼吸。

海浪冲到沙滩上面，然后再流回海里，使得海水回到静水水位。水的这种倒回流动称为回卷。这种有时被称为暗涌的逆流不会超过3英尺（1米）的深度，所以认为暗涌会将游泳的人卷入海里，其实是一种误解。

冲到岸边的海浪会移动沙子。温柔的夏天海浪把沙子带到海滩上，猛烈的冬季海浪则把沙子卷回海里面，在某些地方形成了沙坝。这也解释了为什么有些海滩冬季感觉很粗糙，而夏天却很光滑。

洋流

洋流对于水而言，就像是风对于空气一样，是运动中的液体。因为水的密度是空气的800倍，与空气相比，水对于运动的抵抗力是非常强的。你需要知道水为什么会运动、如何运动以及如何随着它一起运动。运动中水的力量是如此巨大，难以抵抗，所以你必须学会如何利用水的流动来帮助自己潜水。

风力、重力、潮汐和对流引起洋流，最常见的洋流是风力引起的表层洋流。由于地球的自转，洋流的流动与产生洋流的风之间呈现一定的角度。当风把水从一块区域推走，会有一个补偿流来取代它的位置。总之，在地球上的效果就是产生了巨大的循环洋流，称为风海流。风海流在北半球呈顺时针方向运动，在南半球呈逆时针方向运动。

当风沿着海岸吹时，一个向上的垂直补偿流就出现了。还有另外一种垂直补偿流与之刚好相反，是向下的。特别强的向下垂直补偿流很少见，但是在适宜的条件下，如果近岸有陡峭的悬崖，还是有可能出现。在水下被往下拽是件很可怕的事情。应该弄清楚是否有、在什么位置上有向下的垂直补偿流。如果有，应该避开那个位置。万一真的陷入向下的补偿流里，要水平向前游泳，直到远离洋流。试图逆着补偿流向上游只会导致体力透支和恐慌。

水分层流动（见图5.13）。表层的水随风移动、速度较快，而水下几英尺的地方水的流动速度就会慢一些。深度越大，受到表面洋流的影响就越小。如果同一方向的风持续吹动12小时，表面洋流的速度仅约为风速的2%。因为水是分层流动的，所以有可能出现一种情况：表层洋流往一个方向流动，而几英尺以下的位置，洋流朝相反的方向移动。

分层流动

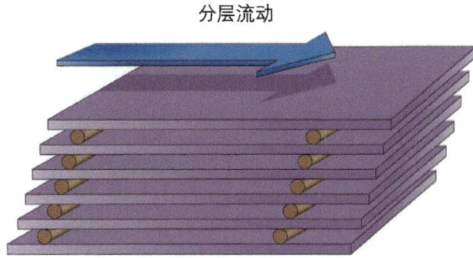

图 5.13

水的分层流动就类似于将木板一层层叠起来，在每层中间放上滚轴。当推动分层时，上层的移动程度远大于下层。表层水的流动也大于深层水的流动

赤道的地表水被日照温暖以后向两极方向缓慢流动。同时，两极方向的水被冷却，密度增加，开始下沉，缓慢流动的密度流就出现了。这种类型的洋流不会影响到潜水的标准流程，但是它们会通过移动输送营养物质和污染物，大大影响海洋环境。

水可以移动得很快，而且每次当一定量的水越过限制以后，运动就会加剧。当水流过不规则的构造时，不平稳的状态会引起危险的旋涡。即使经过专业培训，急速潜水也是很危险的。

前进的波浪可以越过像沙坝一样的水下障碍物，在岸上留下积水。如果水回流回海里时，经过一个通道狭小的阻碍，就形成了一个离岸流。离岸流又窄又激，往外海流去。当通过限制区域后，离岸流就迅速消散了。离岸流呈扇形，里面充满了泥沙和泡沫，而且会比其他的波浪要先被打散，根据这些特点，可以很轻松地分辨出离岸流（见图 5.14）。离岸流可能是固定的，也可能是移动的。你必须学会识别和避免离岸流。如果你发现你没有办法朝岸边游去，那很有可能你已经陷在离岸流

图 5.14

典型的回流

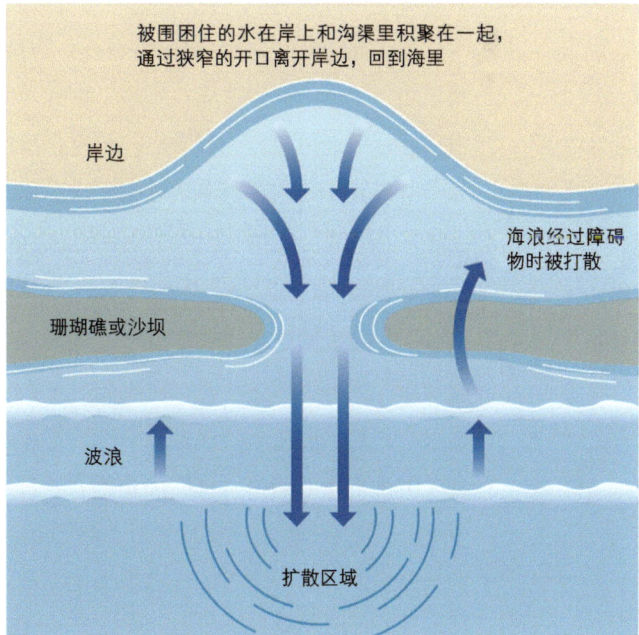

被围困住的水在岸上和沟渠里积聚在一起，通过狭窄的开口离开岸边，回到海里

岸边

海浪经过障碍物时被打散

珊瑚礁或沙坝

波浪

扩散区域

里，此时应当朝着与岸平行的方向游 60 英尺（18 米）左右，以摆脱离岸流，然后再调转方向往岸上游。

以很小的角度拍散在岸边的波浪沿着水岸移动，这种洋流称为沿岸流，沿岸流会影响潜水。在陡峭的海岸，沿岸流会在近岸处的底部形成一道浅槽，称为沿岸海沟。沿岸海沟在地势上陡降，没有警戒心的潜水者在涉水时易突然陷落。落入风浪区的东西沿着沿岸海沟的方向在岸边移动。而海滩上的沙子之所以会移动，则是海浪和沿岸海沟共同作用的结果。

自然界各种力量作用下会产生两种洋流：常规洋流和突发洋流。环绕着佛罗里达并直达美国东南部海岸的墨西哥湾暖流和穿过加勒比海的安的列斯暖流是常规洋流的典型代表。沿岸流则是突发洋流。而离岸流则两种都有可能。潜水者应熟悉所在地区将会遇到的或可能遇到的洋流。

洋流的流动速度可以达到每分钟数百英尺。一个全副武装的潜水者的游泳速度为每分钟 60~100 英尺（18~30 米）。即使与最温和的洋流抗争都是白白浪费能量。强大的水流运动可能将你的装备夺走，导致调整器失效和热量迅速损失。你必须学会分辨和估算洋流。如果洋流很强劲，必须避开它们。即使是很温和的洋流，也要避免和它们直接正面交锋。在潜水中应对洋流的第一准则就是（当你在同一个位置开始和结束潜水的时候），沿着与表层水的流动方向相反的方向下潜，然后在上浮时利用表层洋流来帮助自己返回终点（详见本书第七章估算洋流的技术部分）。

还需要了解在洋流中潜水的其他一些基本原则。底部的水流运动最小，所以如果有可能，可沿着表面到水底直线下潜。如果你到达水底之后，洋流仍然很强劲，那就沿着直线上浮并终止潜水。在潜水中，当你不太确定自己的位置时，最好是上浮到水面上，确定出水口的位置，然后再重新下潜，并且沿着水底向着目的地移动。

当表面有洋流时，应该最大限度地减少在水面上的时间。处在水面上时，尽可能抓住一个固定的物体，以免沿着洋流漂走，远离了潜水点。当表面的洋流很温和时，要逆着洋流游动以保持在水面上的位置。养成好的习惯，根据一个固定的参照物随时察看自己的位置。如果不小心突然被一股很强的洋流困住，应顺着与洋流垂直的方向游出洋流的影响范围。

潜水者随着洋流的移动而进行的潜水活动，称为漂流潜水。经过详细计划的、沿着海岸所进行的简单的漂流潜水是可以接受的。你在一个定点入水，随着洋流沿着岸边移动，在下游的另外一个点出水。另外一种类型的漂流潜水，则是一种专业活动，需要从船上出发，在洋流中潜水。除非经过完整的专业训练，并且有一位同样经过训练且非常有经验的船长同行，否则不要试图进行漂流潜水。

咸水潜水的潜在障碍包括身体热量损失、洋流、波浪、海洋生物、低能见度以及渔网和其他捕捞设备等。通过遵循本章所提供的建议，你可以最大限度地避免这些障碍。

船潜

所有的潜水者最终都会进行船潜，无论是小的私人船舶还是大型包船潜水。船上的空间有限，所以应该将装备紧密地整理好，并且按可能用到的顺序打包。在登船以前，可能还需要搬运装备走一段距离。所以要提前计划、穿戴好你的水肺和配重腰带；两只手各拿一个包，一个包中应装着你的潜水装备，另一个应装着你的午餐、相机以及其他不能沾水的东西。

租船潜水

潜水之前，需要好好休息，因此在船潜前一天的晚上不要狂欢聚会。出发之前，吃一些不刺激、无脂肪的食物。至少要比预定出发时间提前 30 分钟到达集合地点，向一位船员报到。通常情况下需要签到，填写一些表格。可询问在哪里存放装备，然后挑选一个合

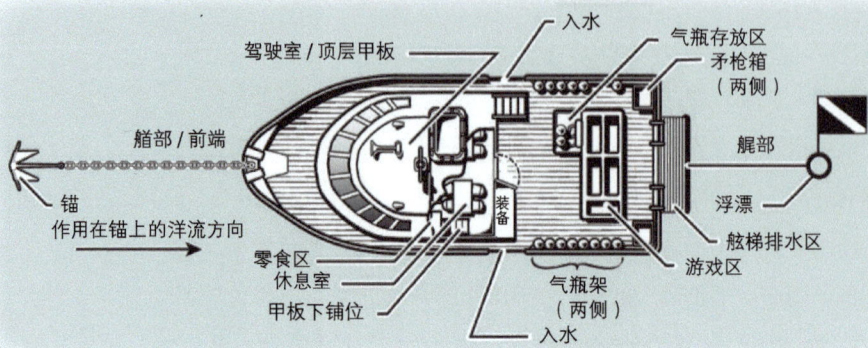

图 5.15

典型的出租船的
设计分布

适的位置存放干物。如果晕船，在开船以前要提前服用晕船药。

绕船参观一下。确认船头（卫生间）和急救设备的位置。远离发动机舱和驾驶室（见图 5.15）。如果你是单独参加这次潜水，应该在到达目的地之前找到一个潜伴。仔细认真地听船长或船员的说明介绍。

如果开船后感到反胃，走到船舱外，到船中部，将视线集中在地平线上。睡觉有助于适应船的移动。如果到了该潜水的时候觉得恶心或呕吐，请避免进行水肺潜水。在水下呕吐是很危险的。轻度的晕船，可以通过浮潜或在附近水域游泳等方式得到缓解。

只有船长确认以后，潜水活动才可以正式开始。做好入水准备后，在潜水监察员处签字，开始进行潜水。比较典型的做法是，从船侧入水，在船的尾部出水登船。利用锚绳下潜是个很好的方式。

开始潜水时逆着洋流，这样在结束潜水时，水流的运动可以帮你回到船上。船员往往会在船尾处系上一条拖曳绳，即一条系着浮漂的长绳，这样潜水者可以在出水的时候拉住长绳来对抗洋流的力量，将自己拉回到船上（见图 5.16）。应该逆流潜水，但是如果最后发现自己处于船的下游，无法够到拖曳绳时，可保持漂浮状态，并向船上发出信号，保持冷静，等到其他所有的潜水者全部登船以后，再将你捞起。

如果在水下听到尖锐的、警笛般的声音时，你应该浮到水面上。这种声音是由电子潜水者召回系统发出来的。待在原地，寻找你所乘坐的船只，寻求指示。 提前学习所乘坐的船的召回程序。

潜水的最后，从水底或是表面移动回到船的位置。应该避免在水下表层位置游泳，因为这样的话过往船只无法注意到你，所以很可能被经过的船撞到。也请远离拥挤的出水位置。应当每次一到两名潜水者出水，以保证潜水者可以无障碍地爬梯登船。直到你离开水的前一秒，请保持所有的装备在工作状态。如果不知道该卸掉哪些装备，可向他人询问。一旦上船，马上拿起你在出水过程中递给别人的装备，把登船通道让出来，给别人腾出地方。

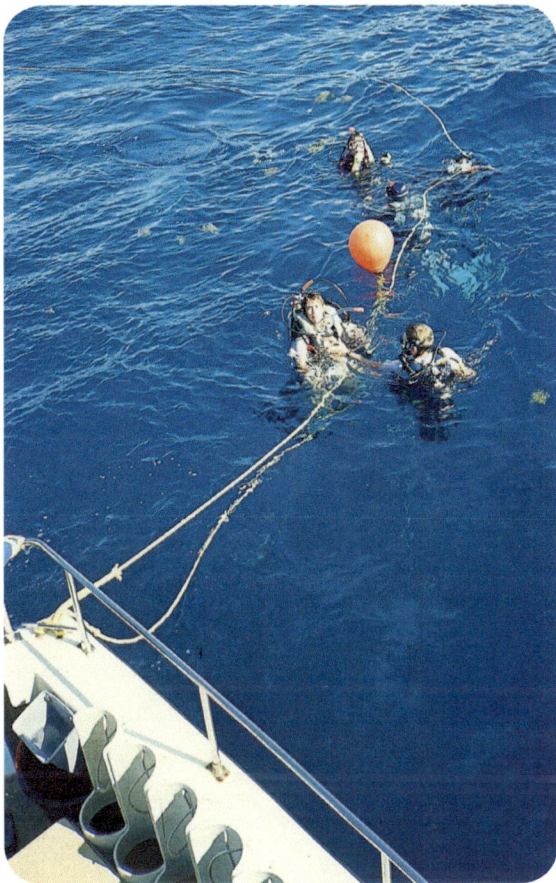

图 5.16

如果遇到表面顺流，潜水者可以通过一条拖曳绳将自己拉回船上

最后一次潜水结束后，在船返程之前将你的装备打好包。保证点名时在场。观察那些有经验的潜水者，从他们身上多学习。

租船潜水会带来难忘的潜水经历。从各种包租船上学习正确的潜水技术，然后在实际潜水中应用它们。

小船潜水

计划要利用小船进行船潜时，应确保所乘坐的船的安全防护措施齐备，装有所有海滩护卫队要求的装备。船上也必须有急救包。把后援计划（包括潜水地点、折返时间）告知一个人，这样如果潜水者延迟折返可有人来营救他。船上要备好无线电或手机，用来紧急联络。提前查询天气和水域条件，如果在计划潜水的那几天各种条件不佳，就重新规划潜水计划。天气状况差不利于潜水。

小船容易倾斜，翻滚或是被撞到，因此要把装备放置好，并且做好装备可能会被打湿的准备。如果潜水的地方离得不远，应该在岸上把所有装备都穿戴好，这样更容易，也更安全。如果只能在小船上穿戴装备，一定要坐着穿，并且互相协助。入水之前，确保有方法回到船上。已经出现不止一次这样的情况——有潜水者搁浅在船的附近，无法出水登船。只有在潜水时，才会放置一面潜水旗。放置一条拖曳绳和浮漂。

通常从小船入水时，两名潜水者同时坐着后翻进入水里。这种方法可以避免潜水者摇晃船只，导致另一个潜水者措手不及，失去平衡摔到水里。下潜应该沿着锚绳一路向下，确保锚安置好并且无干扰。如果条件允许，船上应留有一名管理人员，如果船只无人看守，突然的天气变化、船锚移动，或是水流运动的改变，都可能在潜水结束时引起严重问题。

潜水结束出水以前，移除你的负重和水肺。如果船上没有人可以接应你的装备，你就把它们挂在船侧的装备绳上，出水登船，再把装备拉上来。

船潜是很好的潜水方式。请准备充分、节约空间、提前计划、学习和遵守规则。多多了解船潜大大增加了船潜的乐趣。潜水者需完成在航海技术和小船管理方面的一堂课程。

总结

水下环境丰富多样，精彩万分。我们依赖水而生存，我们需要学习和了解它，关心和尊重它。我们必须保护水下的环境，鼓励其他我们认识的人一同来努力。由于环境随着地区的变化而各异，潜水者需要在潜水前对相应的地区进行评估。水下环境有危险，就如陆上环境一样。潜水者可以通过训练、经验积累、计划、正确的流程和常识将风险伤害降到最低。

第六章

潜水大发现

经过本章的学习，你将能够做到以下几点：

1. 准备、组装、穿戴、调整、检查和拆卸你的浮潜和水肺潜水装备。

2. 演示 16 个浮潜和水肺潜水的手势信号。

3. 解释如何测试和控制浮力。

4. 解释如何清理面镜、呼吸管和水肺调整器里面的积水。

5. 解释在浮潜和水肺潜水的过程中如何下潜、穿着脚蹼游泳以及上浮。

6. 解释如何掌握、移动以及更换浮潜和水肺潜水装备。

7. 详细描述浮潜和水肺潜水时各种入水和出水技能。

8. 解释如何使用潜水标识。

9. 解释潜伴体系以及遗失潜伴的应急程序。

10. 解释如何在水下使用罗盘导航。

11. 解释如何防止和控制晕船、眩晕、压力、恐慌、体能过度消耗、咳嗽、痉挛、缠绕、失去对浮力的控制、失去空气供应和其他潜水的紧急情况。

12. 解释如何对一名失去意识的潜水者进行救援，以及如何对受伤的潜水者进行急救。

13. 解释以下术语：潜伴体系、自由式踢水、剪刀踢、改良式蛙踢、海豚式踢水、划水、悬浮力、潜水俯卧撑、开阀上浮、有参照物上浮、无参照物上浮、潜伴绳、罗盘航向和共生呼吸。

珊瑚礁，龙涎香岛，伯利兹

潜水技能

潜水需要很多技能，必须经常重复练习这些技能，直到它们变成你身体的本能。当你掌握了这些潜水技能，就可以开始享受你的潜水之旅了，因为此时你就能够将更多的精力放在发现那些有趣的事情上。这一章将介绍浮潜和水肺潜水的基本技能。

在可控的条件下，你可以学到潜水的大部分技能；当你已经练习并巩固好这些基本技能以后，就可以在开放水域应用它们（开放水域是指当地潜水区域内任何适合潜水的水体）。当在开放水域条件下你也能够将这些技能运用自如，就可以领取你的潜水合格证了。

狼鳗鱼，普吉特海湾，华盛顿

浮潜准备工作

这一章会介绍浮潜的技能，而很多浮潜的技能在水肺潜水中也适用。当你在水面游泳并通过呼吸管进行呼吸，那么你就是在使用呼吸管潜水了。而水肺潜水者则通过呼吸管呼吸来保存气瓶里的空气，从而到水下以后可以使用。当你在水面通过呼吸管呼吸，然后再屏住呼吸潜到水面以下，你就是在浮潜了。作为一名潜水者，你需要掌握呼吸管潜水、浮潜和水肺潜水等各方面的技能，以便可以享受水下世界提供的所有乐趣。

准备装备

当你上第一次水中实操课时，要准备充分后再开始上课。提前准备好面镜、呼吸管和脚蹼。对面镜的镜片做彻底的清洁，以防出雾（清洁的程度在本书第四章中有讲解）。调整面镜的带子以保证面镜贴合而不紧绷。将呼吸管固定在面镜的左侧带子上，然后调整呼吸管，找到那个咬在口中最舒服的位置。如果你的脚蹼也有调整带，将带子调整到舒适而不紧绷的状态。在你第一次进水之前做完所有的调整。

通过充气来检查你的浮潜背心或浮力补偿器，确保没有泄漏，然后再将气放掉。穿上装备，再次充气，然后调整带子以保证在水中可以保持位置固定。你可能需要一条可以从两腿中间穿过并连接到漂浮装置的前后两端的带子，当你在水中时，可以保持漂浮装置不会漂动。

潜水教练会根据你的配重腰带建议一个首发负重。利用锁扣一端调整带子的长度，使得另外一端的额外长度不会超过 6 英寸（15 厘米）。在装到带子上的每两块重物之间留出 2 英寸（5 厘米）的间隙。将重量平均分配到腰带的两侧，这样才能在水中保持平衡。通过配重固定装置将负重锁紧。

用名字的首字母来标识你的私人装备，这样你可以认出它们，也可以用特殊的油彩、马克笔（可以在潜水用品店买到）或是彩色胶带来做标识。用装备包将装备打好包，按穿戴顺序打包，将那些最后穿戴的东西放在最下面，比如脚蹼；将先用的东西放在上面，比如防护服。

穿戴和检查浮潜装备

穿戴防护服时，先穿裤子，然后是靴子，再后是上衣。如果你穿的是湿服，先将里面用水打湿，或者在里面穿上一层氨纶防护服，可以使你穿起来更容易。用裤脚盖住靴口，这样当你出水时，可以防止水进入靴子里面。如果靴子在裤子外面，当你出水时，防护服上流下来的水会灌满你的靴子。如果你在穿防护服时发现自己变暖和了，在进行准备工作以前给自己降温。在开放水域潜水，在穿湿服以前，先在里面穿一层冷水罩衫。

穿上防护服之后，放置好潜水面镜时，应该先对潜水面镜进行清洁和除雾（请参考第四章的清洁步骤）。在面镜内留大约 1/2 英寸（1.27 厘米）的水，以便于你下次使用时不会变得干燥。需将面镜妥善放置，防止受损。

接下来，应该穿浮潜背心或是浮力调整器。从头部套上背心，然后拉紧带子。将背心完全充气，保证背心不会太紧。用右手抓住配重腰带没有扣绊的一端，用左手抓住扣绊的一端，拿起腰带，扣进腰带里面，将腰带抬起，在背后将腰带拉到合适的位置上，然后前倾以负担起腰带的重量。随后将腰带拉紧，确保迅速释放装置。即使你是左撇子，也要始终装备用右手释放的负重带，这样当有紧急情况出现时，救援人员知道如何解除你的负重带。如果在穿戴负重带的时候你能一直保证用右手握住没有扣绊的一端，那么你就能保证你是用右手来进行迅速释放的。

等到了水边或是到了水里，再将剩下的浮潜装备一一穿戴完成，如面镜、呼吸管和脚蹼等。将面镜放在额头上，用两手同时向头后拉动面镜的带子来调整带子的位置。将面镜挪到脸上，将面镜密封处的头发清理干净。再次调整面镜的位置以保证它能完全贴合。如果面镜的带子是两截式的，将连接处抬高放置在头顶的下方。佩戴面镜的同时装备呼吸管。穿戴好面镜之后，确认、调整呼吸管。

在穿戴脚蹼的时候，给自己找个支撑以保持平衡、不会跌倒。扶着你的潜伴（参考本章稍后讲到的同伴潜水）或是什么物体，或者在水边坐下。握住一只脚蹼的一端，把腿弯成4字姿势，将脚蹼套到脚上，将带子或脚踝部分拉到位（见图6.1）。用同样的方式穿上另外一只脚蹼。避免穿着脚蹼走路。如果你不得不穿着脚蹼走几步，可拖着脚倒退着走。如果你正着走，会失去平衡或是伤到脚蹼。

穿戴好每一件装备时，你都应当检查它的完整性、是否处在正确的位置，并进行调整。当你满意自己的装备状态时，与你的潜伴交换检查彼此的装备。从头到脚仔细检查。你也许会发现一些你的潜伴没有注意到的事情，反之亦然。

图 6.1

穿脚蹼

浮潜技能

潜水技能可以分为三类：浮潜技能、水肺潜水技能和问题解决技能。本节将介绍浮潜技能。

使用浮潜手势信号

当你口中咬着呼吸管、脸处在水里时，你是没有办法说话的，所以你一定要使用手势作为沟通的主要手段。你需要学习和使用如图 6.2 所示的标准手势信号。在学习水肺潜水的时候，你会学习到更多的手势。当你发出信号时，要确保手势清楚准确，并且对所有你收到的手势信号进行确认。

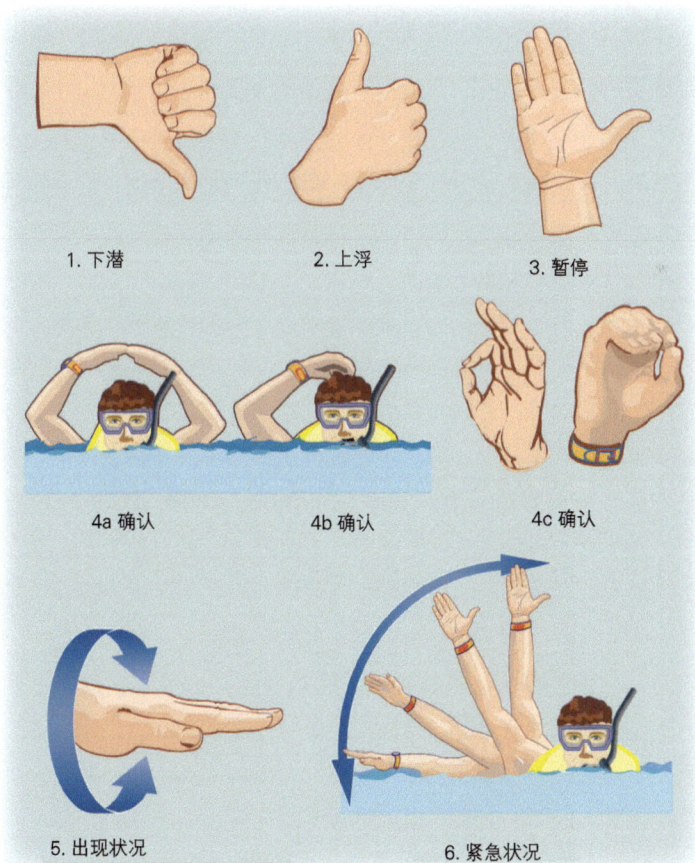

1. 下潜　　2. 上浮　　3. 暂停

4a 确认　　4b 确认　　4c 确认

5. 出现状况　　6. 紧急状况

图 6.2

浮潜手势信号

153

使用浮潜背心

给浮潜背心充气和放气是你潜水准备的一部分。同时，你也需要学习如何在水中给背心充气和放气。要给背心放气时，调整你身体的位置，使出气口位于最高点。捏住出气口，然后继续下潜到低一点的位置。水压会将背心里的空气压出。可能需要捏住领子的下部将那个位置的空气排出。当你已经将背心里的空气完全排出时，关上阀门以防止进水。请你的潜伴帮忙确认背心里的空气已经全部排出。

在水里，当你的头在水面以下时，比在水面以上更容易给背心充气。深吸一口气，将你的脸埋到水面以下，把吹气管放到口中，打开阀门，向背心里面吹气，然后关上阀门。重复上面流程，直到达到你想要的浮力。

测试浮力

当你处于水体表层时，你的浮力应该处于中性悬浮的状态。如果浮力过大，你就得花费力气才能保证自己处于水面以下；但是如果你的浮力不足，当你在水下游泳时很快就会感到累，并且往下沉。你必须能够正确地调整你的浮力。

如果你穿着防护服，你需要额外的负重抵消掉防护服的浮力。将所有的装备装配到位，站在齐胸深的水中，将浮潜背心里的空气完全释放掉，然后深吸一口气，屏住呼吸，之后将双脚抬离底部，保持不动，慢慢从一数到十。如果你往下沉，就卸掉一部分负重再次尝试。如果你已经呼出肺里一半的空气，但是仍然不能把身体完全浸入水里，你需要增加一些负重，直到可以完全浸入。如果你负重得当，当你在浅层水域时，如果你完全吸气后屏住呼吸，你可以悬浮在水里，然后当你吐气时，你就会开始下沉。调整你的负重直到你能获得一个悬浮力，也就是说当你正常屏住呼吸的时候，你既不上浮，也不下沉。当你做最后的检查时，请你的潜伴帮你观察确认。当你的肺里存留着一半空气的时候，即使你在垂直方向保持不动，你的头顶也可以与水面齐平。

清理面镜

当你将头伸出水面时，从底部将面镜从脸上拉开，面镜里面的水会流出来。在水下，如果用空气置换水的话，面镜里的水同样也会从面镜底部流走。将空气导入面镜里面很简单：你只需要轻轻地通过鼻子呼气。一个长长的轻缓的吐气效果比急促而有力的吐气要好，因为吐气的力量如果太强会将空气从密封处吹走，排水效果反而不显著。

如果要清理一个带有排气阀的面镜，要将面镜贴面密封戴好，把头低下使得排气阀低于面镜的最低处，然后用鼻子呼气，直到水完全排出。如果要清理不带排气阀的面镜，拿住面镜的顶端抵住额头，吸一口气，然后慢慢呼气（见图 6.3）。当面镜里的水低于你的眼睛时，一边呼气一边将头向后仰，剩下的水就会通过面镜底部流出。当你将头往后仰的时候，一定要呼气，否则水就会流入你的鼻子里。当面镜底部冒出气泡的时候，你就知道你已经将面镜里的水完全排出了。虽然听上去需要花费很长时间和很多空气才能将面镜清理干净，但是经过练习以后，一次吸气就可以完成几次面镜清理，清理过程只需几秒钟。

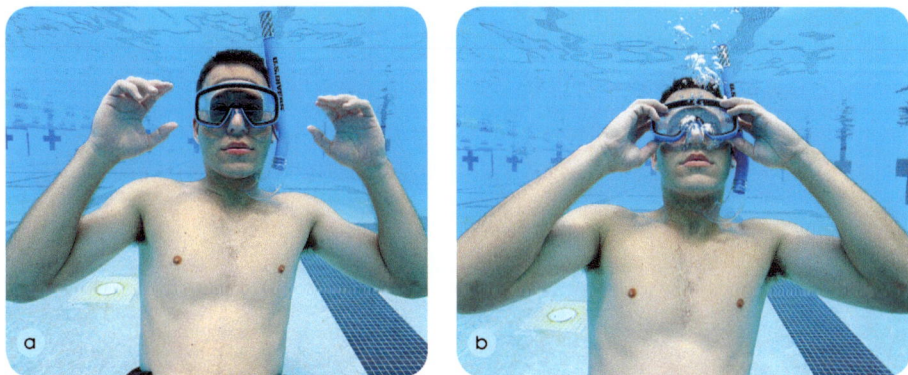

使用呼吸管

口中含上呼吸管，站在水中，身体前倾。将你的脸置于水中，轻柔地吸气。如果你一开始就特别用力吸气，可能会吸进水。当你确认管子里面很干净时，你就可以通过呼吸管稍微用力一点呼吸。当你潜到水面以下时，管子里面有可能会灌进水。当你浮到水面上时，带有自排水功能的呼吸管基本上可以通过管子将里面的水全部排净。

图 6.3

清理面镜

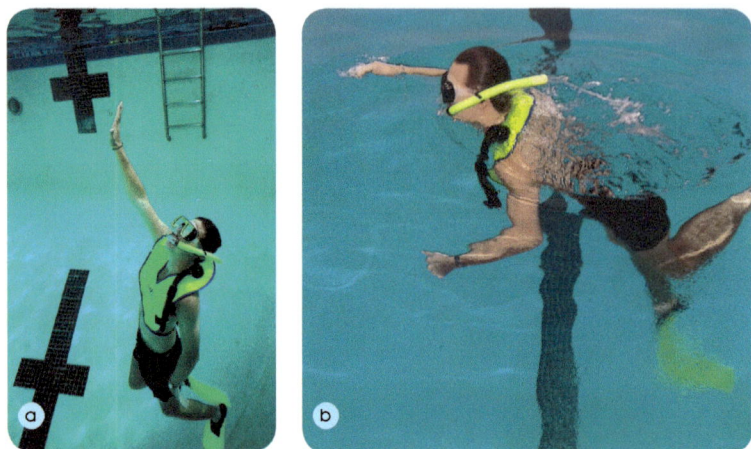

图 6.4

以气排水清理
呼吸管

如果你的呼吸管不带自排水功能，你就必须通过快速猛烈的呼气将水从管子里吹出去。为了达到目的，你要用力地往管子里面吹气，将水逼出来。呼气之后要谨慎地吸气。

如果呼吸管里还残留了一点水，温柔地吸气会让你避开水而只吸入空气。当你将肺部充满空气之后，再一次用力呼气，将残余的水排出。

如果你的呼吸管特别简单，没有阀门，你可以在上浮的时候通过以气排水的方式来清理。首先抬头向上看，将呼吸管倒转，然后将少量空气吹入管内。随着你慢慢上浮，空气遵循玻意耳定律而膨胀，将水挤压出管子，在你到达水面时，水会被完全排出。不过，此时管子处于上下颠倒的状态，所以当你把它调转回来时，你要把头向前转，同时呼气，否则水会再次流入管子里。以气排水的方式比把水吹走的方式要简单，你可以在到达水面的瞬间吸气。图 6.4 展示了以气排水的清理方式。

学习在水中如何将呼吸管保持在口中。避免将呼吸管从嘴里拿出来、把水甩出的冲动。当你可以熟练地清理你的呼吸管时，你不必将咬嘴拿下来。当你的手被占用了，你就不能移动和替换清理呼吸管了。

使用脚蹼

脚蹼大大增加了你可以用来推水部分的表面积，使用你腿上的强壮肌肉获得强大的推力。脚蹼的叶片需要以扫帚清扫地面的方式来推水。如果你上下挥舞扫帚，就起不到扫地的作用。同样，在水里如果你纵向移动脚蹼，它们也无法提供推进力。你必须在横向上用扫地一样的方式来来回回地踢动脚蹼。小脚蹼可以允许你短而快地踢水，但是大的脚蹼就需要幅度更大、更慢地踢水。有效果地移动，而不是快速地移动，才是你使用脚蹼的目标。

最常见的脚蹼踢水方式是自由式踢水。自由式踢水是一种上下踢水的方式，你可以面朝上、面朝下或是朝向侧面。脚蹼需要处在水面以下才能提供推进力。比起面朝下，面朝上或是朝向侧面的方式更容易保持脚蹼处于被淹没的状态。微微弯曲你的膝盖，从臀部开始上下摆动你的腿部。每一次踢水都尽量将腿打开到最大，缓缓地大幅度踢水。手保持在身体的两侧或是向前伸，不要用手或胳膊去划水游泳。图6.5展示的就是自由式踢水。

图6.6展示的是剪刀式踢水。剪刀式踢水实际上是一种休息式踢水。剪刀式踢水与自由式踢水比较类似，但是消耗的能量更少。身体朝向一边，将一条腿缓缓地向前踢，同时另一条腿向后踢，然后迅速将两腿并拢。当你划水而过时，绷直脚尖，身体呈一条直线。当移动快要停止时，重复踢水动作；踢水的过程中两腿尽量打开。

改良蛙式踢水非常有用的原因在于，与剪刀式和自由式相比，它用到了不同部位的肌肉。如果你在踢水过程中感到疲惫或是腿部开始

图 6.5

自由式踢水

图 6.6

剪刀式踢水

图 6.7

改良蛙式踢水

有抽筋的迹象，改变踢水方式有助于缓解症状。改良蛙式踢水与蛙泳并不一样，想象一个脸朝下、脚蹼垂直于水底的状态，转动脚踝将鞋片向外指，然后画出一道大幅度的、清扫式弧线，迅速将叶片底部拉到一起。踢水过程中两腿尽量打开，整个动作完成后滑水时，你应该呈两脚并拢、脚尖绷直的状态（见图 6.7）。当移动快要停止时，重复以上踢水动作。

海豚式踢水在你想要改变频率或是遗失了一只脚蹼的情况下也十分有效。保持两腿并拢，通过身体如波浪一样上下移动将力作用于水上。最开始时，将身体伸直，两脚并拢，肩向前弯曲，脚微微向后拉动。接下来将肩膀抬起，用臀部用力向前推，然后脚蹼向下拉动。当你看到演示动作时，你就能通过模仿学会怎样做。如果你遗失了一只脚蹼，你就可以通过海豚式来推进自己。两腿交叉，把没有脚蹼的腿放在有脚蹼的腿下面。图 6.8 展示了海豚式踢水。

图 6.8

海豚式踢水

进行水面下潜

你需要潜到水体表层以下才能欣赏到美丽的水底世界。首先你要离开水面开始下潜，这个过程就是水面下潜。水面下潜的原则很简单：将身体的一部分抬到水面以上，然后直扎下去；水面上那部分身体的重量将你向下拉动。当你完全浸入水中时，你开始游泳以继续下潜。

有三种类型的水面下潜方式：镰刀式、团身式和脚部入水式（见图 6.9）。镰刀式是指你在水面移动的过程中，将腰部向前弯曲，使得你的躯体与水面垂直；然后迅速将腿举起伸出水面，也呈垂直姿势。你的腿举得越高，你的水面下潜越深。在较浅的水域，你可以只抬一条腿来完成镰刀式下潜。

当你掌握了镰刀式下潜方式，你基本上也准备好做团身式下潜了，因为两者很类似。团身式下潜开始时，你处于静止状态，在

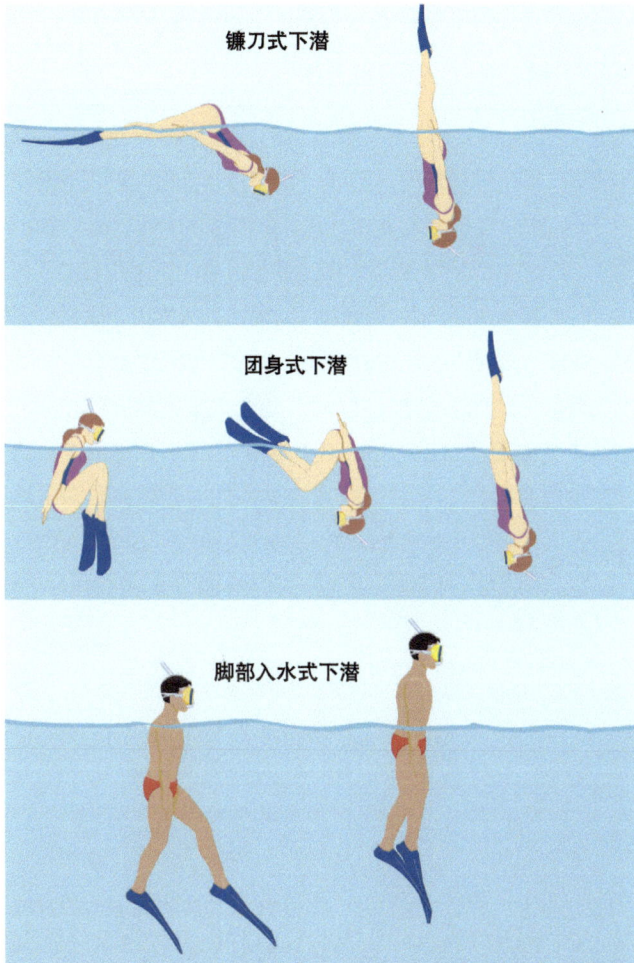

镰刀式下潜

团身式下潜

脚部入水式下潜

图 6.9

水面下潜

水中呈"头上脚下"的姿势；将膝盖贴近胸膛，然后两手向后扫动，使得身体向前翻滚。当你倒下去的时候，尽量伸展自己呈垂直状态。基本程序就是一串互相配合的动作，使得你的腿伸出水面。当你伸直了你的腿以后，剩下的动作就与镰刀式一样了。

　　在那些表面浮游植物生长茂盛的地区，你应当选择脚部入水式下潜方式，因为这样可以减少你被绞住的可能性。开始时，你处于静止状态，头上脚下，通过一个剪刀式踢水将身体尽可能地推出水面。在身体两侧向下拉动胳膊，以增加提升。当身体达到最高点时，将脚尖向下绷直，双臂收紧在身体两侧。你身体的重量会将你拉到水面以下。当下沉接近停止时，再做一个团身式，然后继续下潜。

进行下潜、水下游泳和上浮

准备下潜时，将你的漂浮装置里的空气全部排净。在水面处，进行本书第三章中讲授的清耳动作，这样当你下潜时就很容易平衡耳压。深呼吸三次，尽可能地吸气，并且在你返回水面以前不要吐气。

用一个好的水面下潜来开始你的整个下潜。下潜过程中，每下潜几英尺，就平衡一次耳压和面镜压力。通过大幅度的、缓慢但是有力的踢水，将自己送到你想到达的深度，然后尽可能地放松。

水下游泳听上去很简单，但是有些人很难控制方向。你的头就是你的舵。当你面朝下游泳时，将头向后仰可以带你向上，将头向前弯就带你的身体向下走。通过将身体向左右倾斜来转身。经过练习以后，你可以不用手的帮助，向任何你想要移动的方向游泳。

图 6.10

上浮时，伸展你的胳膊以起到保护作用

上浮时，要遵守以下四点原则：

1. 往上够，将手伸过头顶以起到保护作用（见图6.10）。

2. 当接近水面时，向上看以避免障碍物和进行确认。

3. 慢慢上浮。慢慢上浮比快速上浮要好，因为游泳的速度越快，消耗的氧气越多。

4. 上浮过程中四周环绕一到两次，以确认周围环境。

与你的潜伴交替进行闭气式潜水。当一名潜水者在水下时，另外一名须待在水面上，随时观察情况。确保在任何时候你的同伴都知道你在哪里。

处理装备

在潜水时，你可能需要在水里移除、调整和更换浮潜装备。经过训练和练习后，你将可以轻松处理你的装备。

为了移除、调整和更换你的面镜，首先要给浮潜背心充气，因为你将在水面上进行调整，应该借助浮力来省些力气。调整之后，按照本章前面所述穿戴面镜的过程更换你的面镜。

在潜水中你可能需要调整你的脚蹼的带子或移除脚蹼中的沙砾。脚蹼的脱卸、调整和更换比面镜容易得多。你不需要尽可能多的浮力作用于你的脚蹼上才能做这件事，因为你可以看着水中，直接在水下进行调整。事实上，如果你的浮潜背心里有太多的空气反而是件麻烦事。保持你的脸在水中，通过呼吸管呼吸，一次只蹬一只脚蹼。

你可能需要收紧、调整或更换你的负重带。负重物有可能滑动，或者负重带也可能脱落。为了收紧或更换你的负重带，在保持脸朝下通过呼吸管呼吸的同时，你需要将负重带横穿过背部。如果你试着脸朝上时更换或收紧负重带，你就需要持续与重力对抗。只有当你正确地脸朝下调整带子时，重力才会助你一臂之力。为了将负重带转到横穿你的背部的位置，首先，将自己调整到头朝上脚朝下的直立位置，抓住右腿外侧的负重带没有扣绊的一端，然后向后仰到脸朝上的水平位置，之后向左侧翻转至脸朝下。整个过程中，要一直抓住右腿处的负重带没有扣绊的一端。此时，负重带应横穿过大腿的后侧。清理你的呼吸管，以确保你呼吸顺畅。然后，在用右手抓住负重带的同时，用左手向下抓住带扣绊的一端，将负重带拉到横穿背部的位置，扣好安全扣。

移除装备

你的装备可以帮助你适应水下环境。要培养在潜水过程中保持装备就位的习惯。你可能需要给面镜除雾或调整面镜，但除此之外，你应该时刻保持你的装备的状态。当你在水面时，避免将面镜推向前额。面镜支在脸上是危险的标志，也是一个失去你的面镜和呼吸管的"好"方法。如果你必须在水下移除你的面镜，把它拉到你的脖子上会更保险一些。

潜水地点的水底条件决定了在离开水面时你是否应该移除你的脚蹼。在一些地区，你可以在齐腰深的水中移除脚蹼，涉水走出水面。在另外一些地区，在你完全离开水之前，都需要穿着脚蹼。脱脚蹼的方法有好几种。当你准备沿梯子爬上一艘船的船舷，要牢牢扶住梯子，将双腿交叉呈 4 字形来一只只地脱掉脚蹼。如果船的尾部有一个平台，可游到台边并以跪姿脱掉脚蹼。当你在齐腰深的水中或在陆地上脱脚蹼时，你应该请求朋友的帮助。当岸边很陡峭时，你可以选择从水中爬出来，这样你的同伴可以在你的双手和膝盖着地时移除你的脚蹼；然后他再爬到你的前面，由你移除他的脚蹼。当你站起来时，再把脚蹼交还给对方。

移除负重带的方法有很多。当你可以走出或爬出水面时，不要解开负重带。当你移除负重带时，要轻柔地将它放下而不是让它自然坠落。如果习惯让负重带自然坠落，会造成破坏或伤害。如果你必须将自己拽回码头或是船上，先把你的负重带移除并递过去。

在你完全出水以前，确保你始终正确穿戴着浮潜背心。要脱时，先脱下浮潜背心，然后脱下你的湿服。把湿服从里面翻过来脱下。一定要在脱湿服之前脱掉你的靴子。要脱套头式或连身式防护服时，你得让同伴帮你一把。

水肺潜水准备工作

几乎所有的浮潜技能在水肺潜水中都会用到，但是为了进行水肺潜水，你需要学习更多的技能。本节介绍水肺潜水的预备技能；下一小节将介绍基本的技能和潜水之后的技能。通过研究这些技能，你将更加熟练地掌握它们，并能更好地运用它们。你必须从一开始就正确地学习这些技能，以养成良好的习惯，保障潜水的安全。

打包装备

没有什么比准备开始潜水时发现有些东西没带或拿错了更不方便的了。你应该采取措施来防止因为装备问题而带来的不便。当你开始打包潜水装备时，要通过使用清单以确保你携带了所有你需要的潜水装备（详见本书第四章的"潜水装备清单"）。清点后，在打包的同时检查你的装备。如果你有段时间没有使用装备，那就先把它组装好测试一下，确保一切运行正常。

用装备包来打包你所用的装备——除了负重带、潜水气瓶和浮力调整器。当你不得不搬运装备时，可将浮力调整器放在气瓶上，然后将气瓶背起。一手提着你的潜水装备包，另一手拿着你的负重带。带滑轮的装备运输设施可以减少你搬运潜水装备的工作量（见图6.11）。

图 6.11

带滑轮的潜水装备包可以使运输装备更加轻松

组装装备

如今的双肩包已经是浮力调整器的一部分了，通常有一条或多条带子来固定潜水气瓶。很多带子由遇水伸展的网状物织成。在用带子缠绕潜水气瓶前，将带子放在水中浸泡几分钟。这个浸泡过程可以使网状的织物软化，当你收紧带子时延展性会更好。用干燥的纤维织物捆扎，气瓶可能由于带子变湿伸展而滑落。气瓶从背包上滑落可能酿成一场灾难。

首先将气瓶的开罐阀正对着你的双肩背包。立起气瓶，并让开罐阀朝向你的右侧。当气瓶在你和双肩背包之间时，把气瓶的固定带向下滑过气瓶，再将带子收紧，使开罐阀正对着背包（见图6.12）。

气瓶固定带绑在气瓶上的高度位置因双肩背包的种类而不同。一般来说，背包顶部与气瓶阀门的底部齐平。在你背上背包之后、背上调整器之前，调整水肺气瓶，然后通过慢慢向后仰头来检查高

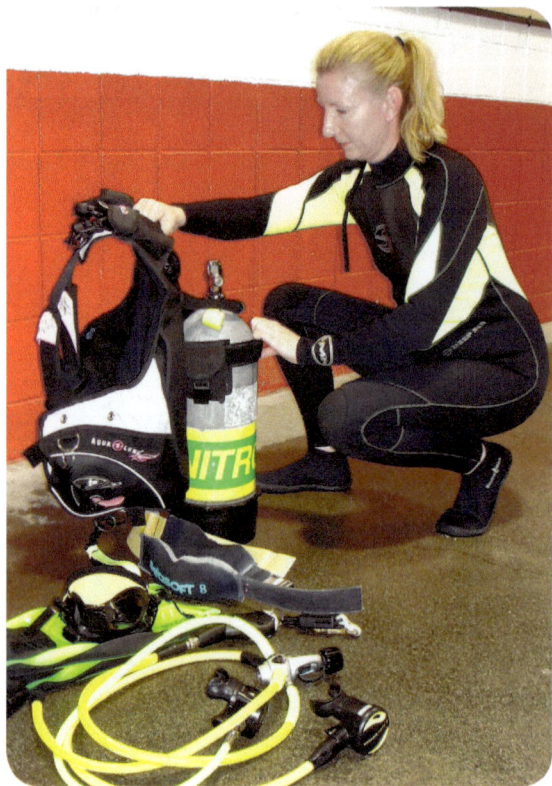

图 6.12

将背包固定
到气瓶上

度。如果你的头撞到罐阀，那么背包中的气瓶位置则太高。试着越过肩膀去触碰罐阀，如果你不能够到，表明背包中的气瓶位置太低。根据需要自行调整高度。当你熟悉了正确的高度调整位置，你不需要在完成水肺装置的组装前对它进行测试，但是你仍然应该在入水前对它进行检查。

在将带子固定前尽力把带子收紧，然后通过用一只手抓住罐阀、另一只手抓住包的顶端来测试松紧程度。试着上下移动固定在气瓶上的包。如果移动了，说明带子需要再收紧一些。

将调整器安装到潜水气瓶上。气瓶的阀门处应该有一个阀门保护器或一块胶带覆盖在阀门打开处。将覆盖物或胶带揭开（但不要随意丢弃，将其放置在摄影包的垃圾收容器内）。确保 O 形环在原位且未破损。调松叉臂螺钉，卸下防尘罩。如果你的水肺调整器二级头有净化减压装置，释放净化装备。将水肺调整器安装到气瓶上之前，暂时轻轻地将气瓶罐阀调至打开的位置，清除上面的水或灰尘。

你的水肺调整器有几个软管。将连接二级头的软管和气瓶阀门的开关同时朝向气瓶的同侧，以便软管可以绕过你的右肩。你这样连接软管的话，只要其他的软管未被缠绕打结并能够自由悬挂，其他软管就可以自动地正确摆放。

小心地将呼吸调整器的导入开关放置在气瓶的罐阀出口处，然后把叉臂螺丝或 DIN 配件拧上，保持固定但不用太紧。只使用你的手指和拇指来拧紧装备。图 6.13 为调整器附件的一个例子。

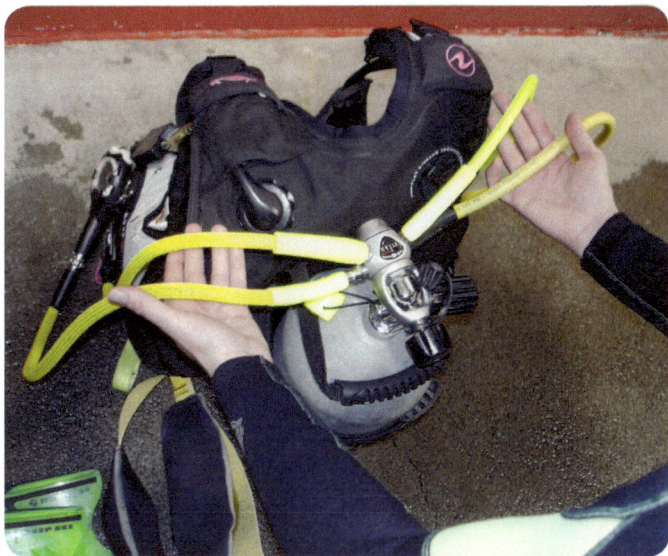

图 6.13

如果气瓶连接
正确，你的呼
吸调整器和软
管应如图所示

　　把水肺控制器的各种软管接到潜水装备上。在给软管加压前，
更容易把低压软管接到浮力调整器上。将仪表控制台接到浮力调整
器上，但暂时不要连接你的辅助二级头。

　　打开空气供给。抓住压力表，不要将它的前端朝向任何人，避
免由于加压失败而造成伤害。压力表防爆塞是预防爆炸突然发生的
好方法，但手持测量表也是一个好的预防措施。沿逆时针方向缓慢
打开气瓶罐阀。沿用这个方法打开阀门，然后关上大约四分之一。
你应该可以感觉到软管在随压力的增加而变硬。仔细辨认系统中漏
气的声音。如果水肺控制器有漏气，用你的大拇指盖住打开的管口
来阻止漏气。如果空气罐阀密封泄漏，关掉空气，移除水肺控制器，
并且检查密封。你可能需要更换 O 形环。在使用潜水装备之前应该
解决所有的泄漏问题。

　　最后一步是测试潜水装备。用你的压力表来确保气瓶是满的。
根据需要，通过控制台重置装备。在观察压力表的同时，短暂地按
下清理阀，对二级头进行测试并保证没有任何碎片残渣。 然后通过
每个二级头深呼吸几次。当你通过水肺调整器进行呼吸时，气瓶的
压力读数应该保持不变。如果当你吸气时压力读数持续下降，说明
你没有充分地打开罐阀。不要只打开一部分阀门来检查气罐的压力。

当你已经完成了水肺调整器的检查，将辅助二级头接到浮力调整器上。把浮力调整器上的低压充气阀门调低一两秒，以确保阀门正常发挥作用。当你完成这套装置的装配和测试，把它放在一边，将水肺调整器和仪表放在上面。

无论是对于新手还是有经验的潜水者而言，潜水装备的组装流程都是相同的。永远在穿上防护服之前组装和测试你的潜水装备。练习可以帮助你回忆起组装的过程。

穿上和检查水肺潜水装备

面对潜水装备，应当先穿浮潜背心，再装配负重带。但如果你用的是外套式浮力调整器，应该在穿潜水防护服前配上负重带。

在入水前穿防护服的一个好办法是让你的同伴拿住整套装备，

同伴间从头到脚地互相检查

✓ 面具　　　　　　佩戴正确，紧贴面部，边缘未压住头发，没有起雾

✓ 潜水管　　　　　装在面具的左侧

✓ 潜水气瓶　　　　阀门全部打开后回旋四分之一，阀门朝向使用者的右侧，高度适宜，背包贴身、舒适

✓ 潜水表　　　　　全压力，无损坏或泄漏

✓ 水肺调整器　　　主要和备用的气源功能正常，同伴之间互相知晓备用空气系统的位置，调整器的软管恰当摆放且未使用。

✓ 浮力补偿器　　　充气放气功能正常

✓ 负重系统　　　　位置正确，重量适宜，右手快速卸载可用，减重预备完全，同伴之间熟悉重量释放系统

✓ 防寒衣　　　　　穿着到位、拉链拉好

✓ 潜水刀具　　　　转配合宜，容易取用，锁定

✓ 脚蹼　　　　　　固定安全或穿着到位

✓ 仪器　　　　　　手表、潜水计时器或潜水计算机准备妥当

并帮助你进入它里面。你的手臂穿过肩带以后，身体向前弯曲并平衡你后背的部分，扣上腰带。当你系腰带时，将水肺调整器的软管放在肩膀上，避免软管被腰带卡住。有些提供船潜服务的船上的座椅安装了垂直槽架，允许你坐着穿戴装备。不要坐在甲板上或地面上整理潜水气瓶，否则，其他潜水者的气瓶可能打到你的头。

有些潜水者喜欢在水中完成潜水装备的装置——这是一种很好的方式，尤其是如果你乘坐的潜水船很小，或是你背后有点儿小问题的时候。首先把水肺装置放到水里，确保它不漂走，像穿一件大衣一样在水中穿上浮力调整器。将浮力调整器完全充满，坐在上面，把你的手臂穿过袖孔，继续下滑，进入装备里面。也可以把你的潜水装置放在你的头顶上方，临时将你面前的气瓶的阀门朝向你并且背包向下。把呼吸调整器含在口中，保持主二级头的软管在你的手臂之间（如果你把右手臂放在软管线圈内，当你试着将气瓶举过头顶时，软管将环绕你的手臂）。把你的前臂完全通过袖孔，软管刚好在你的肘部，然后将水肺举过你的头。你应该在水下把自己推进到一个更低的位置，完全处于水肺装置的下面，而不是提高水肺装置的位置。将气瓶缓缓放到背后合适的位置。在这个过程中，用左手把呼吸管从浮力调整器中拉出。当气瓶到位后，前倾身体收紧腰带。

当装备好整套水肺系统和其余的潜水装备后，检查所有的装备，以确保位置正确、经过了调整，而且功能运行正常。你的潜伴也应如此。然后互相检查对方的装备。

做一个从头到脚的互助检查。具体检查的每一项在接下来的一节中列出。

检查装备是很重要的。入水前解决问题比入水后更容易。检查对方的装备不会花很多时间，但是这种做法可以节省大量时间。要养成潜水前互相检查的习惯。

水肺潜水的基本技能

为了成为一名水肺潜水者并在承受最小伤害风险的情况下享受潜水，你需要学习正确的入水和出水程序、控制好你的浮力、在水中下潜和上浮、随时监察仪表数据、和潜伴共同协作。本节提供了对于这些技能的实用介绍，但你必须通过实践来学习和掌握。你将在控制水域学习这些技能，然后在开放水域实践这些技能的使用。

入水技巧

常用的入水姿势有四种：涉水越入水、坐姿入水、足下入水和背滚式入水。你需要学习什么时候使用何种类型以及每种类型各自的程序。任何一种入水方式的目标都是在不伤害自己或失去任何装备的前提下尽可能轻松地进入水中。在你入水后情况正常时，如果你要游泳或是待在水的表层，用呼吸管替代水肺控制器。

你可以从岸上或船上的开放水域入水。你可以从岸边猛扎入水，或者你可以通过一个类似船坞、岸墩或码头的人工建筑入水。这些入水点的条件差异很大，所以相应的入水技巧差异也很大。在某些地方，海浪可能是要考虑的一个因素。水底的条件从底部光滑柔软到粗糙坚硬都有可能。底部可能逐渐倾斜或迅速陡峭，而且可能有坑洞和断层。入水区域可能出现植物、动物和岩石。适合一个区域的良好的入水技巧可能对另外的区域并不适用。这需要经验和对该区域的认识来决定有效的入水流程。

当在一个开放水域的地点涉水时你需要知道一些基本技能。涉水入水听起来很简单，但是要记住，潜水装备会影响你的重心、移动性和周边视觉。当穿着脚蹼时你必须倒着走或横着走。

如果入水的地点海浪很小或近乎没有，你可以先涉水入水，在水里穿好脚蹼，然后开始潜水。通过水肺调整器进行呼吸并对浮力调整器进行部分充气。交替移动脚掌来探知水底的坑洞和岩石，并驱赶生活在海底的生物。当水到达大腿的高度时，在水中俯卧，开始游泳（见图 6.14）。当某些水底为淤泥时，你不应该涉水进入，因为你可能深深地陷入泥里，而当你试图挣脱出来时，可能挣掉了脚蹼。当水底坚硬而水面平静时，你可以不穿脚蹼涉水进入，并在水中装备好脚蹼。对潜水地点水底状况的了解是非常有帮助的。

在大多数有海浪的地区，你应该在进水之前穿戴好脚蹼，并且在潜水后直到你彻底离开水面时再脱下它们。计算你的入水时机，

图 6.14

当浪花迎面扑来
时，侧身移动，
保持膝盖弯曲，
抓住你的面镜，
前倾进入水里
（感谢弗雷德·汉弗莱
供图）

与小浪相吻合（详见本书第五章关于海浪和洋流的讨论）。确保所有的装备到位，并通过水肺调整器呼吸。将浮力调整器里的气放掉，因为你需要在浪花高于你腰部的时候伏在浪花的间隔中。如果你的浮力调整器处于充气状态，你将无法躲在波浪之下，一个大波浪能把你抬起并抛出去。始终用一只手保持住你的面镜；在面镜顶部五指分开，然后弯曲手指，这样你就能看到景物。保持膝盖弯曲并侧身移动进浪中，将身体受到水流的冲击降到最小（见图6.14）。在浪花即将打来时停止动作，让波浪通过，然后你再继续移动，直到水深足够你游泳。让浪花从你的上方经过，迅速地穿过浪区。

从商业潜水船下水，你可以从船的侧面进入水或者从船后方的和水面齐平的平台入水。确保所有装备都装配到位，通过你的水肺调整器呼吸，牢牢地抓住你的面镜。对于一些特殊的装备比如相机，请人在你进入水中后再递给你，另一个选择是通过一条装备绳来取得这些物品。当你从侧面进入水里时，标记下船运动的方向。即使船已下锚，风也可能会导致船从一侧向另外一侧摇摆。如果你在船摇摆方向的一侧入水，那么当你入水后，船可能会越过你。

不论水深如何，你都可以从码头、船上的游泳跳台或者其他任何你可以坐下接近水面的地方，通过坐式入水方式可控地安全入水。确保所有的装备到位，转身坐下，把你的双手放在你身体一侧的地

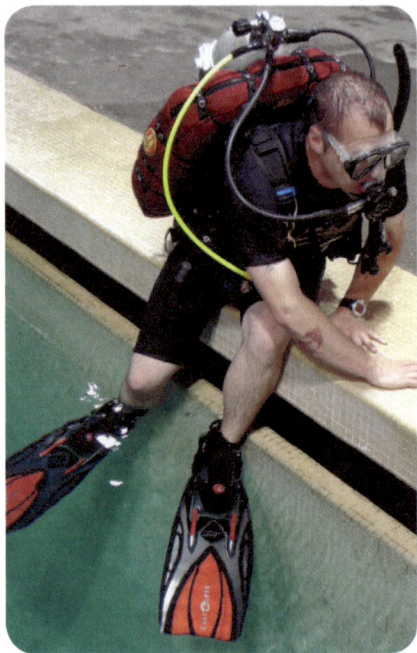

图 6.15

以坐姿入水

面上。然后轻轻地把自己向上提，使你的身体移出水面，随即把自己投入水中。可控的坐姿入水是一个简单、轻松的入水方式（见图6.15）。

当你离水面的距离过远而不适合使用坐式入水的话，则采用脚先入水的方式，例如从租赁的船上入水。脚先入水的方式主要有两种：大步跨越式和双脚并拢式。

当你与水面的距离为3~5英尺（1~1.5米）并且你想在入水过程中保持在水面上时，你可以使用大步跨越入水方式（见图6.16）。站在入水处，确保你的装备都已到位，并将你的浮力调整器部分充气。观察入水点，并确保对该地区的情况清楚明了。一只手使劲扶着你的面具，把手指分开，这样你就可以看到景物。直视前方，迈出一条腿。入水的时候是迈开步，而不是双脚跳或单脚跳。如果你将一条腿尽可能地前伸，另一条腿会自动跟上。直到你接触水面前，保持一条腿向前伸展、另一条腿向后伸展的姿势，然后在触到水的瞬间迅速把你的双腿并拢来阻止你下沉的势头。一旦你在表面稳定下来，你可以转身给岸上一个信号表示你可以了，然后离开入水点一段距离，以便下一个潜水者可以入水。

图 6.16

大步跨越入水

当与水面之间的距离过高时，为了避免大跨步

170

入水会造成的不利影响，你可以使用双脚并拢式入水。这个过程和大步入水的程序是一样的，只不过在你迈步离开入水点之后，在接触水面之前就并拢双腿。双脚并拢入水直到淹没在水下。在你回到水表层并稳定下来后，发信号给下一个潜水者，并且远离入口区域。

倒卷入水可以从坐姿或是蹲姿开始。坐姿倒卷入水多应用于从一个比较低的、不稳定的平台（如小船）处入水。当距离水面太高，不能使用常规的坐姿入水，而入水处的站台太不稳定无法站立时，就要采用背滚式入水。进行坐姿倒卷入水，首先要确保所有的装备到位，然后背朝水面坐下。把你的屁股移到你坐的位置的边缘。请其他人帮你确保入水区域没有干扰物。用一只手握住你的面镜，另一只手抓住面镜带。如果你没有抓住面镜带，水的力量可以把它冲起来滑过头顶，面镜可能脱落。身体后倾，开始准备入水。当你倒卷时，保持膝盖靠近你的胸部；如果不这样做，你可能会被入水位置的边缘磕到脚后跟（见图6.17）。采用这种方式，你很有可能在水里会做一个后空翻，失去方向；当你再卷回水面时，可以重新定位和调整自己。

蹲姿倒卷入水则适用于那些不适合坐下来的平面。单薄而摇晃的小船就是一个很好的例子。进行蹲姿倒卷入水时，要在接近入水处的可以稳定坐下的区域迅速调整好自己的装备，确保入水区域无干扰物，然后半蹲着，转身背朝入水区域，自然地朝水中坐下。为了防止脚被绊住，要将膝盖贴近胸膛（见图6.18）。

图 6.17

入水时如果将腿打开，有可能使脚后跟磕到船上。需将膝盖弯曲在胸前

171

图 6.18

蹲姿倒卷入水

装配好水肺的条件下的水面浮潜

为了节省气瓶中的空气，你可以使用呼吸管在水表层游泳。这种程序通常应用在那些需要从岸边游出一段距离才能到达潜水点的情况。如果你在水面游泳时就使用气瓶内的空气，那就会大大减少你可以待在水下的时间。当你在装配好水肺的条件下使用呼吸管游泳，你只需将你的浮力调整器部分充气。如果浮力调整器充气过满，再加上水肺气瓶的重量一起作用，可能导致你在脸朝下游泳的时候侧翻过去。所以，最好是采取仰泳或侧身游泳的方式，这两种姿势与脸朝下的姿势相比，踢水的范围可以更广，而且气瓶的重量并不会是一个决定因素。与你的潜伴并排游泳，不要在他的前面或后面游泳。缓慢而稳定地游动，保持速率稳定。如果用呼吸管游泳之后你觉得气不足，可在下潜之前稍事休息。

找回和清理水肺调整器

当你在水下穿戴着水肺装备，又因为一些情况（如使用呼吸管或是讲话等），将水肺调整器的二级头从口中拿了出来，那么你就需要从你的右肩膀后面（二级头会自然滑落到的位置）找回二级头。而且，二级头里面会有水，所以在通过二级头进行呼吸以前，你要清理里面的积水。如果你要从口中咬着调整器开始，那么你需要将调整器置于水里。这个任务可比听上去要难得多，因为如果你将二级头放入水中时咬嘴朝上，调整器会自由浮动。所以，将二级头放入水中时应该咬嘴朝下，以防止调整器自由浮动。

有两种方法可以从右肩膀背后取回二级头。最常见的方法是扫动法。将身体向右倾斜，重力会将二级头从你的身体拉开，将右手向后探，直到你摸到气瓶的底部，然后把胳膊伸直，用胳膊扫出一条大弧线，软管就会缠到你的胳膊上，你就可以轻松地取回二级头。

第二种方法是越过肩膀回收法。将右手向着调整器的一级头方向伸过去，同时用左手把气瓶从底部托起，抓住一级头与二级头的连接处，顺着向下摸去，够到二级头的终端。有些潜水者觉得这个方法非常困难，甚至是不可能完成的任务。

清理水肺调整器可以和向调整器里吹气一样简单，只要排气阀处于最低点，二级头里的水就很容易排出。如果呼气的时候排气阀不是处于最低点，那么就只有一部分水能被排出，那么当你吸气的时候就有可能吸入一些水。为了不在吸气的时候被呛到，在清理调整器的时候要确保排气阀处于最低点，并且在清理之后吸气时要小心谨慎。

另一种清理二级头的方法——使用自排水按钮，则是利用低压空气将空腔里的水排出。如果你把咬嘴放在口中，然后按下清理按钮，你可能会把水吹进喉咙里。有两种方法可以避免这种情况，一种方法是一边轻轻按下排水钮，一边将冒着泡的调整器放到口中，利用肺里的空气制造出的气压阻止水进入嘴巴和喉咙。另一种方法是将调整器放入口中，用舌头顶住开口处，短促地按压排水按钮，将水排出。任何一种方法都是可行的。如果你在清理调整器的同时把它放到了口中，那么要在放到位的瞬间松开排水按钮，避免给肺部过度充气。养成一种习惯：任何时候当调整器离开了你的嘴，就

水肺潜水的三个重要规则

1. 尽早、尽可能地经常平衡耳压。
2. 永远保持呼吸，不要屏气。
3. 如果水肺调整器离开了你的嘴，要连续吐气。

慢慢地连续吹出一小串泡泡，不要在呼吸压缩空气的时候屏住呼吸。

进行呼吸管和水肺切换

你一定要能够在用呼吸管进行呼吸和使用水肺装备进行呼吸这两种方式间自由切换。当你准备下潜时，你从呼吸管切换到水肺；当你潜水结束后上浮到水面时，你从水肺切换回呼吸管。当你进行任何一种切换的时候，都要保持脸在水中。深吸一口气，从一个咬嘴切换到另外一个，然后清理新的呼吸装备。

给浮力调整器充气和放气

你需要熟练掌握两种给浮力调整器充气和放气的方式。比较简单常见的充气方式是利用低压空气对调整器进行充气，通常是在需要短时间内完成充气时使用这种方式。对浮力调整器进行几秒钟的充气时，如果活塞卡住了，可能会导致严重的浮力控制问题。通过每次充入少量空气的方式，你可以更好地控制你的浮力。

如果在潜水时，你的低压充气装备或集成二级头出现了问题，你可能需要断开你的低压软管。当你断开软管时，低压充气设备就不再工作了。所以，你必须通过用嘴给浮力调整器吹气的方式来控制浮力。通常浮力调整器的咬嘴比浮潜背心的咬嘴要精良。为了便于排水，浮力调整器的咬嘴有一个排水按钮，你在打开连接浮力调整器的阀门以前就可以把水清理干净。要清理浮力调整器的咬嘴以及用嘴给浮力调整器充气时，请遵循以下流程：

1. 将咬嘴放入口中；
2. 向咬嘴中呼出少量空气来清洁咬嘴；
3. 保持咬嘴在口中的位置固定；
4. 按下人工双向气阀；
5. 向浮力调整器吹气；
6. 松开人工双向气阀；
7. 重复以上操作，直到达到你所需的浮力。

在水体表面时，你同样可以使用在浮潜中所用到的摆动技巧（详见本章前面所介绍的）。但是在水下，用嘴充气的程序是不一样的。在水下，当你需要用嘴给浮力调整器充气时，应当遵循以下流程：

1. 左手抓住充气阀门，右手抓住调整器的二级头；

2. 深吸一口气；

3. 将浮力调整器的咬嘴放入口中；

4. 清理咬嘴；

5. 将肺部的大部分空气吹入浮力调整器；

6. 当你将咬嘴从口中取出时，水会进入咬嘴里，所以要留出足够的空气来清理调整器；

7. 重复以上操作，直到达到你所需的浮力。

你可以通过人工双向气阀或单向气阀来给浮力调整器放气。如果你使用的不是单向阀，你一定要确保打开浮力调整器软管较低一头的排气阀，并且将它举到比浮力调整器最高点还要高的位置。使用单向阀门比使用排气阀要方便得多。注意：只有当排气位置处于最高点的时候，你才能对浮力调整器进行放气。如果你试图在水平或是上下颠倒的位置进行放气，空气是无法排出的。所以在对浮力调整器进行排气时，你需要处于头上脚下的垂直状态。

测试浮力

浮潜和水肺潜水的浮力测试存在一定的相似性，但是也有一些非常重要的不同。与浮潜相比，水肺潜水的浮力更多变，你肺部的空气量的变化也更大。潜得越深，防护服压缩对浮力的影响就越大。同时，当你通过气瓶进行呼吸的时候，你的浮力也会发生变化。为了随时调整和控制你的浮力，你需要对浮力变化非常敏感并迅速反应。

对于水肺潜水而言，你　开始的浮力测试可以跟浮潜的浮力测试一样，在水表层开始进行浮力测试。将浮力调整器充满气再放掉。确保低压充气和排气阀门都功能良好。将咬嘴放入口中，把浮力调整器完全放气；放松，然后慢慢呼吸。当你的肺部空气量比较高时，你应该能够保持在眼睛刚好在水面以下的位置不下沉。如果你肺部的空气量很足但你仍然下沉，你就需要卸掉部分负重。如果你完全吐气，你就应当下沉。如果你吐完了气但仍然无法下沉，那么你就需要增加一些负重。在接近潜水点之前测试你的浮力状态，在开始潜水之前解决所有的浮力问题。

当你在开放水域下潜时，你可能需要给浮力调整器增加一些空气以便维持悬浮力。力争持续保持悬浮力。给你的浮力调整器增加少量的空气，然后通过停止所有的动作来测试你的浮力，仔细观察所发生的情况。如果你下沉，那就继续充气；如果你上浮，那就放掉一些空气。随着经验一点点地积累，你会知道什么时候应该充气、什么时候应该放气，以及对量的掌握。

在泳池中，你可以采用挺直身体，俯卧水中，手臂位于身体两侧的姿势来学习调整浮力。如果你的浮力正合适，当进行缓慢地深呼吸时，双肩会上抬，脚蹼的脚尖部位会保持在整个身体的最下方；缓慢而充分地吐气会让你的双肩下沉。有些人把这种测试浮力的方式称为"潜水俯卧撑"（尽管你没有用到你的手）。如果你完全吸气时肩膀没有上升，那就给你的浮力器少量充气，然后再尝试一下。图 6.19 展示了一个正在做潜水俯卧撑的潜水者。

作为一名水肺潜水者，在开始潜水时，你需要足够的重量来保证你可以向下；在潜水结束时，你需要足够的重量保证你在上浮的过程中可以保持控制。水肺潜水所需的确切重量，是你在 15 英尺（4.6 米）的深度保持气瓶里有 300 磅（20 个标准大气压）的空气而浮力调整器里没有空气的情况下，可以保证你在水下徘徊的重量。这个重量在刚开始潜水的时候可能会稍微超过你的负荷能力。潜水结束时，在 15 英尺处测试一下你的浮力，看看是否需要为下一次潜水做出调整。

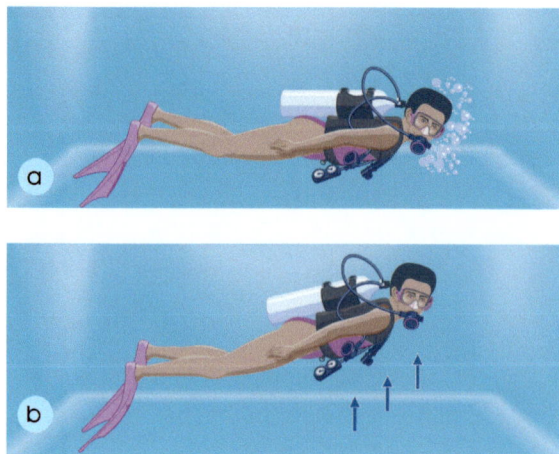

图 6.19

一个规范的潜水俯卧撑保证了对浮力的良好控制

浮力控制

没有一种方法可以明确定义潜水者控制浮力的能力。精确的浮力控制能力对于潜水安全、享受乐趣和环境保护来说都很重要。当你的浮力失控时，你和你周围的环境都将面临危险。

当你将浮力调整到一个程度，你可以轻微地上下转动你的脚蹼，保持鞋尖触在泳池的底部，然后吸气和呼气，将自己向上推动2英尺（0.6米）并保持不动。你不一定会保持在水平的位置上，但这并不重要。要通过控制你的平均肺容量保持你的位置和深度，但是要记住：保持连续呼吸。如果你正在下沉，就让更多的空气进入你的肺部；如果你开始上升，就要减少肺部的空气量。通过这样的练习，你将能够在水底悬停不动。

为了锻炼在水里逗留的能力，你还需要另外一种练习。在水中处于一个垂直的位置，在脚踝处交叉双腿，一只手握住另一只手的腕部，身体保持不动。找到一个与眼睛齐平的参照物，锻炼自己直立在水中并能悬停静止的能力。注意呼吸对浮力的影响。一旦你掌握了水平和垂直盘桓的能力，你会发现几个好处：你携带的空气将帮你维持更长久的时间，游泳也不会很累，你慢慢地会越来越少地调整浮力，而且你也不会对潜水环境造成太大的影响和损伤。随着你的浮力控制练习的继续，你将不断提高，成为一个经验丰富的潜水者。

有一个对在上升过程中保持悬浮力很有用的技能，就是开放阀门来上升的技术。当你上升时，空气膨胀会影响你的浮力，你必须释放一些膨胀的空气来控制浮力。如果你间或排气，你的浮力就会一直处于一个变化的状态，不好掌握：你可能没有释放出足够的空气，或者你可能又放得太多。开放阀门来上升是一个更好的选择。在低于肩膀线的位置按住充气排气阀门，让咬嘴头朝下，然后松开出气阀门。此时空气无法逃脱，因为开口比排气口低。保持咬嘴头朝下、排气阀门打开的状态，缓慢抬高充气/排气阀门，直到咬嘴开始冒泡。当咬嘴和排气点都在同一水平线上时，气泡开始出现。如果你在上升的同时保持咬嘴处在冒泡的位置，气罐里膨胀的空气会随着气泡出从气阀里流出，这样可以保持你的浮力保持不变。如果你需要释放更多的空气来控制浮力，稍微提高一下咬嘴的位置；如果你需要减少释放空气的量，小幅降低咬嘴的位置就可以了。

使用潜水旗

在潜水的时候，你应该放置潜水旗来显示相应的潜水位置。一些地区的管理者会要求使用潜水旗，所有的地区都鼓励使用潜水旗。当你使用潜水旗的时候，需要遵循以下约定：潜水旗的位置至少在 100 英尺（30 米）范围内，而且越接近你越好。虽然驾船者应该在 100 英尺外发现信号，该标志不能确保你一定不会被船撞到，但是该标志作为信号，会让许多驾船者明白附近有潜水者。图 6.20 所示为潜水者正在使用潜水旗作为标志。

如果你把潜水旗固定在水面漂浮物上，你需要将漂浮物拖到你想潜水的区域。在一个水下植物不多的水域，你完全可以在水面上拖着漂浮物去潜水。在水下植物丰富的水域，则需要以固定漂浮物确保它不要渐行渐远。而且，在潜水结束后，你必须回到潜水旗所在处。当进入浪潮区域，你应该把漂浮物拖在你身后；退出浪区的时候，漂浮物应该在你的前面。

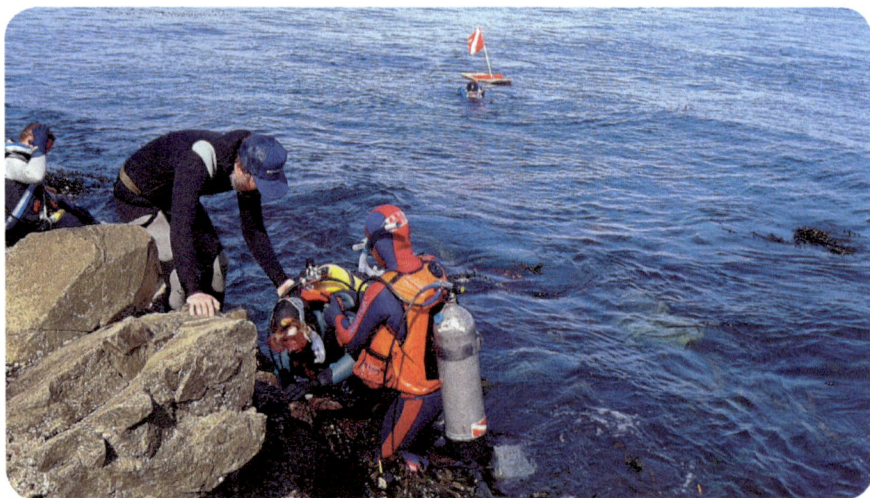

图 6.20

在水面尽可能就近放置潜水旗以帮助你避开船只

下潜

浮潜下潜与水肺潜水下潜是不同的。在浮潜下潜的时候，你通常是头部向下扎进水里，但水肺潜水的潜水者是脚先下水的。脚先入水下潜可以更好地控制浮力和定位，也允许潜水伙伴在下潜期间进行沟通，而且更有利于平衡空腔压力。

下潜涉及多个步骤，开始时看起来复杂，但经过练习之后就会发现其规律性。下潜的过程包括准备、开始并完成下潜。

1. 准备下潜

> 检查仪器。在水面上确定自己的方位，设定好指南针。确保你的水下计时器和深度表归零。

> 确认你的同伴已经准备好。

> 水肺调整器更换为呼吸管。

> 轻微地为你的耳朵加压，从而开始平衡压力（见本书第三章）。

> 左手握住浮力调整器的出气阀门。

> 发出或确认下潜信号。

2. 开始下潜

> 通过放空你的浮力调整器开始下潜。通过单向阀门来完成排气会比把排气阀门举过头顶更好。在整个过程中，始终用左手握住排气／充气双向阀，这样你可以在任何时候填充或释放浮力调整器里的空气。完全的呼气可以帮助你开始向下沉。

> 为最开始的 10 英尺（3 米）做浅呼吸。

> 在前 15 英尺（4.6 米）的时候，大约每 2 英尺（0.6 米）调整一次耳朵的压力。如果遇到困难，就上浮几英尺以减少压力，调整后再次下降。向面罩里呼一些空气，以防止面罩被挤压（关于如何平衡压力，见本书第三章）。

> 在下潜的时候保持你的脚蹼处于稳定状态，这样可以保证不挑起水底部的泥沙。

> 按你保留在肺部的空气平均值控制缓慢下潜的速度。当你的肺部充满空气而你却下沉时，短促的换气可以帮你恢复浮力。

3. 完成下潜

> 在整个下潜过程中，始终与你的潜伴在一起。

> 避免与海底部接触。

> 在不到海底的地方，把身体调整到水平可游泳的状态，和你

的同伴达成一致后开始你的探索。

在开阔水域一般有两种下潜方式：基准下潜和无基准下潜。基准下潜是你沿着海底的一条直线或是坡度进行下潜。尽可能地采取基准下潜的方式。如果垂直入水、没有任何基准参考的话，就是无基准下潜了。无基准下潜比基准下潜要难控制得多。

清洁面镜

如果要在水肺潜水的时候清洁面镜的话，你需要学习在鼻子暴露在水中时通过嘴巴来呼吸的技能。通过专注地练习，你可以快速掌握这个技能。首先，尝试用你的嘴吸气并通过鼻子呼出。接下来，尝试用嘴吸气并用嘴呼出。如果你感到有水往上走到你的鼻腔内，立刻呼气来阻止水进入。

如果练习清洁面镜的话，你需要将面镜完全没入水中。这并不难，但是有几个技巧可以帮助你更容易地实现。在你轻轻呼气的时候，向前倾斜你的脸，面镜顶部的封胶就能被冲破，面镜就容易从脸上移除，空气从最高点溢出。当你重新调整好你的面镜开始清洁时，一定要保证一只手揽住你所有的头发，另一只手调整面镜的位置。如果头发卡在了面镜里，会导致进水和漏气。如果你还佩戴头套，一定要在清理面镜之前整理好头套。

结伴潜水

你应该采用潜伴系统，与同伴一起潜水。你的潜伴很有可能看到你看不到的东西，所以他可以为你提供提示和帮助。潜伴之间可以相互检查对方的装备，根据观察提供反馈，像一个团队一样工作。潜水同伴应保持足够近的距离，这样才能在紧急的情况下立即协助对方。水越浑浊、下潜的深度越深，潜伴之间就应该越靠近。在你的训练中，你也要努力和你的同伴在一定距离内保持联络，学习如何追踪你的同伴。只要你遵循了一些标准程序，在开放水域与你的同伴保持联系并不困难。

你和你的潜伴需要协商确定彼此之间的相对位置，并在潜水过程中尽量保持这个位置。这样一来，你的同伴一旦有事就会知道去哪里找你，你也能知道到哪里寻找你的同伴。最好的潜水队形是并列的；最不可取的是一个潜水者高于其他人——由于装备的制约，在潜水时往上看或是往后看是相当困难的。

　　你和你的潜伴需要协商确定潜水中移动的方向。双方应保持这一方向，直到有人提出不同方向的意见。当你遵循这种方法时，如果你和你的同伴走散了，你几乎不需要考虑其他方向。

　　每隔几秒钟就确认一下同伴的位置。如果你在游泳的过程中左右交替观察这片区域，在扫过你潜伴的方向时，你应该能瞥到你的潜伴。

　　当水下能见度较差的时候，你可以和你的同伴靠得更近一些，牵手前行也是可行的。或者你可以使用一根短绳子（伙伴绳）将彼此连接在一起，通过这条绳来保持同伴之间的相互联系。如果你和同伴走散的话，寻找你的潜伴最长不超过一分钟。如果你仍然无法找到你的潜伴，稍微上浮一点并旋转一周，看看是否有气泡冒出。

潜伴系统

　　当涉及诸如游泳、攀岩、浮潜甚至深潜这类存在风险的活动时，与合格的同伴一起组队合作是再适当不过的了。保证安全是潜伴系统的主要目的，同时，有潜水同伴也能使潜水变得更加愉快。下面的列表描述了一些作为潜伴的职责：

> 到达潜水地点后，帮助提前计划潜水事宜。

> 注意并熟悉信号标识和应急安排。

> 彼此协助潜水装备的穿戴。

> 检测装备。

> 在潜水时保持沟通，如果发生失散，可以遵循追寻程序的指令重聚。

> 提供有关深度、方向、时间、气压、上升速度等信息的提醒。

> 发现潜水的乐趣。

> 指出对方没有注意到的问题，如空气泄漏。

> 根据需要提供安慰和帮助。

> 根据要求提供额外的援助。

> 根据需要提供急救。

> 协助逃生，快速去除潜水装置。

离海底稍高几英尺通常就有较好的能见度。如果你看不到同伴的气泡，就上浮到水体表面，等待你的潜伴，而你的潜伴应该也在做同样的事。当你们在水面会合后，可以再次下潜并继续潜水。很显然，比起水下相聚，这样能更好地保持与你的潜伴在一起的状态。

如果你无法在水下重新定位你的同伴，而你的同伴也没有及时浮出水面，看看你的周围，记住你的位置，这样你就会知道你的同伴最后一次露面的大概位置。如果有人在监控潜水活动的话，立刻通知此人你和同伴失散，并且开始启动搜索。如果你是独自一人，那就尝试寻找有冒气泡的地方，很有可能那里就是你的同伴所在的位置。

水下游泳

当你沿着海底游泳时，你的脚蹼可能会在划水的时候带起像小云朵一样的泥沙，这不仅危害环境，也会降低能见度。如果你体重超重的话，游泳时你的踝关节会使脚蹼直指海底，这让扬尘和淤积变得更加严重（见图 6.21）。要减轻淤泥扬起的话，第一步是控制自己的重量。在那些底部泥沙很厚的海底，在你的脚部装备中添加一点空气，好让自己稍微上浮一些。这个浮力会帮助你用一种头稍微向下的角度游泳，使你的脚蹼向上。另一种方式是，你可以保持离海底部足够远，以防干扰到底层的泥沙。最后，如果你还是会搅

图 6.21

超重会让潜水者在海底带起成片的泥沙

动起泥沙，你可以考虑改变你的踢水方式。

当你在游泳中踢到了什么东西时，你必须克服不管踢到什么都想立即离开的本能反应。如果你的踢力很强，可能会破坏环境或伤到其他的潜水者。一旦你感觉脚蹼碰到了什么，立刻停止踢水，回头看清楚到底碰到了什么，然后再继续游泳。

定位导航

为了在水下顺利前进，你可以使用天然的定位导航物，也可以使用罗盘导航。最佳方案是通过结合这两种方式来确定你在水中的相对位置。

使用天然的定位导航物时，通过观察周围环境来确定你的位置。光线、影子、植物、地形、水流的运动趋势、深度和其他要素都可以帮助你进行导航。在你移动时，注意观察周围环境。注意观察你的移动方向与水流方向、沙砾的波纹、海底轮廓以及太阳的角度等之间的关系。通过对这些自然参照物的观察，你可以找到你在水下的正确方向。

图　6.22

传统潜水罗盘（左）和电子潜水罗盘（右）

潜水罗盘则增加了导航的准确性。图 6.22 展示了两种类型的潜水罗盘。首先，你需要给你的罗盘设定一个基准方向，然后以基准方向为参考来确定自己的方向。你的罗盘应该有一条基准线，称为罗盘准线，前进时，你将这条准线对准你的前进方向。只要你保持罗盘水平，指北针或罗盘卡会通过与基准线之间的相对位置为你确定方向。很多罗盘的边框都是可旋转的，上面刻有索引，通过设定索引来标明你的方向。电子罗盘使你能够设定前进方向，使用箭头来指明方向，这样你就不需要在潜水过程中不停地旋转边框进行调整了。

为了确保你能在罗盘所标明的方向上前进，在潜水过程中你必须保持罗盘的基准线与你身体的中心线在一条直线上。如果基准线偏向一边，尽管指北针没有问题，你也不在正确的方向上。

图 6.23
罗盘固定的姿势

图 6.23 展示了罗盘固定的姿势。

罗盘航线是一组指向目的地的航向。标明航线的类型多种多样，最常用的被称为"正方形导航"。做正方形导航时，根据给定距离（可以通过时间、瓶压或是脚蹼踢水的次数等来衡量），设定一个初始航向并向这个方向前进。到达给定距离后，停住，向右转 90 度，注意保持罗盘的基准线与你身体的中心线在一条直线上。注意罗盘上北方相关的位置，并沿这个方向继续前行到那个给定距离。然后再停下来，再向右转 90 度，留意罗盘上北方的位置，这时指针方向应该与你最初观察时的方向相反。然后继续前进到同样的给定距离，然后再停下来，再右转 90 度，根据航线前行，回到你最初的起点。

潜水者常用到的另外一种导航方式称为"直线型往返导航"。在罗盘上设定好最初的方向，当潜水进行到半程时，调转 180 度，直到罗盘的北向与最开始的时候完全相反，然后继续潜水，游回你的出发地点。高级水肺潜水课程提供了更多的罗盘导航训练。

如果在潜水过程中你不是特别清楚你现在所处的位置或是你什么时间应该停止潜水，你可能需要上浮到水面上，找到你的出水点的参照物，将罗盘航线设定为直接导向终点位置。当你距离你放置潜水旗的位置超过 100 英尺（30 米）时，你需要特别小心。

当没有其他干扰时，罗盘可以提供正确的方向。几英尺内的金属物体、其他罗盘和电场等会导致指北针显示不准。要让罗盘远离金属、磁铁、潜水灯和其他罗盘，以确保准确性。

监测仪器

大多数潜水仪器不会主动提供信息，你需要随时查看。有些仪器会发出提示音，但大多数需要使用者主动查看。潜水时，需要习惯性地查看仪表，以控制你的深度、下潜时间和方向，同时也可避免耗尽空气。在训练中，你应该能够准确地估计气瓶中的气压。如果不能保证瓶内的气压随时保持在 300 磅每平方英寸（20 个标准大气压），你需要更频繁地监控你的定位装置。

如果在开放水域潜水，在组装装备时你应查看仪器。检查装备时，再确认一下监测仪器。下水前和下潜过程中，同样要确认监测仪器。在水下移动以前，先通过罗盘确定方向。每过几分钟就要查看监测仪器，多与你的潜伴交流气压情况。在潜水过程中，你应该能够准确估计你的深度、潜水时间、方向、气瓶压力，以及潜伴的气瓶压力。否则，你需要提高仪器监控能力。

使用潜水手势信号

水肺潜水和浮潜使用的手势不太相同。水肺潜水的信号会专门涉及氧气的供应。学习和使用如图 6.24 所示的标准手势，记住要清晰准确地使用和辨认这些手势。

上浮

水肺潜水的上浮和浮潜的上浮大同小异。通过练习和实践，可以熟练地掌握水肺潜水的上浮技能。

上浮时，潜水的队友需要先给出一个上浮信号，其他队友需要听从指挥。准备上浮时，要注意你的时间、深度和剩余的空气。找到浮力调节背心的增压减压装置，用左手握住。前面的章节中介绍过上浮的技能（见"控制浮力"的内容）。

上浮时保持呼吸顺畅，不要和队友分开。随时查看深度表和你的队友。上升的最大速度为 0.5 英尺（0.15 米）每秒，这是相当缓慢的。当速度上升得太快时，有些仪器会发出警告。你需要进行训练和练习，以避免超过上浮的最大速度。

根据潜水计算机的提示，停止上浮并进行解压（排气）。应

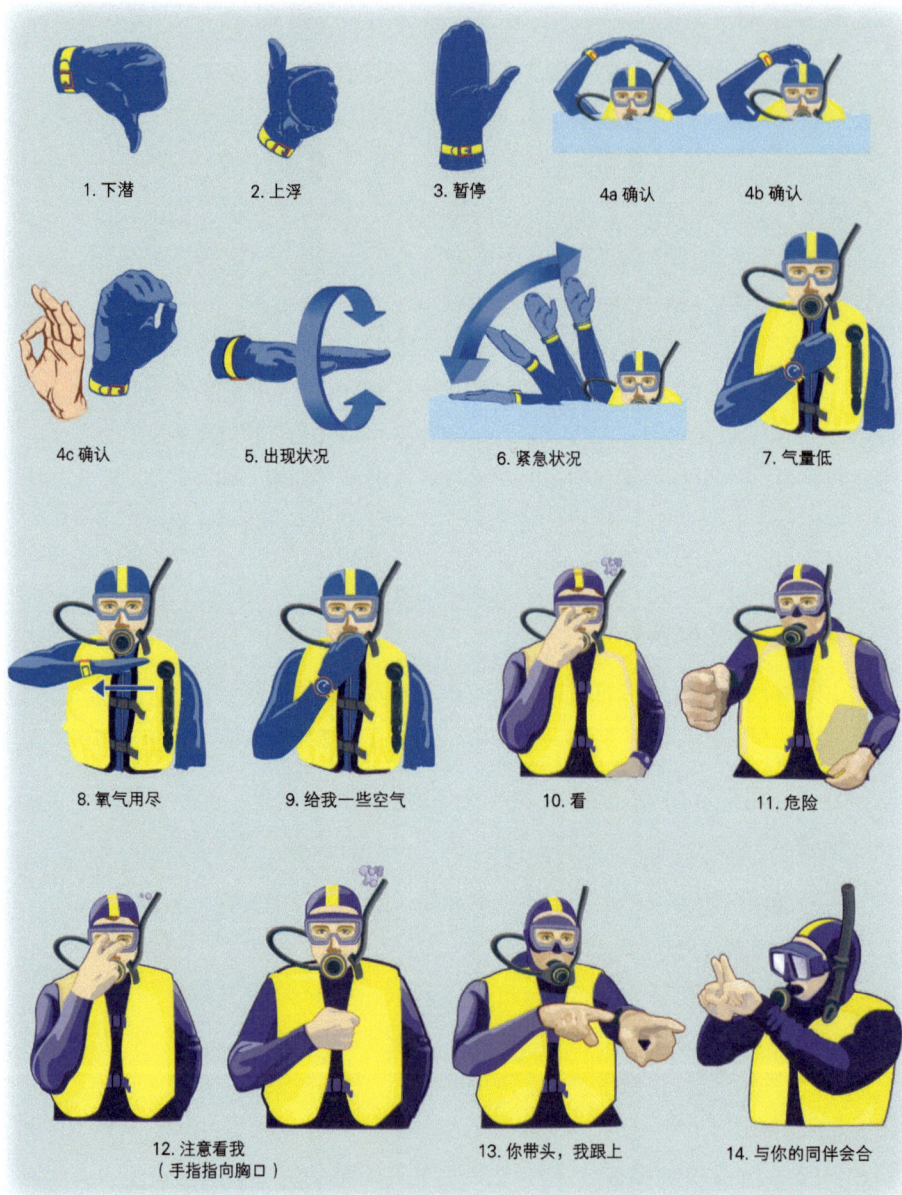

1. 下潜   2. 上浮   3. 暂停   4a 确认   4b 确认

4c 确认   5. 出现状况   6. 紧急状况   7. 气量低

8. 氧气用尽   9. 给我一些空气   10. 看   11. 危险

12. 注意看我
（手指指向胸口）   13. 你带头，我跟上   14. 与你的同伴会合

图 6.24

水肺潜水的
手势信号

在15英尺（4.6米）的深度停留1~3分钟，以防止减压病（DCS）的出现。解压技能将在本书第七章中介绍。上浮时，向上看，注意观察周围。举起一只手保护头部，防止头顶方向遇到障碍。接近水面时，在水中转一圈，查看周边环境。浮出水面时再转一圈，观察

周围，然后增压增加浮力，更换呼吸管接口准备浮潜。

掌控装备

有时你需要在水下移动、调整、更换潜水装备。有时可能需要卸下装备以便出水上船，或调整装备，或解开缠在一起的装备。通过培训和练习，你应该能够轻易地掌控装备。

卸下水肺装置很简单，类似于脱去外套。解开固定卡扣，松开左臂，将水肺推至右手臂下，用左手握住水肺装置，将右臂拉出。先扭动手腕，将手先缩进防护服的袖口（而不是先拉你的胳膊），这样右胳膊会更容易抽出。如果是浮在水面上脱掉水肺装置，应该先脱掉负重带，将其放置在水上或支撑台上。至于如何在水中穿戴潜水装备，则可以参照本章前面所介绍的流程。

运用出水技能

根据具体情况，你可能需要选择不同的出水方法。从游泳池的浅水区域出水时，先除去配重带、气瓶和脚蹼，小心地将设备放在水池的一侧，然后沿着梯子或者自己爬出池子。

从游泳池的深水区出水，先给浮力调节背心部分充气。如果是从梯子爬出（见图6.25），用一只手抓住梯子，另一只手脱掉脚蹼，在这个过程中，要始终抓稳梯子。将脚蹼放在水池边，或将脚跟退出调节带，抓稳梯子出水。离开出水区域的时候，脱掉水肺装置和负重带。

从没有梯子的深水区出水时（见图6.26），首先移除你的负重带，小心地将它放到水面上。脱掉你的水肺装置，一只手抓住调整器的软管保持与水面相对的状态，另一只手脱掉脚蹼。双手放在出水位置的边缘，保持调整器的软管在一只手下面的状态，让水没过下巴的高度；同时伸展两腿，一条腿向前，另一条腿向后。将胳膊向上抬起，两腿通过剪刀式踢水的方式用力并拢，从而产生一个向上的推力。双臂支撑，尽力将身体上位，直到露出水面的部分足够多，然后身体下推，将自己拉出水。出水之后马上转身，将水肺装置小心地拉出来。

如果是用梯子上船，先不要摘下气瓶和面镜，继续含住调整器，

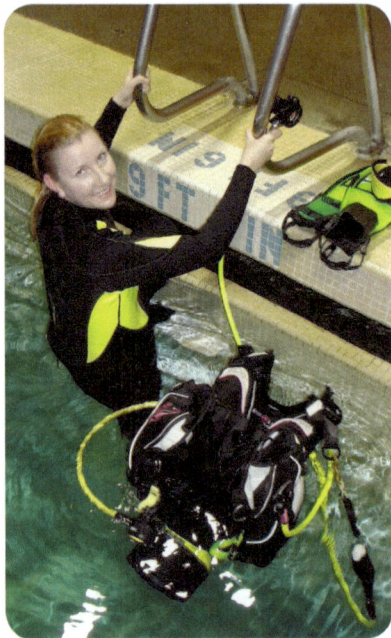

以防落水（见图 6.27）。使用在游泳池的深水区出水时所介绍的利用梯子出水的技能。整个过程中要始终抓紧梯子。

如果船的后部有甲板平台，通常可以游到平台上，然后脱掉脚蹼，起身登船。

在开放水域的出水方式随着环境的变

图 6.25

在深水区使用梯子出水

图 6.26

从没有梯子的深水区出水

化也是多种多样的。通常情况下，在彻底离开水之前，你要装配好所有的装备。后退时，沿着水底用两腿交替踢水。在波浪中出水需要经过特别的训练和练习。站在远离浪头的区域对波浪的状况进行评估。保持呼吸管含在嘴里、浮力调整器不充气的状态，开始接近波浪区域。在整个波浪区域里始终扶好你的面镜。跟在一个浪的后面，使得其他浪头经过你，直到来到距离水面只有一两英尺深的位置。如果浪不强，你可以站起来出水；如果浪很强，就需要游到可以爬行的浅滩再爬出水面（见图 6.28）。

出水后，可以和队友一起脱掉脚蹼。即使在出水后，团队合作也很重要。

拆卸装备

拆卸水肺装备的第一步是以顺时针方向转动阀门来关闭空气输送。堵住二级调整器的通道来释放软管中的压力。保持通道关闭，直

图 6.27

登梯上船

图 6.28

在强浪中爬行出水

到排出系统中所有的空气。接下来断开连接到水肺的全部软管：低压充气机，备用二级调整器和定位器。松开螺丝，将调整器从气瓶上摘下。彻底擦干和更换第一段的防尘罩。松开空气瓶带，卸下浮力背心。一定要尽快冲洗和护理装备（按照第四章中介绍的步骤）。

掌控生理问题

按照训练的要求进行水肺潜水能避免出现问题。但事无完美，稍一松懈或遗漏都可能出现问题。好的潜水者几乎可以应对任何问题。本节介绍处理潜在问题的方法。不要过分担心会出现问题，了解这些应对方法可以减轻你的忧虑。

可能会出现的影响你的生理问题包括晕船、头晕、压力、恐慌、咳嗽和抽筋。当出现其中的一个问题时，身体会发出警告信号。我们需要理解这些信号，及时应对以克服生理困难。

晕船

最好的应对措施是提前预防晕船（见本书的第三章"平衡调整和晕船"），因为晕船后才吃药通常无效。如果晕船，很可能会呕吐。水下呕吐很危险，因为不正常呼吸会导致休克。晕船的程度需要自己判断。如果你已经呕吐或者快吐出来了，就不要潜水。如果你只是感到恶心，入水或许可以帮助你克服这种感觉。一些感觉稍微有点恶心的潜水者发现，迅速潜入水中可以让他们感觉好一些。潜水后，当天就不会再感到恶心了。

潜水过程中如果觉得恶心，要浮到水面上来。如果不得不在水下吐，不要吐到调整器里。用二级调整器抵住一边的嘴角，呕吐时一定要将排水按钮完全按下。喘气时要吸入的是空气而不是水。吐完后，将二级调整器放入嘴里，清理干净并恢复呼吸。利用排水按钮应该是底限了，绝对不推荐通过调整器呕吐，因为这种方法会导致堵塞。

在船上晕船呕吐时，尽量吐在背风处的船舷栏杆外。不要吐在休息室（或船头）。最好的办法是尽快上岸休息，直到感觉好一些，在再次上船前吃些晕船药。如果你有晕动症，而船舱的环境比较阴暗且离岸不远的话，你应该要求尽快上岸待一会儿。

头晕

在失重环境中如果缺少视线投射点，可引起短暂头晕。注视参照物可以帮助你避免迷失方向（见本书第三章）。受伤、温度变化和内耳的压力变化导致的回旋感觉称为眩晕，这比迷失方向造成的头晕更难以克服。

要克服头晕或眩晕，应先寻找一个固定的视线投射点（即参考物）。如果可能的话，用身体接触固定物作为参考。如果没有可看的或可抓的，闭上眼睛，抱抱自己。在大多数情况下，头晕经过一两分钟就可以克服。只要缓慢移动，保持头部稳定，就能够浮出水面。好的潜伴可以发觉你的状况，并提供帮助。

压力和恐慌

压力是在环境需求和应对能力不平衡的时候产生的一种感知，当人意识到需求无法满足会导致严重后果时，压力便会出现。压力是由外在条件或内在态度所引起的。

潜水压力的来源可能来自内部，也可能来自外部，包括感冒、生病、疲劳、受伤、恐惧、装备问题、空气供应不足、脱离潜水伙伴、水深、黑暗、水流和迷失方向。压力并不总是坏事，适度的压力可以引起兴奋，提升应对能力，也就是所谓的良性压力。过大的压力会导致焦虑，降低应对能力，并导致消极状态，即所谓的忧虑。对形势的了解和评估影响你对压力的反应；训练、经验和对情况的倾向性影响你的认知和评价。因此，你对环境的认知取决于你的知识水平、能力、经验和对环境的固有恐惧。

潜水压力可能导致恐慌，这是一种对突然感知到的风险所产生的不受控制的非理性反应。恐慌往往会导致毁灭性的结果，必须管理压力以避免产生恐慌情绪。汤姆·格里菲斯（Tom Griffiths）博士对压力进行研究后说："压力增加进而导致恐慌的最关键因素在于意外问题是否发生。"能认识和管理压力的潜水者可以克服这种问题，他们的潜水活动比那些不能应付压力的人更安全。

压力由心理及生理要素组成。焦虑会不自觉地导致生理变化。当压力导致焦虑时，呼吸频率和心跳速度递增，神经系统变得更加活跃，意识清醒度降低。这些因素降低了身体性能，并增加了焦虑，而增加了的焦虑又会导致这个循环开始重复。除非中断这个循环，否则焦虑会升级为恐慌。克服心理困难与解决生理问题一样重要。救生员弗兰克·皮亚（Frank Pia）曾说："人在困境中产生的压力大部分来自自己对形势的判断。"人可能由于外界情况而感到振奋，也可能感到焦虑和痛苦。皮亚说："恐慌和兴奋的生理状态的区别在于思维处理的过程。"

迈克尔·J.阿瑟肯（Michael J. Asken）写过一本关于压力的书，鼓励使用任务相关的指导性自我对话（TRIST）。通过自我对话，人可以判断自己在压力下的情感状态。阿瑟肯说，在有压力的情况下，"注重结果，希望能有一个好的结果甚至告诉自己结果会好，并不能够成功实现。最有效的自我对话是想象你的老师正坐在你的肩膀上，通过你的回应引导你"。

当你的脑子里对前面所提到的这些有了概念，你就可以识别和管理压力。发生问题时，第一个步骤是去感觉你的呼吸频率和厘清身体的自我对话。如果你的呼吸速度快，对情况有负面想法，那么是时候打破压力的恶性循环了。停止所有的身体活动，增加浮力并深呼吸。潜水者遇险通常并不是因为缺氧！管理好呼吸可以让思维更清晰。在头脑控制你之前要学会先控制它。想象你是在告诉别人如何处理这种情况。评估你的选择，确定最佳的行动方案，深思熟虑，然后采取行动。当你开始克服困难，信心增加，生理反应也开始恢复正常。图6.29显示了如何打破由压力循环导致的恐慌。

现在，你可以理解为什么在同样的情况下有些潜水者会兴奋，而另一些会恐慌了。请记住，压力只是一种感知，可以通过培训和练习加以改变。还可以通过在头脑中的生动想象来管理这些问题。事实上，身体并不能区分实际状况和想象景况之间的区别。通过学会解决头脑中的问题，你可以学会识别和管理压力。

图 6.29

恐慌的恶性循环

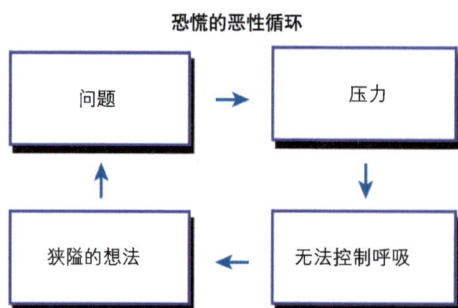

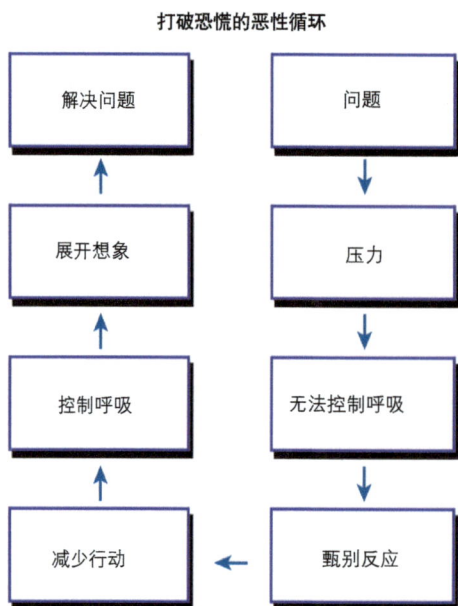

恐慌的恶性循环

打破恐慌的恶性循环

如果在潜水过程中用力过度，设备可能无法提供足够的空气来满足呼吸的需要。当你突然感觉窒息时，你可能会怀疑设备发生了故障，但通常情况下设备不可能突然发生故障而阻碍空气流通。

所以，多数情况下是因用力过度造成供气不足。管理用力过度与管理压力的方法相似。停止所有的体力活动并进行深呼吸，两分钟内就可以解决呼吸问题。

咳嗽

当水刺激喉头时，人就会反射性地咳嗽来清除气管中的异物。而在水中咳嗽可能会呛水，这时你需要以最快的速度克服咳嗽的冲动。最好的办法是连续快速地吞咽三次。如果一定要咳嗽，尽量在调整器中进行，这样你吸入的是空气而不是水。由于咳嗽的过程是排出空气，你可能失去浮力，所以严重咳嗽后需要增加浮力。

抽筋

当肌肉受凉或循环到肌肉的血液不足时，可能发生抽筋。抽筋是一种突然的、强烈的、不自主的、持久的、痛苦的肌肉收缩。潜水者常常会小腿和脚抽筋。 要缓解抽筋，需要拉伸肌肉，或者按摩以增加血液循环（见图6.30）。捶打肌肉是无效的，而且容易导致组织损伤。如果腿或脚在水中抽筋， 可以抓住脚蹼的尖部并向身体的方向拉伸，这样可以缓解抽筋。另一种方法是拉伸另一侧腿的肌肉，这个动作能抑制抽筋肌肉的神经冲动。潜水伙伴可以相互帮助。

图 6.30

一起潜水的同伴可以通过按摩和拉伸肌肉帮助你缓解抽筋

解决潜水中的身体问题

潜水时潜在的身体困难包括异物缠绕、失去对浮力的控制、失去空气供给，以及同伴的状态不好、受伤或无行为能力等。与生理问题一样，你有能力克服这些困难；但是如果可以的话，最好还是避免发生这些问题。

异物缠绕

你可能会凑巧碰到钓鱼线、网、铁丝、细线和绳子等可能会缠绕你的物体。一些地区的水下植物也有可能缠绕住潜水者。简化你的装备以减少可能被缠绕的部位，有助于减少被缠住的机会。小心谨慎也是很有用的。当你碰上可能缠绕你的东西，绕开它游过去，或者把它推到你的下面，再游过去。避免在可能缠绕到你的东西的下方游泳。罐阀和调节阀周围是最容易被缠住并且也是最难挣开缠绕的位置。

如果你在水下被缠住了，这时你应该停下来，然后检查出了什么问题；千万不要转身，因为转身动作往往会让问题变得更糟。如果你能发现是什么缠住了自己，你应该把自己解开，或者向你的同伴发出信号，请求他们帮你解开。如果视线良好，你能看到你在做什么，可以用你的潜水刀割开缠绕物，把自己解开。尝试自行把缠住罐阀的缠绕物解开则是一个明显的错误。如果你的空气罐被缠住了，但你够不到缠绕物，而且你的同伴不在附近，无法对你施以援手，这时你应该移动你的水肺潜水装置，把它从缠绕物中解开后再放回去。

失去对浮力的控制

如果你在水下失重或者浮力调整器上的低压增压泵或干式防寒衣被粘住了，你有可能失去浮力控制。你可以遵循相应的步骤防范对浮力失去控制。在潜水中随时检查你的负重系统，以确保它是安全的。每次在使用你的低压增压泵前对它进行检查，一旦发现任何不能正常操作的迹象，立即把它们送去维修。

如果你在水下时你的负重装备掉落，要立即将自己的位置转换成倒立，用力地向下游，重新取回负重。如果你成功做到这一点，你就可以避免一个无法控制的上浮；如果不成功，你会浮回海面。

图 6.31

充分伸展身体是一个减缓快速上升的好方法。

你上升的速度取决于你在失去负重的情况下的浮力、你的防护服的类型、你的浮力调整器内当下的空气含量、你的深度和你可以继续移动方向的表面积大小。在本书第二章和第三章中提到，向一个指定方向移动的物体，它的横截面积越大，在这个方向承受的阻力也越大。如果你无法控制浮力，处于失控的上浮状态，你可以通过夸张的伸展姿势来减缓上浮的速率：挺直你的后背，伸展开四肢，将你的脚蹼抬起，使其平行于水面。建议你采用夸张的充分伸展的姿势（见图6.31），这是一种减慢上浮速度的好方法。

除非你小心地使用你的浮力调整器的增压泵，保持每年进行年检维修，否则的话，最终充气阀门会卡住。如果你的充气阀门卡在了打开的位置，你应该首先把你浮力调整器的减压泵阀门打开。现代的浮力调整器排气速度比低压空气增压泵的充气速度要快些。如果阀门还是卡住，要断开低压软管。如果因此导致不受控制地上浮，可以通过充分地伸展身体来减缓你上升的速率。

失去空气供给

如果你每年都对调整器进行维修检验，恰当地维护你的调整器，随时检查你的 SPG，你不太可能碰上空气供给的问题。潜在的空气供给问题包括调整器的漏气、气压过低和没有可供呼吸的空气。潜水者们有处理这些问题的方法。

沙子、泥土、呕吐和冻结可能导致调整器漏气。如果发生漏气，最好的应对方法是使用备用二级头。你也可以使用同伴的备用二级头。如果除了漏气的调整器外没有其他的空气来源，可用嘴唇轻轻抵住咬嘴，吸入你需要的空气，并允许多余的空气溢出。当从调整器呼吸时应向下看，以避免这些漏出的空气造成你的面镜漏气。

在你结束潜水时，你的空气罐中至少应该有 500 磅每平方英寸（34 个标准大气压）的空气。如果你漫不经心，在潜水时几乎呼吸光了气瓶内所有的空气，那么从你的调整器里吸气

图 6.32
失去空气供给时的应对方案

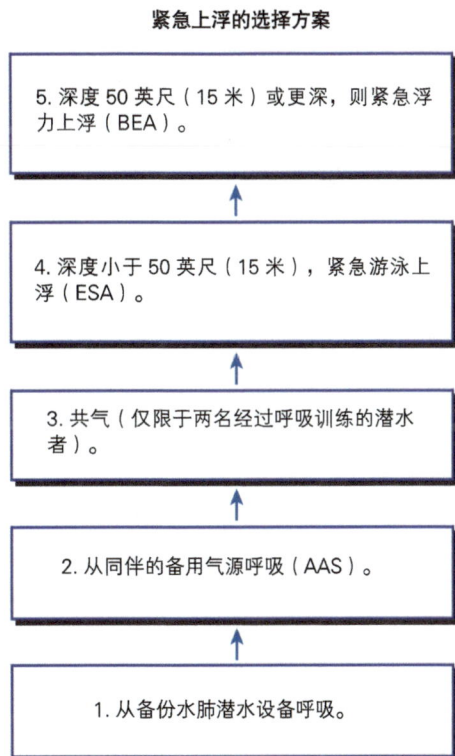

紧急上浮的选择方案

5. 深度 50 英尺（15 米）或更深，则紧急浮力上浮（BEA）。
↑
4. 深度小于 50 英尺（15 米），紧急游泳上浮（ESA）。
↑
3. 共气（仅限于两名经过呼吸训练的潜水者）。
↑
2. 从同伴的备用气源呼吸（AAS）。
↑
1. 从备份水肺潜水设备呼吸。

就会变得很艰难。潜水者常常将这种情况称为"氧气耗尽"，但是在现实的潜水过程中，他们只有在呼吸困难的深度时才会耗尽氧气。当你在水中上升时，逐渐降低的环境压力会让你从空气罐中获得额外的空气。当呼吸变得困难且你的空气罐几乎是空的时，你应该使用同伴的备用气源（AAS），或保持上浮并通过你的调整器浅浅地呼吸。

在极为罕见的情况下，你在水下完全丧失了基本的空气来源，这时你有五个上浮的选择。图 6.32 显示了这些选项的先后顺序。

使用备用二级头上浮接近于正常的上浮。你从同伴的备用二级头进行呼吸并进行上浮。当你在水下需要空气时，如果可能的话，引起同伴的注意并发出"氧气耗尽"和"给我空气"的信号。如果同伴的备用二级头和主二级头是相似的，同伴会给你备用二级头，或者你自行取下它。如果同伴的备用二级头是集成到浮力调整器的低压调整器上，他会给你主二级头，并用备用二级头呼吸。如果你不能引起同伴的注意，那就使用备用二级头开始呼吸，然后向同伴发出你没有空气的信号。在你形成了一个稳定的呼吸频率以后，互相抓住对方的右前臂或浮力调整器，正常上浮（见图 6.33）。

图 6.33

共享空气需要你和你的潜伴之间的协作

紧急游泳上游（ESA）是一种只使用你肺部的空气来进行的水肺潜水上浮。ESA 的上升速度比正常上升的速度更快，但本身的速度也不是非常快。含住口中的调整器，并且时不时地通过它进行呼吸。不要屏住呼吸，否则你的肺会因过度膨胀而受伤。如果你呼出的空气太多，你就会强烈地急促吸气。

成功完成 ESA 的关键是呼出适当的空气，使肺部保持在一个舒适的体积。当你正确进行 ESA 时，你可以轻松地上升 50 英尺（15

米），而不会过度地需要空气。如果超过 50 英尺的深度，可以减轻身体的重量来发起一个紧急浮力上游（BEA）。在上升的第一部分游泳，但当浮力可以代替游泳时，就让自己漂移上升。在 BEA 的最后 15 英尺（4.6 米）中充分伸展身体，并保持你的肺部处于舒服状态，但并非最大容量的体积。

共气——两名潜水者共享一个调整器的二级头——这不是失去空气时优先考虑的选项，因为它可能对两个人的安全造成危害。如果你考虑以共气作为你失去空气时的选择，你和同伴应该在潜水前在水面练习过。不是所有的潜水者都对共气训练很熟练，两名未熟练掌握共气技能的潜水者若盲目尝试可能会导致灾难。然而，那些熟练掌握共气技能的潜水者会让失去空气这种事情变得微不足道。

要想进行共气，首先要发出"氧气耗尽"的信号，紧接着发出"给我空气"的信号。同伴用右手抓住调整器的二级头，左手抓住你的肩带，然后同伴将二级头用一种能够方便你含住的方式朝你的方向递出。你用左手抓住同伴的手腕（不是调整器），用右手抓住他的肩带，将二级头靠近你的嘴巴，用嘴唇抵住咬嘴形成一圈密封，而不是把咬嘴含进你的嘴巴里。不把咬嘴放入口中，你可以快速地交换调整器，并且减少由于面部动作引起的面镜泄漏。起初进行几次快速呼吸，然后将调整器递给你的同伴。当你未使用调整器呼吸时，要持续缓慢地呼出少量的空气，呼气有助于预防上升期间肺过度膨胀造成的伤害。在首次供气完成以后，你和同伴每人再呼吸两次，然后将调整器递给对方。在共气时不要充分吸气，因为充分呼吸会导致浮力问题或肺损伤。适量吸入空气是足够的，因为你每隔几秒都可以得到空气。每次在第一次吸气后，你应该完全地呼气。完整呼气可以帮助排出二氧化碳，并且减少你的呼吸需求。

尽快和同伴建立一个呼吸的节奏，然后游到水面；在上升过程中双方互相紧握。当调整器不在你口中时，应持续不断地吐出水泡。记得控制好你的浮力。

处于失去空气状态时对所需的应对技巧要非常熟练，所以必须学习好这些技能，并周期性地复习。要与同伴讨论失去空气状态时的应对程序，并在使用选项上达成一致。你应该熟悉这些手势、位置和技术。

帮助同伴

你已经读到了许多关于如何帮助同伴和同伴如何帮助你的方法，所以你应该意识到在潜水活动中同伴支持系统的重要性。除了帮助潜伴处理缠绕、抽筋、设备问题及失去空气的状况，你还应在你的同伴因疲惫、疾病或损伤而行动不便时提供帮助。

在水面变得焦躁不安的同伴需要你协助他重新恢复对环境的掌控。帮助这样一个同伴取得浮力，冷静下来，并且缓慢深长地呼吸。当情况得到控制时，你就可以帮助同伴解决引起他焦躁不安的麻烦事。

如果同伴变得精疲力竭，可采用肱二头肌推动、脚蹼推进或者互绕步推（手臂和手臂交叉）的方式在水面对其提供援助。这三种类型的帮助如图 6.34 所示。如果你的同伴还有力气搭把手，使用肱二头肌推动即可；如果同伴已精疲力尽，那就使用脚蹼推进。在你提供帮助时要随时观察同伴的情况并给予鼓励。（注意：水肺潜水的救援技术不同于水面救援。）

同伴之间的信任

浮潜和水肺潜水总是和潜伴或好友一起进行。潜水之前互为潜伴的潜水者必须依靠彼此来彻底检查设备，注意潜水时的危险情况，并在紧急情况下提供帮助。对潜水设备状况和自身潜水能力的真实评价是至关重要的。在潜水活动中，你们还需要彼此负责——你必须足够关心你的潜伴，完成所有你需要做的事情来保护彼此的安全。最后，你必须通过保护彼此和避免伤害水生环境来表达尊重。

处理潜水事故

当潜水者不具备良好的判断力或未能达到练习的要求时，可能导致潜水事故的发生。如果你做了你应该做的事情，潜水事故发生的概率会非常小。但是你可能要帮助那些违反安全规则的人。本节将列出那些你有能力提供的帮助。

训练和准备

以下三种类型的应急培训适合并推荐给所有的潜水者：急救、心肺复苏术（CPR）和潜水救援技术。你可以从各种公共服务组织得到

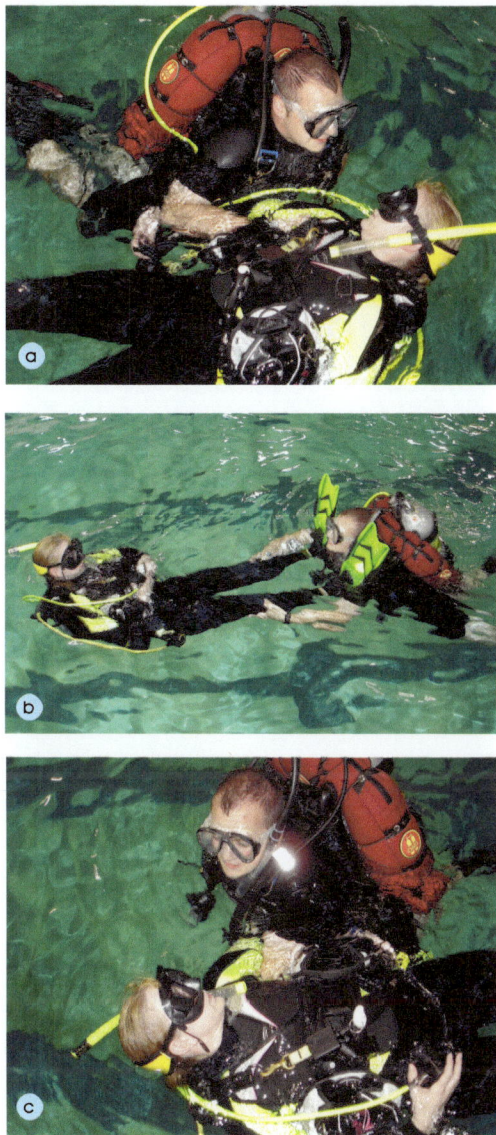

图 6.34

对精疲力竭的同伴提供如下帮助. a.肱二头肌推动；b.脚蹼推进；c.互绕步推

急救和心肺复苏的培训。你将在潜水入门级课程中学到一些潜水救援技术，但是你也应该完成一门潜水救援的专业课程。

应急准备包括应急设备和可用信息。一个潜水点上可用的紧急设备应该包括下列项目：

潜水急救包（装备物品清单请参见本书第四章）

氧气输送系统

毯子（如果条件允许）

饮用水

你没有必要自己准备所有的应急装备，但你参加乘船或有组织的潜水时，你需要注意这些是否具备。

拥有沟通的工具——电话、手机、无线电或船舶无线电台——来发出求救信号。明确当地紧急医疗援助的联系方式以及潜水点提供紧急医疗援助的潜水者的联络信息。有当地紧急支持服务的电话号码和无线电频率，这些数据包括海岸警卫队、护理人员、医院、救护车、警察和治安官办公室、增压设备和潜水者警报网络（DAN）。潜水者警报网络有 24 小时紧急电话可协助处理潜水事故。

潜水救生

潜水救生的基本要素是识别、评估、救援和疏散（CARE）。识别是能够通过检测迹象来识别或预测事故。训练有素和经验丰富的潜水者可以在潜水者入水前、在水面停留、下降过程、水下、上浮过程和出水过程中识别可能导致事故的情况。随着你的经验的增加，你辨别潜在问题的能力将变得更强。

评估是持续评估各种影响救生情况的因素。救援人员需要考虑自己营救伤者的能力、伤者的自身条件、环境条件、可用的设备和额外的资源。

救援技术包括接近、伸展、投掷、帮助、建立浮力、防御、拖曳、深水救援呼吸、设备移除、将伤者从水中移出。在水面和水下营救有意识和无意识的潜水者的救援能力是一项需要培养的重要的技能；你应该在完成基本的潜水训练后尽快参加一个潜水救生或救援的专业课程。

在水下丧失意识的潜水者如未被及时营救，可能会溺水身亡。疾病、药物和头部撞击都会导致意识丧失。如果一个潜水者在水下失去意识，要想办法使潜水者浮起来并立即带他浮出水面。如果潜水者停止呼吸，不需要担心其体内气体膨胀的问题，因为一个无意识的人，不管他头部的位置如何，他都会自动呼气。不用担心潜水者的减压状态，他可以接受 DCS 治疗；但没有空气的话，大约 4 分钟后他就会死亡。当你在试图拯救一名潜水者时，不要危及你自身的安全。

尽快为停止呼吸的潜水者提供空气，而且必须在水面进行。你的心肺复苏技能和潜水救援技术在这时是无价的。保持受害者的气道通畅。通常情况下一个无意识的人只需你帮他做到这一点，他就能够呼吸。倾斜头部和下巴，以使气道通畅。把他的头部转向一边，使水从嘴巴和喉咙流出。呕吐很常见，所以要为此做好准备。迅速从伤者的嘴和喉咙中清除呕吐物，否则他可能由于吸入呕吐物而导致窒息。

当你帮助他打开气道后他仍没有呼吸的话，那么他就需要人工呼吸和医疗援助。大声呼喊求助。如果你能迅速将受害人从水中移出，你应该这样做。如果需要等待几分钟才有办法移出，那你就在水中开始做人工呼吸。

保持伤者的气道开放，并轻轻捏住伤者的鼻子使鼻孔不漏气。用你的嘴罩住对方的嘴巴，吐气使他的肺部充满空气、胸部轻微向外扩张。当游到安全地带时，每隔 5 秒对受害者进行一次人工呼吸或每 10 秒进行两次人工呼吸。如果伤者的气道传来"咯咯"的声音，就说明气道中有水或呕吐物，对比你需要在继续进行人工呼吸前将受害者的身体翻转过来，使液体流出。在水中进行人工呼吸的首选方法包括使用人工呼吸面罩，你可以将其携带在浮力调整器的口袋里。图 6.35 展示了使用这样的面罩进行人工呼吸的场景。

图 6.35

用呼吸面罩进行人工呼吸

你永远也无法在水中等到一个风平浪静的时刻，所以别费力气去尝试了。你没有办法在水中实施心肺复苏，所以你必须把受害者从水中移出，并转移到一个稳定的平面上。

疏散是潜水救生的最后一个重要因素。疏散程序包括事故防范、通信和交通工具的选择。要对如何将受伤的潜水者转移到医疗机构提前做好计划，这属于基本的准备工作。

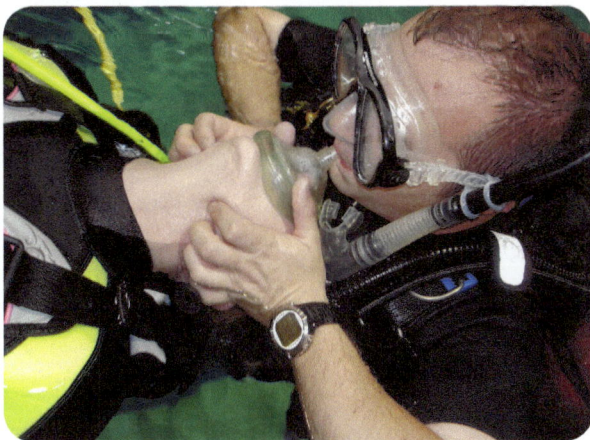

急救

在标准的急救课程中，不会教授一些潜水急救方面的知识。本小节涉及这些未提及的方面，但你可以在关于专业急救和供氧支持的课程中获得所需的额外学习和培训。

没有什么比确保基本的生命支持更重要了：气管、呼吸和循环系统。下一个优先的级别是对潜水中严重损伤导致的休克进行治疗。让受伤的潜水者侧躺下来呼吸，尽量维持他的体温（但避免过度加热）；如果他是有意识的，让他慢慢地小口喝水。如果你怀疑他有空气栓塞、减压病（DCS）或溺水，提供可以提供的氧气浓度最高的空气给他呼吸。如果潜水者已经失去意识或有DCS症状，那么直到有医疗机构对他的症状进行诊治前，让他保持平躺。随时观察受害者。

你应该能够识别严重潜水疾病的症状和体征表现。以下症状和体征表明有受伤的状况出现，且需要氧气支持和医学治疗：

意识模糊

癫痫

意识丧失

恶心或呕吐

呼吸急促

突发、极端虚弱

麻木或发麻的感觉

没有能力做简单的运动

瘫痪

瞳孔不对称

在世界上的某些地方会碰到有毒的海洋动物，一些有毒的动物会造成致命的伤口（见本书第五章）。伤口会引起疼痛、无力、恶心、休克、精神混乱、瘫痪、抽搐、抑郁、呼吸停止，甚至心脏骤停。幸运的是，这样的伤害是非常罕见的。

有毒的伤害一般是穿刺或叮咬。对有毒的穿刺伤口的急救包括清除所有的伤口异物，对受伤部位进行半个小时的热敷，并保持受伤区域位于心脏的水平位置以下。所有受伤的人员都应该获得医疗照顾。

对叮咬中毒的急救包括杀死接触皮肤的螯刺细胞，清除所有的残留物、清洗伤口区域、涂上缓解疼痛的止痛药膏并寻求医疗救助。醋是一个很好的解决方案，适用于在开始时中和所有刺上携带的毒素。

在事故现场你可能无法迅速回忆起适当的急救程序，因此，你应该随身携带关于潜水急救的书，以帮助你识别受伤状况和采取适当的急救措施。也强烈推荐有关野外急救的书，因为潜水通常是在偏远地区进行的。

潜水人生，点滴智慧

人类是习惯性生物，而习惯则是重复的结果。如果你重复一个正确动作的次数足够多，你就会形成一个好习惯。另一方面，如果你重复一个不正确动作的次数足够多，你也可以养成一个坏习惯。潜水者需要培养良好的潜水习惯来避免事故的发生，但有时他们不花时间去培养这些好习惯。

我经常观察在特许船只和潜水地点准备潜水的潜水者。我注意到有一些潜水者未充分检查他们的设备，有些不能正确地计划他们的潜水，有些未能遵守本章中所介绍的做法。他们通常知道该做什么，但是因为每次他们去潜水时都会漏掉许多步骤，因此他们习惯性地跳过了重要的程序。如果一名飞行员忽视了基本要求，不正确进行起飞前的检查，航行的安全性会如何呢？但当你不断重复这些行为直到变成习惯，这些过程就会成为一种自然而然的行为。人们可以把复杂的过程变成简单的重复操作。我强烈建议你花一点时间来养成良好的潜水习惯。如果你这样做，我向你保证你受伤的概率会非常小。

处理潜水事故

如果发生了严重的潜水事故，在没有监察人员负责的前提下，你需要尽力应对事故。主动寻求帮助，但不要让受重伤的潜水者处于无人看管的状态。争取别人的帮助。尽力对受伤的潜水者进行身份和医疗状况等信息的识别。记下所发生的事情，包括个体的潜水剖面图、症状，潜水时间等。将这些信息固定在一个显眼的地方，并把它和受伤的潜水者一起送到医院。如果可能的话，尽量陪同受伤的潜水者去医院。

总结

潜水技能的范围很广，包括从浮潜的简单流程到水肺潜水的复杂问题的处理技能，等等。你要保证从一开始就掌握正确的技能，不断练习，直到你可以轻松地运用这些技能，并且要不断复习以保持熟练。你也需要通过训练，为处理潜水中的紧急事故做好准备。

第七章

潜水大发现

经过本章的学习，你将能够做到以下几点：

1. 至少可以列出九个在潜水计划中需要考虑的因素。

2. 能够说出潜水的原因、参与人员、潜水地点、潜水时间、潜水流程如何进行和潜水计划的内容。

3. 可以解释潜水的现场计划流程。

4. 列出至少五种在水肺潜水时潜水地区观测调研的方法。

5. 使用潜水表来计划不要求减压的反复潜水。

6. 解释关于如下的潜水计划的流程：水温寒冷或条件严酷的潜水，上升速率变化，不同级别的潜水，省略减压，需减压后的下潜，潜水后返回高海拔区域，预防性减压时间超过最长潜水时间的潜水，反复潜水的余氮排除总时间超过之前潜水的绝对水下时间的潜水。

7. 定义残余氮，反复潜水，水面休息时间，最大潜水时间，减压停留，重复潜水组别代号，安全停留，余氮排除总时间，实际潜水时间，总潜水时间，紧急减压，免减压停留潜水的范围，潜水规划图，分步潜水，斯派克潜水，多级潜水规划图，锯齿潜水规划图，滚动，应急计划。

8. 解释水肺潜水的应急计划。

9. 能够比较潜水计算器的优缺点。

作者的妻子和小丑鱼以及海葵，红海，埃及

潜水计划

首先你要学习潜水理论，其次是潜水技能，然后将所学的东西运用于实践。你的训练目标是在没有督导的情况下能够独立合格地潜水，当然也包括计划自己的水下旅行。

在本章中，你将了解潜水计划的所有阶段：预先计划、短期计划、潜水地点定点计划和潜水结束后的计划。你还将了解到区域方向的知识以及如何做潜水规划图计划。潜水计划的基本组成是安排你的时间和潜水深度，以避免减压病。

海蜗牛，圣克利门蒂岛，加利福尼亚州

一次精心策划的潜水可以给我们带来更多的乐趣和满足感，并减少受伤的风险。糟糕的潜水计划会导致失望，让你感觉尴尬和不适。在这一章的最后，你将会理解"给你的潜水制定计划，然后按计划潜水"所表达的重要意义。

潜水计划的影响因素

许多因素都会影响你的潜水或潜水旅行计划。当你计划潜水游玩时，牢记以下内容：

健康和保持健身非常重要。服药期间或手术后不久，很可能不符合潜水的条件。如果你的健康有异样，可以咨询潜水医师。若是对自己的身体状况有任何的疑问，在你完全恢复健康前避免潜水。如果容易晕车，要提前采取预防措施。

气候是影响潜水计划的一个重要因素。如果你去离居住地很近的地方潜水，那制定一个潜水计划会比做一个去数英里之外的地方潜水的计划简单得多。气候的差异通常意味着潜水状况的极大差异，也意味着你对潜水设备需求的差异。

离潜水目的地的远近也会影响你的计划。如果经过长途跋涉后到达目的地，请在潜水之前让自己休息一天，从奔波劳累中恢复过来。同样，经过一天的反复潜水之后，也要在登上回家的飞机前让自己好好休息一天。

天气状况会显著影响潜水条件。风暴和天气的突然变化会让潜水变得危险。提前看一下天气预报，如果预报有恶劣天气，请重新计划你的潜水。应知道预期的风速、空气温度和海水状况。

季节的变化会影响水流运动、水下能见度、空气和水温、潜水进入和返回的区域，以及特定种类的动物的出现。你应该知道在一年的不同时间内同一潜水地点预期的变化和内容。它有助于帮助你了解水下能见度、水温、潮汐、波浪、巨浪、海流、海底构成、泥沙条件、植物和动物。

你需要调整好身心以适应潜水。适应潜水意味着你需要：

很好地休息

有充足的营养供给

有适合环境和活动需求的体力和耐力

能够胜任潜水活动

无须担忧你的计划

不是被迫去做一件你未准备好去做的事情

别让骄傲自大影响良好的判断力

尊重你周围的环境，并且在计划潜水时充分考虑到岸上的其他游客

你对潜水的目标会影响你的计划。不同的潜水活动需要不同的计划和不同的设备。水下摄影潜水的计划和游戏性的潜水计划是不相同的。

你必须了解和遵守法律、法规及海关的有关规定。一些地区的法律要求使用潜水旗。

还应遵守渔业和娱乐业的有关规定。一些潜水专家不鼓励带走区域内的任何生物。你需要知道其对你的行为的期待。

提前了解这些期待，可以帮助你避免在潜水地点遭遇牢狱之灾。入乡随俗非常重要。

清晨的潜水活动会冒犯潜水地点附近的居民吗？将车辆停于某处会惹怒其他人吗？将你想要潜水的地区的居民，包括附近的捕鱼者都列入考虑范围之内。要考虑到噪声、更换衣物和进入潜水点的影响。尽可能让你的计划符合良好的礼貌行为。

事先计划和准备

潜水计划的第一阶段是决定潜水的目标、同伴、地点、时间、方式和内容。

为什么潜水？——确定潜水的目标。你潜水要做什么？拍照、探索还是寻找文物？

和谁一起潜水？——确定你想一同潜水的人。选择一个对你的潜水目标感兴趣的伙伴。

去哪里潜水？——确定一个主要的潜水点和一个后备地点。

什么时间潜水？——确定潜水的最佳时间。大部分地区的海水状况通常是早晨比下午更为平静。

潮流和海拔可能影响潜水的最佳时间。

如何开展潜水？——确定如何到达潜水地点。谁来开船？方向是什么？

潜水的准备和安排有哪些？——确定潜水所需的设备。谁来携带救生设备和潜水旗？你需要多少罐空气？目标活动还有什么特殊需要吗？

事先准备包括：

预订

支付订金

购买或租用设备

检验或维修设备

将气瓶充满

获得钓鱼执照或许可证

购买摄影胶片

获取紧急联系信息

你的准备通常包括去当地潜水机构的行程。在你出发之前检查你的装备。你可能会发现需要花一些时间来完成某一设备的修复，所以要尽早对你的设备进行检验。

短期计划和准备

在你去潜水前的最后一个白天或是晚上，你需要采取三个行动：首先，你应该看看天气预报和目前的海水状况，以便确认这些条件是否适合你的潜水活动；其次，打电话给你的潜水伙伴讨论并确认你们的计划；最后时刻的审视（如决定去替代潜水点）也是需要的。如果你预测潜水条件或天气条件恶劣，即在重新安排这次的潜水时间。短期计划的第二步是准备打包你的潜水设备和个人物品（设备清单见本书第四章）。短期计划的第三步是写下你的潜水计划和时间表。把这些信息留给一个朋友，告诉你的朋友如果你未在预定时间返回，如何联系有关机构。

现场计划和准备

当你和你的朋友到达潜水地点时，你必须确定潜水地点的状况是否适合潜水。如果条件不适合，改去预先选好的后备地点。如果备选地点的条件也不适合，那就放弃这次潜水。

潜水地点评估的重要一步是水流的估计。从水流的运动中寻找蛛丝马迹，例如锚绳周围或在下锚的船上的海藻，或是水表面漂流的物体。通过测量一个浮动的物体移动过一个已知距离（如你的船的长度）所需时间来确定水流的速度。当一个物体一分钟移动100英尺（30米），它的速度大约是1节（每小时1.15英里或1.85千米）。当一个潮流的速度超过1/3节（每小时0.4英里或0.6千米），

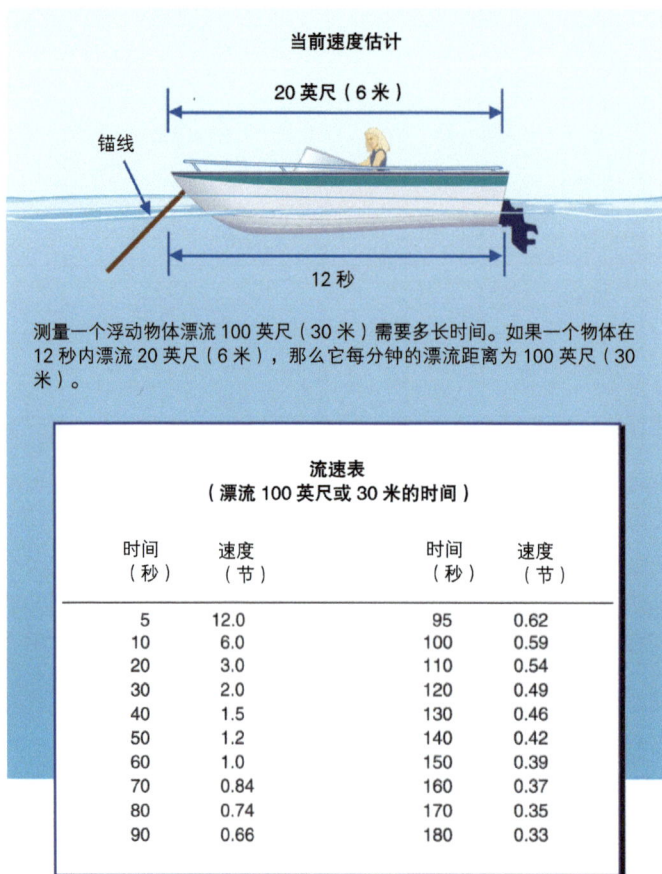

当前速度估计

20 英尺（6 米）

锚线

12 秒

测量一个浮动物体漂流 100 英尺（30 米）需要多长时间。如果一个物体在 12 秒内漂流 20 英尺（6 米），那么它每分钟的漂流距离为 100 英尺（30 米）。

流速表
（漂流 100 英尺或 30 米的时间）

时间（秒）	速度（节）	时间（秒）	速度（节）
5	12.0	95	0.62
10	6.0	100	0.59
20	3.0	110	0.54
30	2.0	120	0.49
40	1.5	130	0.46
50	1.2	140	0.42
60	1.0	150	0.39
70	0.84	160	0.37
80	0.74	170	0.35
90	0.66	180	0.33

图 7.1

你可以通过一个浮动的物体移动过你的船的长度所需的时间来估计速度

那必须引起你的注意，因为你游泳的速度只能达到 3/4 节（每小时 0.86 英里或 1.4 千米）。提前计划好潜水，以便在潜水结束时可以顺流游回你的返航地点。图 7.1 提供了一个可以帮助你估计流速的表。

如果潜水条件良好，你应该当即确定潜水区域。选择潜水的进入和返回区域的地点，并讨论往返的程序。在潜水期间应遵循下述过程：约定的时间，最低气压，针对方向变化而确定的地标。你和你的朋友应该预先约定好你在潜水期间任何时间的位置。

潜水计划的一个重要组成部分是同伴合作的程序，应经过充分讨论并最终取得一致。决定谁对整个团队负责，在同伴的关系中你自身的位置将处在何处，你将如何移动（稳定或开始、停止），分离后按什么步骤会合。切记在陆地上沟通比在水下沟通容易得多，所以在潜水准备期间应充分利用这个优势进行沟通和协调。

永远从应对突发事件的角度重新检查你的计划。在空气共享的程序上达成一致。讨论在严重的潜水危机发生时应该怎么做。知道在哪里、如何和向谁电话求助。确保在需要时有一个急救包和其他应急设备供你使用。在危机发生前花几分钟时间协调流程，可以在事故发生时节省宝贵的时间。

潜水活动要求制定潜水概要计划。你和你的朋友需要在最长潜水时间和潜水的最大深度上达成一致。为了避免减压病，你必须限制潜水的时间和深度。我们将在本章的稍后讨论潜水概要计划。

对潜水地区的考察和评估

你应该意识到在潜水前充分了解潜水区域的重要性，因为如果你想成为一名合格的潜水者，熟悉和了解潜水地点是至关重要的，你需要掌握如何获取潜水地的有关信息。对潜水区域的考察和评估可以是正式或非正式的。正式的方式由专业的潜水专家提供。他会告诉你在一个地区探索发现的对象、可能的风险，并在潜水中为你提供引导。专业的潜水指南提供各种建议并指出在该地潜水的有趣之处和潜在的危险。当你已经完成了对一个潜水区域的正式考察与评估，请专家在你的日志上签名和盖章。对于新区域进行正式的考察评估是继续潜水课程教育培训的另一种极好的形式。

能够对潜水区域进行正式的考察和评估是最理想的，但是如果你不能安排一个潜水专家为你介绍这个新的区域，可以考虑以下部分或全部的选项来准备一个对潜水区域的非正式考察与评估：

阅读关于此潜水区域的图书、文章和宣传册。你在去那里之前要尽可能多地了解它。

写信给你计划潜水区域的潜水专业商店，询问你是否可以参加一个适应此潜水区域的潜水课程。

潜水人生，点滴智慧

回顾多年的潜水事故报告，我发现事故和伤害的常见原因是未充分制定潜水计划或者潜水时未充分执行计划。经历了数十年的潜水生涯，我已经能够避免严重的伤害。然而，我也有一些不好的经历。这些经历都发生在我未充分做好潜水计划时，我没有完成第一次的训练活动而尝试进行潜水时，或者当我对于新的潜水地点没有足够的知识时。

有一次，一个热爱潜水的朋友和我在开曼群岛进行摄像拍摄。有一天工作结束的时候，我们去前面的潜水胜地浮潜。我们游过离岸珊瑚大堡礁的缝隙，用了一个小时享受浏览这个区域美丽多彩的动物。我们没有对返回的程序进行计划。我建议直接游过大堡礁返回，我的朋友同意了。海浪被大堡礁拦截后更猛烈了，但幸好我熟悉波浪的运动。海浪比预期的更为猛烈，我在大浪打来时设法抓住珊瑚来避免伤害。我的好友不知道如何应对，结果被珊瑚严重划伤。造成他受伤的原因是我们失败的潜水计划。如果我们在潜水前讨论过返回的程序，他的痛苦和遭遇是可以避免的。即使是一个简单的浮潜也需要潜水计划。潜水的最佳规则之一是永远为你的潜水制定计划，然后按你的计划去潜水。

写信给你预定的潜水区域的同一地区的潜水俱乐部，询问如果你去当地时是否可以参加俱乐部主办的潜水活动。索取几个经常潜水并可能允许你和他们一起潜水的俱乐部成员的联系方式。

当你到达一个新地区时，找到当地的潜水地点，趁其他潜水者在那里时去拜访他们。可以在潜水者准备入水时或已经出水后询问关于潜水地点的问题。如果你的装备已经准备好，你可以和他们一同潜水。当然，首先要确保他们有在当地潜水的经验。

在潜水的包船上购买一个位置。当你登上船时，告诉工作人员你对这片区域没有经验，咨询关于潜水过程的建议，并要求介绍一位可以提供更多信息的经验丰富的潜水者。

与当地潜水者一起潜水时，要让他们先行。听从他们的指令并遵循他们的流程，流程会因为区域不同而有差异。你在自己之前的潜水区域使用的流程，在另一个不同的地区可能是不恰当的。例如在正常的潜水环境中，你可以从一艘船直接进入水面而无须抓住绳子，但是如果你在一个不同的区域试图这样做，你可能会马上被洋流冲走。保持谦虚，倾听别人的意见，遵循他们的建议，以避免尴尬。

潜水配置计划

你在不同深度停留的时间是有极限的。你的身体吸收的氮的数量决定了这些极限。你需要留心残余氮（就是在过去 12 小时内由于潜水残留在你身体内的氮）的影响。不论你是否准备再一次或多次潜水，你的身体消除这些氮是需要时间的。如果你在多余的氮没有充足的时间排出之前再次潜水，增加的氮仍残留在你的身体里，你会比没有吸收残留的氮时更快地达到临界氮水平。在前一个潜水后的 6~24 小时内（取决于潜水计划的装置）的任何潜水都是反复潜水。图 7.2 显示了反复潜水造成的体内残留氮的数量如何剧增。停下来休息、预防性的减压可以阻止氮的数量继续上升，降低减压病出现的风险。

减压专家使用复杂的数学计算和现场测试建立了单次和反复潜水到不同的深度时的时间范围。这些时间范围以表格的形式呈现，并被编入潜水计算器和潜水计算机的程序内。你需要知道如何使用这些潜水计划设备来计划你的潜水，这样就可以减小你患减压病的风险。

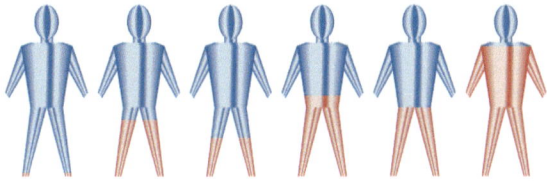

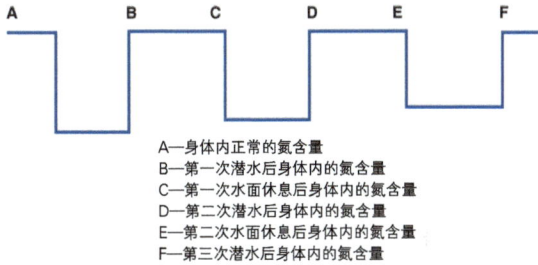

A—身体内正常的氮含量
B—第一次潜水后身体内的氮含量
C—第一次水面休息后身体内的氮含量
D—第二次潜水后身体内的氮含量
E—第二次水面休息后身体内的氮含量
F—第三次潜水后身体内的氮含量

图 7.2

如果你在身体内的残留氮没有排出之前反复潜水，氮会继续积累

没有任何潜水计划设备可以保证你不会患减压病。潜水表、计算器和计算机提供基于统计要求并通过测试检验的信息。如果一个潜水者严格遵守设备中分布的时间范围，那么这位潜水者患减压病的统计学概率会很小。这一切基于如下假设：你的身体健康状况良好，在潜水时不会着凉感冒，保持不施加极限力，始终以正确的速度在水中上升。

如果你潜水的时间达到了任何潜水计划设备中说明的最长时间范围，你就增加了自己患上减压病的概率。要减少你身体承受的压力，以减小自己患减压病的可能。

潜水减压表

大约在 50 年前，美国海军（USN）制作了应用于潜水计划的潜水减压表。休闲潜水团体借鉴了这些军事用表，并将其修改版本成功用于休闲潜水很多年。然而这些表的设计初衷是为了军事应用而不是休闲潜水，所以许多潜水减压专家仍然认为应该将美国海军的潜水减压表中潜水的最长时间范围缩短，才更适合休闲潜水应用。本章介绍的潜水减压表也是根据美国海军开发的新多普勒测试潜水减压表所整理出来的。

美国海军的潜水减压表使用的半衰期为：5 分钟，10 分钟，20 分钟，40 分钟，80 分钟，120 分钟。在 120 分钟（2 小时）内的氮残余量决定了表格中以字母代表的重复潜水组别的代号名称。因为排气需要六个半衰期的时间，你就可以看出为什么美国海军的减压表中将在上一次潜水之后12小时内（6×2小时）的任何一次潜水都定义为"反复潜水"。

这套潜水表包含四个分潜水表：

Total bottom timetable 总潜水时间表

Surface interval timetable 水面休息时间表

Residual nitrogen timetable 余氮递减表

Decompression timetable 减压时间表

潜水计划表的调整

潜水组织和设备制造商已经调整了潜水减压表，使它们更适合休闲潜水。下面列举了本章引用的标准潜水减压表和调整版的潜水减压表的典型区别。

缩短了时间的范围——如今潜水计划中包含的最长潜水时间比美国海军潜水表中的免减压停留潜水的临界值缩短了很多。

减小了深度范围——美国海军提供的潜水计划信息中，潜水深度可达190英尺（58米）。而休闲潜水推荐的最大深度是100英尺（30米）。新手潜水者应该将潜水深度限制在60英尺（18米）内。中级潜水者有潜到大约100英尺的资格。完成深潜专业课程的潜水者有资格潜到130英尺（39米）。专业的潜水者甚至有资格达到更深的深度。水中的深度类似于陆地上的速度。当你获得驾照，你才可以在法律规定的速度上限范围内开车。超过限定速度驾驶车辆是一种冒险行为，你需要经过专业的培训，使用特种设备，并且能够应对很多状况以将严重伤害和死亡的风险降到最低。深潜（超过100英尺）在许多方面类似于驾驶赛车。深潜是一项专业的活动，没有相应资格的休闲潜水者不应该尝试。

修改水面休息时间——1983年，美国海军的一份研究报告中公布了水面休息时间表中的一些数据错误。这些错误数据通常不会对休闲潜水造成影响，但有一些调整版中也包含了这些更改。

结合其他信息的综合潜水减压表——调整版的美国海军潜水表经常结合一些信息，使潜水减压表更容易使用，如包含适用于反复潜水的总潜水时间（TBT）以及残余氮时间（RNT）的潜水减压表。表格

潜水之前阅读

国际水肺潜水教练空气潜水减压表是为了增加潜水者的安全系数、协助制定潜水计划而制作的表格。空气潜水表本来仅受过专业训练的人员使用。SEI 空气潜水表提供一个保守的安全边界，来帮助避免减压病。这些空气潜水表的使用不能保证消除减压病的必然性和程度。为了从这些表格中获取最大的保守边界，潜水者必须仔细计划自己的潜水，根据没有潜水减压停留的范围，并且在上升时有适当的安全暂停，速度不超过 30 英尺每分钟。严禁超过免减压潜水停留的范围。严禁潜水超过 100 英尺的深度。严禁在不根据海拔变化进行调整的情况下，使用这些表格进行高空潜水。一名潜水者的身体健康状况和准备情况、环境条件、上升速度和许多其他情况或条件，决定了对减压病的易感性的差异。

表 A — 总潜水时间表（分钟）

免减压停留时间限制 / 从此处开始

米	英尺	免减压停留时间限制	A	B	C	D	E	F	G	H	I	J	K	L	M
3	10		57	101	158	245	426								
4.6	15		36	60	88	121	163	217	297	449					
6.1	20		26	43	61	82	106	133	165	205	256	330	461		
7.6	25	354	20	33	47	62	78	97	117	140	166	198	236	285	354
9.1	30	223	17	27	38	50	62	76	91	107	125	145	167	193	223
10.7	35	168	14	23	32	42	52	63	74	87	100	115	131	148	168
12.2	40	135	12	20	27	36	44	53	63	73	84	95	108	121	135
13.7	45	102	11	17	24	31	39	46	55	63	72	82	92	102	
15.2	50	80	9	15	21	28	34	41	48	56	63	71	80		
16.7	55	63	8	14	19	25	31	37	43	50	56	63			
18.3	60	51	7	12	17	22	28	33	39	45	51				
21.3	70	42	6	10	14	19	23	28	32	37	42				
24.4	80	32	6	10	14	19	23	28	32						
27.4	90	24	4	7	11	14	17	21	24						
30.5	100	18	3	6	10	13	15	18							
33.5	110	16	3	6	8	11	14	16							
36.6	120	10	3	5	7	10									
39.6	130	6	2	4	6										

空气潜水表 → **A B C D E F G H I J K L M**

反复潜水的深度（英尺 / 米）

表 C — 余氮递减表（分钟）

35 / 11	40 / 12	45 / 14	50 / 15	55 / 17	60 / 18	70 / 21	80 / 24	90 / 27	100 / 30	110 / 33	120 / 36	130 / 39
15/153	13/122	11/90	9/69	8/53	7/42	6/34	5/25	5/18	4/13	5/11	5/5	4/2
24/144	21/114	18/84	17/63	15/46	14/37	12/30	10/22	9/16	8/10	8/8	7/6	6
33/135	29/106	25/77	23/57	20/43	17/32	16/26	14/18	12/12	11/7	10/6	9/3	9
43/125	37/98	32/70	29/51	26/37	24/27	21/21	18/14	16/7	14/4	12	11	
53/115	45/90	40/62	35/45	32/31	29/22	25/17	22/10	19/5	17/1	16	14	13
64/104	55/80	48/54	42/38	38/25	34/17	29/13	25/2	22/2	20	18	17	15
75/93	64/71	56/46	49/31	44/19	40/11	34/8	29/3	26	21	20	18	
88/80	74/61	64/38	57/23	51/12	46/5	39/3	33	29	26	24	22	
101/67	85/50	73/29	65/15	58/5	52	44	38	33	30	27	24	22
116/52	97/38	83/19	73/7	65	58	49	42	37	33	29	27	25
132/36	109/26	93/9	81	72	65	56	50	46	41	36	33	30
149/19	122/13	104	90	80	72	65	60	54	50	45	39	35
169	136	115	99	88	79	71	64	58	53	48	43	35

提示: 对于深度小于 35 英尺的反复下潜，使用 35 英尺的对应数据

新的反复潜水的组别

表 B — 在水面休息的时间（精确到分钟）

组	A	B	C	D	E	F	G	H	I	J	K	L	M
◄A-	2:20/0:10	3:36/1:17	4:31/2:12	5:23/3:04	6:15/3:56	7:08/4:49	8:00/5:41	8:52/6:33	9:44/7:25	10:36/8:17	11:29/9:10	12:21/10:02	13:13/10:54
◄B-		1:16/0:10	2:11/0:56	3:03/1:48	3:55/2:38	4:48/3:32	5:40/4:24	6:32/5:17	7:24/6:09	8:16/7:53	9:09/8:45	10:01/9:38	10:53
◄C-			0:55/0:10	1:47/0:53	2:39/1:45	3:31/2:38	4:23/3:30	5:16/4:22	6:08/5:14	7:00/6:07	7:52/7:51	8:44/8:43	9:37
◄D-				0:52/0:10	1:44/0:53	2:37/1:45	3:29/2:38	4:21/3:30	5:13/4:22	6:06/5:14	6:58/6:07	7:50/6:59	8:42/7:51
◄E-					0:52/0:10	1:44/0:53	2:37/1:45	3:29/2:38	4:21/3:30	5:13/4:22	6:06/5:14	6:58/6:07	7:50/6:59
◄F-						0:52/0:10	1:44/0:53	2:37/1:45	3:29/2:38	4:21/3:30	5:13/4:22	6:06/5:14	6:58
◄G-							0:52/0:10	1:44/0:53	2:37/1:45	3:29/2:38	4:21/3:30	5:13/4:22	6:06
◄H-								0:52/0:10	1:44/0:53	2:37/1:45	3:29/2:38	3:30/4:22	5:13
◄I-									0:52/0:10	1:44/0:53	2:37/1:45	3:29/2:38	3:30
◄J-										0:52/0:10	1:44/0:53	2:37/1:45	3:29
◄K-											0:52/0:10	1:44/0:53	2:37
◄L-												0:52/0:10	1:44/0:53
◄M-													0:52/0:10

37 / 98

余氮的消耗时间（以分钟计算），用来与实际潜水时间相加以计算潜水总时间

计算出来的实际潜水时间的最大值。如果超过了这个数字，就需要进行停顿减压。

S.E.I 和 PDIC 对于任何因使用此表格所可能导致的意外及损失概不负责，也不承担任何法律责任。

0:52 → 此次休息的最长时间

0:10 → 此次休息的最短时间

潜水侧面图

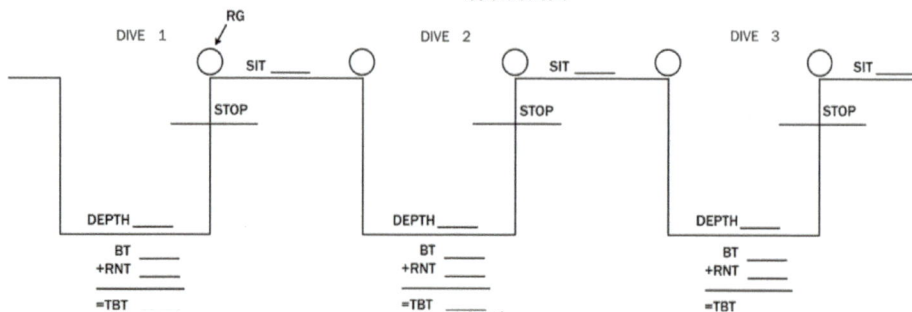

定义

潜水时间（BT） 潜水者离开水面开始下潜时开始计时，到潜水者安全停顿或回到水面时计时停止，以分钟为单位（不足一分钟按一分钟计时）。在反复潜水时，这也是实际潜水时间（ABT）。

潜水深度 潜水的深度；使用英尺或米计量潜水中达到的最大深度。当深度超出所使用的表格所列范围，使用深度数值更大的下一个可用的表格作为依据。

免减压停顿的潜水时间限制 即一名潜水者在不做减压停顿的前提下可以在水下某一深度停留的最长的时间值。表 A 列出了所有深度值的这个时间。反复潜水，余氮消耗时间（RNT）必须被加到潜水时间（BT）里，并且总潜水时间（TBT）不超过免减压停顿潜水的时间限制。

反复潜水 当前一次潜水的水面休息时间最小值为 10 分钟时，任何潜水都要在水面休息时间表（表 B）指定的时间段范围进行。如果反复潜水的深度小于 35 英尺（表 C）的值来计算总潜水时间（TBT）。

重复潜水组别代号名称（RG） 以英文字母代表潜水者身体中的余氮量，与在水面休息时间表中指定的时间值对应。

残留氮（排出）时间（RNT） 位于表 C。对于一个反复潜水而言，无论潜水的时间长短如何，都必须把残留氮（排出）时间算进潜水时间（BT）里，以计算总潜水时间（TBT）。这个值表示仍残留在潜水者身体组织中之前潜水的残留氮。

安全停顿 建议所有潜水活动中，在上浮到 15~25 英尺的深度时，进行安全停顿 3 分钟。

水面间隔时间（SIT） 位于表 B。从潜水者结束潜水回到水面时开始计时，到潜水者开始入水进行下一次潜水时（下一分钟）为止。期间在水面停留的间隔时间必须达到 10 分钟以上。

总潜水时间（TBT） 通过潜水时间（BT）加上残留氮时间（RNT）计算得出。如果潜水的深度超出了当前表的规定范围，使用下一组数值更大的表格作为依据。

规则

上浮速度 潜水者在水中应该以每分钟 30 英尺或更慢的速度上浮。

潜水深度小于 25 英尺 当潜水深度达小于 25 英尺时，并没有特定的免减压停留时间标准。如果是反复潜水深度小于 25 英尺时，它们必须用 35 英尺来计算残余氮（RNT），参见表 C。

超过了免减压停留范围 如果潜水者失误并且水下停留时间超过了免减压停留的范围，表 A，潜水者们必须了解一个增加减压要求，必须根据减压停留表，表 D，需要来到水面减压停留来结束潜水。一旦回到水面，这些潜水者至少在 12 小时内严禁潜水，至少在 24 小时内严禁乘坐飞机。

潜水后飞行 飞行前，在水面以上休息的时间越长，出现潜水减压病的概率越小。在飞机上升海拔达到加压飞行的高度（或地面海拔 1000 英尺的高度）前，潜水者至少应有 12 小时的水面以上休息时间。计划在几天内数次潜水或用潜水计算机辅助潜水的潜水者，应该采取额外的预防措施，并且水面以上休息时间应大于 12 小时。如果进行了需要减压停顿的潜水，那么潜水者在进行飞行或飞机上升到一定海拔高度前，至少需要 24 小时的间隔休息。

高空潜水 没有计算高度调整的话，这些空气潜水减压表不适用于在海拔超过 1000 英尺的高度进行的潜水。

潜水的顺序 反复潜水应该保证每次潜水的深度都等于或浅于之前的潜水。

运动潜水的最大深度 运动潜水者的潜水最大深度不应超过 100 英尺。

运动潜水的时间限制 在任何潜水中，总潜水时间（TBT）不应超过没有潜水减压停留的范围。需要强制减压停顿的潜水不应该列入计划之中。

表 D
减压停顿表

深度 英尺 米	潜水时间 （分钟）	第一次停 顿时间 （分钟：秒）	20 英尺处减压 停顿时长 （分钟）	合计时间 （分钟：秒）	反复潜水 组别	深度 英尺 米	潜水时间 （分钟）	第一次停 顿时间 （分钟：秒）	20 英尺处减压 停顿时长 （分钟）	合计时间 （分钟：秒）	反复潜水 组别
40 12.1	135		0		M	**90** 28.7	24		0		G
	150	0:40	6	7:20	O		30	2:20	4	7:00	J
	160	0:40	14	15:20	Z		35	2:20	14	17:00	L
	170	0:40	21	22:20	Z		40	2:20	23	26:00	M
	180	0:40	27	28:20	Z		45	2:20	31	34:00	N
50 15.2	80		0		K	**100** 30.4	18		0		F
	90	1:00	2	3:40	M		25	2:40	3	6:20	J
	95	1:00	4	5:40	N		30	2:40	15	18:20	L
	100	1:00	8	9:40	O		35	2:40	26	29:20	M
	110	1:00	21	22:40	O		40	2:40	36	39:20	N
60 18.3	51		0		I	**110** 33.1	16		0		F
	60	1:20	2	4:00	L		20	3:00	3	6:40	I
	65	1:20	7	9:00	L		25	3:00	14	17:40	K
	70	1:20	14	16:00	N		30	3:00	27	30:40	M
	80	1:20	23	25:00	O		35	3:00	39	42:40	N
70 21.3	42		0		I	**120** 36.5	10		0		D
	50	1:40	9	11:20	L		15	3:20	2	6:00	H
	55	1:40	14	16:20	M		20	3:20	8	12:00	J
	60	1:40	24	26:20	N		25	3:20	24	28:00	L
	70	1:40	44	46:20	O		30	3:20	38	42:00	N
80 24.3	32		0		H	**130** 39.6	6		0		C
	35	2:00	1	3:40	J		10	3:40	2	6:20	G
	40	2:00	10	12:40	K		15	3:40	4	8:20	H
	45	2:00	17	19:40	M		20	3:20	17	21:20	K
	50	2:00	24	26:40	M		25	3:20	34	38:20	M

潜水减压表

✓ 实际潜水时间（ABT）——潜水者离开水面进行下潜时开始计时，到潜水者开始休息暂停或回到水面时停止计时，这段时间称为实际潜水时间，以分钟为单位（不足一分钟按一分钟计）。

✓ 免减压停留的限制范围（NDSL）——潜水者可以待在一个指定的深度（参见表A）的最长时间。反复潜水时，表C里对应的残留氮时间（RNT）必须被加到实际潜水时间（ABT）里来计算总潜水时间（TBT），而且总潜水时间也不得超过表A中指定的免减压停留的限制范围（NDSL）。表C同时也针对不同的深度和不同的反复潜水组合，分别列出了它们的实际潜水时间（ABT），以防止出现总的潜水时间超过免减压停留的限制范围。

✓ 反复潜水——指距离前一次潜水结束不足12小时且至少有10分钟水面休息时间的潜水。对于潜水深度小于40英尺（12米）的潜水，使用表C（RNT表）中40英尺的对应值来确定总潜水时间（TBT）。

✓ 重复潜水组别代号名称（RGD或RG）——用某一个字母表示潜水者潜水后12小时内身体组织内残留氮的数量。

✓ 残留氮时间（RNT）——在反复潜水中，这个数据必须被加到实际潜水时间（ABT）里来确定总潜水时间（TBT），该数据以分钟为单位。RNT抵偿了潜水者在上一次潜水中残留在身体组织里的氮排出的时间。

✓ 水面休息时间（SIT）——潜水者结束潜水回到水面时开始计时，到潜水者进入水面下开始下一次潜水时停止计时（不足一分钟的按一分钟计），中间的这段时间称为水面休息时间。最短的水面休息时间为10分钟。

✓ 总潜水时间（TBT）——实际潜水时间（ABT）和残留氮时间（RNT）的总和。如果表里对于某个深度并没有列出具体时间，就用下一个最长的可用时间作为这个深度的对应数据。

中还可能包括需要减压的信息，从而无须设立一个单独的减压时间表。你可以在本书第215页和第216页的例子中看到这种综合潜水减压表的例子。

潜水减压表的使用

在本节中，我们将仔细研究潜水减压表中的某些要素，包括第215页和第216页组合展示的这些潜水表格。

表 A 提供了 NDSL（即免减压停顿）的时间范围，也就是在免减压停顿的条件下，在不同的深度潜水者可以停留的最长时间。这个表还为各种潜水配置计划提供了一个字母代号，这个字母名称表明残留在你的身体里的氮的数量。

表 B 为水面休息时间表，将不同的水面休息时间（SIT）用不同的字母来代表。当你第一次进行水面休息时，会拿到一个对应组别的代表字母；当你排氮气时，可以获得表中更低位置上的代表字母。

表 C 为残余氮时间表，基于之前一次或多次潜水中身体内残留的氮的数量，提供调整后（减少后）的免减压停留时间限制。该表格也将你身体内残留的氮的数量通过一定的计算方式转化为在不同深度所停留的时间；这个残留氮时间必须被加到你的实际潜水时间里，以计算反复潜水的总潜水时间。

表 D 为减压停留表，提供当你的总潜水时间（实际潜水时间加上残留氮时间）超过最大免减压停留时间（NDSL）的范围时，必须进行的减压停留的时间长度。

现在，你已经准备好学习如何使用空气潜水表来计划潜水了。用表 A 来确定潜水中的最大免减压停顿潜水的时间（NDSL）。这是你在潜水中可以达到最大深度时可以停留的最长时间。如果你的总潜水时间超过 NDSL 时间，你必须使用表 D（这将在稍后讨论）来完成强制性减压。你的目标是避免超过 NDSL 的时间范围。

水平为行，垂直为列，在表 A 里找到你计划潜水的最大深度；移到该行的最后，找到对应的 NDSL。潜水之后，对应同一行，找到第一个没有超过你实际潜水时间的数值（以分钟为单位），沿着该数字所在列向下，找到你此次潜水的代表字母（从 A 到 M）。例如，在 50 英尺（15 米）处潜水 30 分钟，会被分配到 E 组。记住，无论是你的潜水深度，还是潜水持续时间，只要超过了表中所列出的数字，都要使用下一个更大的数字来进行评估计算。

接下来，使用表 B 即水面休息时间表来决定你所进行的反复潜水的代表字母。代表字母取决于你下次潜水前在水面的休息时间。水面休息时间越长，你的代表字母就越靠前。

在表 B 中找到你在表 A 里所获得的代表字母，沿该列向下移动，直到找到你的水面休息时间（SIT）所在的那个时间范围（格式显示为"小时：分钟"；例如，"1：26"是1小时26分钟）。记住，只要你超过（哪怕一点点）表上所列的数值范围，就必须采用表里的下一个更大范围（而不是最接近的范围）来进行评估，然后在时间范围的一行移动到最左边，找到一个代表字母，这个字母就是你重复潜水的组别代号。例如，根据免减压停顿表得出的你的组别为E，然后你在水面的休息时间为2小时，那么你的反复潜水代表字母就是C，因为休息时间在1小时45分钟到2小时39分钟的属于组别C。

使用表格C即残氮（排出）时间（RNT）表来确定你调整后的反复潜水的最大免减压暂停时间，以及你计划的潜水深度处残留氮（排出）时间（这个时间必须被计算到你的实际潜水时间里）。例如，如果你之前潜水的反复潜水代码为C，你计划的下一个潜水深度是50英尺，那么你的实际潜水时间（潜水深度越深，潜水时间的数值越小越低）不得超过57分钟。此外，不同深度（在深度列坐标上，随深度增加坐标上的位置上升）的残留氮（排出）时间（RNT）必须被计算到你的实际潜水时间中。如果你在50英尺处潜水时间为40分钟，反复潜水代号为C，将23分钟的残留氮（排出）时间加到你的总潜水时间（TBT）中，总计为63分钟。

结束一次反复潜水后，重新在表A中通过你的总潜水时间（TBT）获得一个新的反复潜水的代表字母。例如开始时你的反复潜水组别代号为C，在深度50英尺处潜水40分钟，计算得出总潜水时

表A　总潜水时间表（分钟）

深度 米	英尺	免减压停留限制	A	B	C	D	E	F	G	H	I	J	K	L	M
3	10		57	101	158	245	426								
4.6	15		36	60	88	121	163	217	297	449					
6.1	20		26	43	61	82	100	133	173	256	330	461			
7.6	25	354	20	33	47	62	78	97	117	140	166	198	236	285	354
9.1	30	223	17	27	38	50	62	76	91	107	125	145	167	193	223
10.7	35	168	15	23	32	42	52	63	74	87	100	115	131	148	168
12.2	40	135	12	20	27	36	44	53	63	73	84	95	108	121	135
13.7	45	102	11	17	24	31	39	46	55	63	72	82	92	102	
15.2	50	80	9	15	23	31	37	43	50	56	63	71	80		
16.7	55	63	8	14	19	25	31	37	43	50	56	63			
18.3	60	51	7	12	17	22	28	33	39	45	51				
21.3	70	42	6	10	14	19	24	28	32	37	42				
24.4	80	32	5	9	13	16	20	24	28	32					
27.4	90	24	4	7	11	14	17	21	24						
30.5	100	18	4	6	9	12	15	18							
33.5	110	16	3	5	7	10	13	16							
36.6	120	10	3	5	7	10									
39.6	130	6	2	4	6										

空气潜水表

反复潜水的深度（英尺/米）

	A	B	C	D	E	F	G	H	I	J	K	L	M
130/39 4/2 ←A-	2:20 0:10	3:36 1:17	4:31 2:12	5:23 3:04	6:15 3:56	7:08 4:49	8:00 5:41	8:52 6:32	9:44 7:24	10:36 8:16	11:29 9:09	12:21 10:02	13:13 10:54
6 ←B		1:16 0:56	2:11 1:41	3:03 2:34	3:55 3:26	4:48 4:18	5:40 5:11	6:32 6:03	7:24 6:56	8:16 7:49	9:09 8:41	10:01 9:34	10:53
9 ←C			0:55 0:10	1:47 1:30	2:39 2:23	3:31 3:15	4:23 4:08	5:16 5:00	6:08 5:53	7:00 6:45	7:52 7:38	8:44 8:31	9:37
11 ←D				0:52 0:10	1:44 1:30	2:38 2:23	3:30 3:15	4:22 4:08	5:14 5:00	6:07 5:53	6:59 6:45	7:50 7:51	8:42
13 ←E					0:52 0:10	1:44 0:53	2:37 1:45	3:29 2:38	4:21 3:30	5:13 4:22	6:06 5:14	6:58 6:07	6:59
15 ←F						0:52 0:10	1:45 0:53	2:38 1:45	3:30 2:38	4:22 3:30	5:14 4:22	6:07 5:14	
18 ←G							0:52 0:10	1:45 0:53	2:38 1:45	3:30 2:38	4:22 3:30	5:14	
20 ←H								0:52 0:10	1:44 0:53	2:37 1:45	3:29 2:38	4:21 3:30	4:21
22 ←I									0:52 0:10	1:44 0:53	2:37 1:45	3:29 2:38	3:30
25 ←J										0:52 0:10	1:44 0:53	2:37 1:45	2:38
27 ←K											0:52 0:10	1:44 0:53	1:45
30 ←L												0:52 0:10	0:53
32 ←M													0:52 0:10

新的反复潜水的组别

表B　在水面休息的时间（精确到分钟）

从此处开始

表 C

余氯递减表（分钟）

反复潜水的深度（英尺/米）

组别	35/11	40/12	45/14	50/15	55/17	60/18	70/21	80/24	90/27	100/30	110/33	120/36	130/39
◄A	13/153	12/122	11/90	10/69	10/53	9/42	8/34	7/25	6/18	5/13	5/11	5/9	4/7
◄B	24/144	21/114	18/84	17/63	14/48	12/37	10/30	9/22	8/15	7/10	6/8		6
◄C	33/135	29/106	25/77	23/57	19/43	16/32	14/26	12/18	11/12	10/7	9/1		
◄D	43/125	37/98	32/70	29/51	24/37	22/27	18/21	16/14	14/8	13/2			
◄E	53/115	46/90	40/62	35/45	29/31	25/22	22/17	19/10	17/5				
◄F	64/104	55/80	48/54	42/38	35/25	31/16	25/13	22/7	20				
◄G	75/93	64/71	56/46	49/31	40/19	34/11	29	25					
◄H	88/80	74/61	64/38	51/15	58/7								
◄I	101/67	87/50	73/29	58/15	65/7								
◄J	116/52	97/38	81/7	65									
◄K	132/36	109/19											
◄L	149/13	122/											
◄M	169/136												

提示：对于深度小于 35 英尺的反复下潜，使用 35 英尺的对应数据

新的反复潜水的组别

间（TBT）为 63 分钟。根据表 A，50 英尺的潜水深度和 63 分钟的总潜水时间会将你的下一次反复潜水代码规定为 I。

只有当出现你在某一深度超过免减压极限时间范围（NDSL）的紧急情况时，才使用表 D。你一定要尽力避免需要进行强制减压停顿的潜水活动。如果你无意中发现自己的总潜水时间（TBT）超过 NDSL，你可以参考表 D 来确定所需要的减压。例如，如果你在 60 英尺（18 米）处的总潜水时间 TBT 超过 51 分钟（NDSL），但未达到 61 分钟，你需要在深度 20 英尺（6 米）处进行 2 分钟的减压。你的总上升时间（包括减压时间），共需要 4 分钟。潜水加压后你的重复潜水代号变为 L。这个例子仅供紧急情况参考。除非你完成了专业训练并满足了所有的安全要求，否则你的潜水计划从一开始就不能包括进行需要强制减压的潜水。

表 D

减压停顿表

深度 英尺/米	潜水时间（分钟）	第一次停顿时间（分钟：秒）	20 英尺处减压停顿时长（分钟）	合计时间（分钟：秒）	反复潜水组别
40 12.1	135		0		M
	150	0:40	6	7:20	O
	160	0:40	14	15:20	Z
	170	0:40	21	22:20	Z
	180	0:40	27	28:20	Z
50 15.2	80		0		K
	90	1:00	2	3:40	M
	95	1:00	4	5:40	N
	100	1:00	8	9:40	O
	110	1:00	21	22:40	O
60 18.3	51		0		L
	60	1:20	2	4:00	L
	65	1:20	7	9:00	M
	70	1:20	14	16:00	N
	80	1:20	23	25:00	O
70 21.3	42		0		I
	50	1:40	9	11:20	L
	55	1:40	14	16:20	M
	60	1:40	24	26:20	N
	70	1:40	44	46:20	O
80 24.3	32		0		H
	35	2:00	3	3:40	J
	40	2:00	10	12:40	K
	45	2:00	17	19:40	L
	50	2:00	24	26:40	M
90 28.7	24		0		G
	30	2:20	4	7:00	J
	35	2:20	14	17:00	L
	40	2:20	23	26:00	M
	45	2:20	31	34:00	N
100 30.4	18		0		F
	25	2:40	4	6:20	J
	30	2:40	15	18:20	L
	35	2:40	26	29:20	M
	40	2:40	36	39:20	N
110 33.1	16		0		F
	20	3:00	1	8:40	J
	25	3:00	14	17:40	K
	30	3:00	27	30:40	M
	35	3:00	39	42:40	N
120 36.5	10		0		D
	15	3:20	2	6:00	H
	20	3:20	8	12:00	J
	25	3:20	28	28:00	L
	30	3:20	38	42:00	L
130 39.6	6		0		C
	10	3:40	1	5:20	G
	15	3:40	8	8:20	J
	20	3:40	17	21:20	K
	25	3:40	34	38:20	M

使用特种设备的潜水计划

如果你在潜水中使用富氧空气（氮化物），那你必须使用特殊的潜水表。你需要通过专业的富氧空气使用培训课程来了解如何使用这些特殊的潜水表。不要未经过适当的培训就尝试专业潜水。当你的潜水深度超过 130 英尺（39 米）只有几英尺时，呼吸压缩空气不是特别危险的一件事，但如果超过最大深度限制（最大深度限制随气体混合物成分的不同而变化），呼吸混合气体可以导致癫痫发作和溺水。压缩空气以外的气体混合物仅适用于经过必要的潜水训练且配备了专业装备的潜水者。

潜水规划图的要素和规则

潜水者使用潜水规划图有几种不同的类型，包括规划潜水时间和潜水深度两个方面。图 7.3 展示了一个标准的潜水规划图。通常情况下，下潜到一定深度停留一段指定时间，在潜水规划图中会通过一个多角图形展示出来。而多级潜水规划图展示的是在给定时间内由深至浅的潜水过程。当你把一次潜水规划成一系列步骤，你可以把它作为一个分步潜水。锯齿形潜水规划图则描述的是一次由深到浅再折回深处的潜水活动。尽量在实际中避免这种类型的潜水。另外，还有一种突发潜水规划，是用来规划 ABT 很短的潜水，例如为了解开缠绕的锚而进行的潜水。你也应该避免进行此类潜水规划。这类潜水规划在图上显示出来通常为尖峰形，所以又被称为尖峰潜水。图 7.4 分别展示了这四种规划。

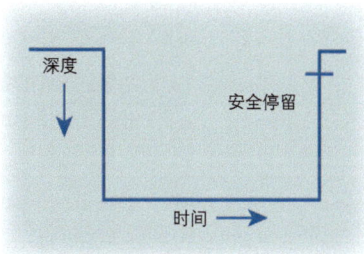

图 7.3
标准潜水规划图

绘制潜水规划

在计划潜水和记录潜水时，将规划内容通过绘图的方式记录下来，包括计划和实际的潜水深度、减压停留、潜水时间、反复潜水代表字母和水面休息时间等。对于反复潜水，还要包括残留氮（排出）时间和总潜水时间。绘制潜水规划的一个简单方法就是使用如图 7.5 所示的这种工作表。有些潜水计算机可以自动记录你的潜水规划，并能显示以供回顾。

尝试下面的练习，将你学到的关于潜水表流程的知识与绘图相结合。使用图 7.5 所示的空白工作表作为模板。如果你有任何困难，请参考前面章节中关于如何使用潜水表的部分。假设所有潜水时间包括 3 分钟的休息减压暂停，计算和绘制下面的一系列潜水（绘制问题的答案在接下来的段落以及图 7.6 中）：

第一次潜水的深度是 78 英尺（24 米），ABT 为 20 分钟，跟着一个 1.5 小时的水面休息。

第二次潜水的深度是 55 英尺（16.8 米），ABT 为 25 分钟，跟着一个 2 小时的水面休息。

第三次潜水的深度是 40 英尺（12 米），ABT 为 25 分钟。

解决方案：第一次潜水后反复潜水组别的代号为 E。水面休息后，反复潜水组别的代号为 C。反复潜水组别代号为 C 的潜水者在 60 英尺（18 米）处的残余氮（排出）时间为 20 分钟。第二次潜水的总潜水时间 TBT（ABT + RNT）是 45 分钟（25 + 20）。

图　7.4

潜水规划图的类型

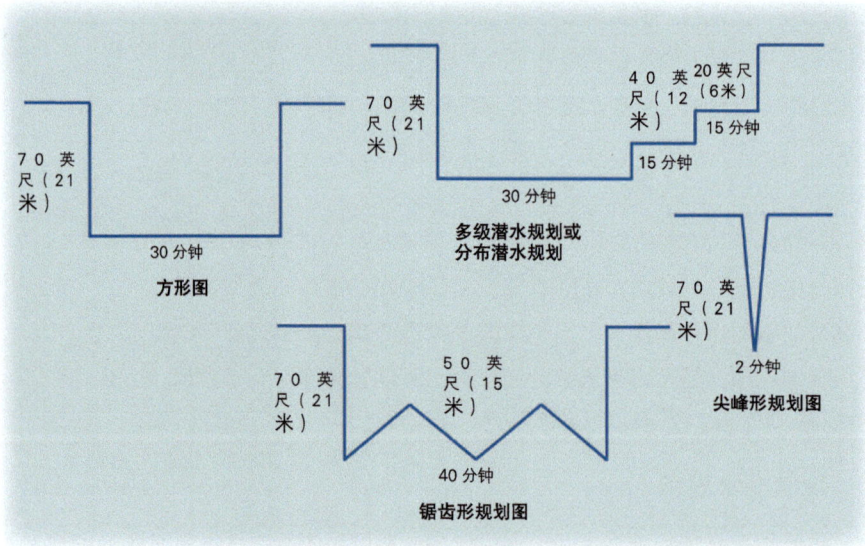

图　7.5

使用此类型的工作表格来计划你的潜水活动

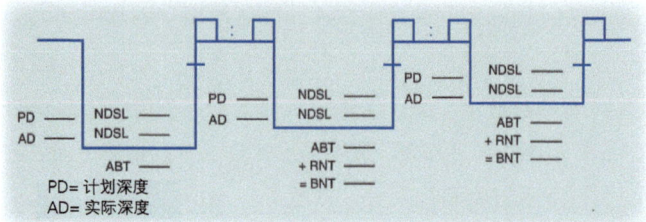

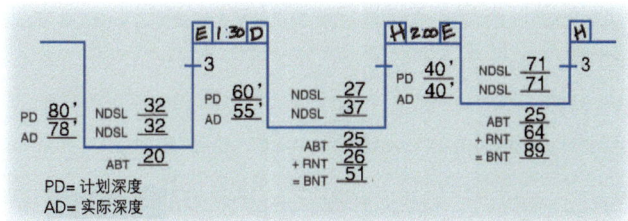

图 7.6

完成后的规划工作表

第二次潜水后反复潜水组别的代号变为 H。第二次水面休息后，潜水的重复潜水组别代号变为 F，代号为 F 组的潜水者在 40 英尺处的残余氮（排出）时间是 55 分钟。第三次潜水的总潜水时间为 80 分钟（25 + 55）。第三次后潜水的重复潜水组别代号为 I。

下面有一些小建议，可以帮助简化潜水规划图表：

除了第一个拐角处以外，在规划图的每一个上角输入反复潜水组别的代号。

对于每次反复潜水，都要把实际潜水时间和残余氮（排出）时间相加来计算出你的总潜水时间。使用缩写 ART 来帮助自己记住在总潜水时间中加上实际潜水时间和残余氮（排出）时间。

接下来，你就可以结合潜水表的程序来计划一系列的潜水。用如图 7.6 所示的空白图表，假设第一次潜水的最深深度是 60 英尺，根据表 A，查出 NDSL 为 51 分钟。此后安排一个实际潜水时间为 20 分钟的潜水（包括休息）。在第一次潜水后，你的反复潜水代码为 E。然后计划一次在同一深度的反复潜水。参考表 C 来计划潜水，因为表 C 提供了不同代码的反复潜水的最大潜水时间范围。如果你的水面休息时间小于 52 分钟，那么你仍然在 E 组，残余氮（排出）时间为 29 分钟，并且实际潜水时间不得超过 22 分钟。建议你的水面休息时间应该至少为 1 小时。如果你在第一次和第二次潜水之间等待了一个小时，潜水的重复潜水组别代号名称改变为 D，残余氮（排出）时间为 24 分钟，并且实际潜水时间不能超过 27 分钟。如果你想潜水 28 分钟，你需要延长水面休息时间至少到 1 小时 45 分钟，从而进入反复潜水组 C。

假设你在 C 组数据的基础上重复第一次潜水，你的余氮时间 RNT 是 19 分钟，你的实际潜水时间是 28 分钟，所以你的总潜水时间是 47 分钟。你第二次潜水的反复潜水代码为 I。

假设潜水地点状况很好，你第三次潜水想达到 60 英尺的深度，你会发现 I 组已经不能下潜到这个深度了。于是在表格列中向上寻找，如果你想潜入深度 60 英尺停留 28 分钟，你需要保证自己的这次潜水代码为 C，C 组可以进行一次最长为 32 分钟的免减压停留潜水。当你知道你需要达到及开始的潜水的反复潜水代码，你就可以计划你的水面休息时间。表 B 告诉你，你必须等待至少 5 小时 14 分钟才可以从 I 组移到 C 组。在这种情况下，选择一个浅层潜水可能更为明智。

使用这些潜水用表来计划潜水，可以避免紧急减压。你有三个选项可以用来计划反复潜水，不需要强制减压。如果你的剩余氮时间（RNT）妨碍你进行你期待的潜水，你可以：（1）减少潜水的持续时间；（2）减小潜水的深度；（3）增加潜水的水面休息时间。

特殊程序

当出现不寻常的情况时，我们需要启用特殊程序。潜水计划中应该包含下列所有情形：

寒冷或吃力的潜水——尤其当潜水条件特别寒冷或让你感到吃力时，选择下一个更大的时间数值来计划潜水。如果潜水不仅寒冷而且状况很差，用下一个更大的时间和深度数值来计划潜水。

变化的上浮速度——如果你上浮的速度超过每分钟 30 英尺（9 米），要将你的休息暂停时间至少再延长两分钟。你上浮得越快，你越应该延长休息暂停的时间。

多级潜水——按照方形规划潜水的方式来对待多级潜水，假设整个潜水过程中你都位于最深的潜水深度。不要试图根据已有的表格数据去推断潜水表里没有的数据。

省略减压——如果在潜水过程中你需要减压但未能成功进行，使用以下步骤进行省略减压。如果潜水后你没有出现潜水减压病的症状，就仍然待在水平面以上，尽可能呼吸浓度最高的氧气，休息，喝水，并且随时监测是否有减压病的症状出现，至少等待 24 小时才能再次潜水。如果你怀疑自己患上了减压病，就在高压设备中进行一次医疗检查。美国海军有一个水中减压的程序，但是潜水医学专家一致认为这个程序是不适当的，除非你别无选择。

休息暂停导致你的实际潜水时间或总潜水时间超过了免减压停留时间——如果休息暂停导致实际潜水时间或总潜水时间超过了最大时间限制范围，就通过潜水规划时所使用的免减压潜水数据来确定反复潜水的组别代码。

强制减压后的潜水——如果在潜水过程中需要强制减压，在潜水结束后要等待至少 24 小时才能进行下一次潜水。

反复潜水的残余氮（排出）时间超过之前潜水的实际潜水时间——如果反复潜水的残余氮（排出）时间超过前一次潜水的实际潜水时间，就使用残余氮（排出）时间来计划这次反复潜水。

潜水后的海拔高度变化——由于高度增加会使大气压力减小，因此潜水后继续升高海拔会增加患减压病的可能性。潜水后开车在山上或飞行都可能会引起潜水减压病。潜水后，要待在海平面高度，直到体内的残余氮排出，这样才不会患上减压病。

潜水者警报网络（DAN）建议，在进行完一次免减压潜水后，潜水者至少要等待 12 小时再乘坐商业客机（高于 8000 英尺，或2438 米）。如果你在几天内反复潜水，那么至少要等待 18 小时再进行飞行。如果你在潜水中需要减压，那么到起飞之前的时间间隔必须远远大于 18 小时。延长你结束潜水到飞行的时间间隔，可以减少患减压病的概率。

DAN 并未提供关于在更低海拔地区飞行或开车的建议。目前最广泛使用的海拔测量表是瑞士潜水表格。瑞士表格比美国海军军用潜水表所使用的数据模型的半衰期要长很多。使用合理的方法在潜水后延迟变化海拔，使得美国海军军用潜水表中的水面停留时间与瑞士潜水表格中的水面停留时间相同。接近于延迟的合理方法使得USN 潜水表的水面休息时间与瑞士潜水表的这些数据相当。在表 7.1中，转换后的美国海军军用最短水面停留时间限定了针对不同海拔地区要达到条件范围内的氮含量所需的最短时间。

高海拔是指任何海拔超过 1000 英尺（305 米）的高度。海拔推迟时间表提供海拔 10000 英尺（3048 米）内推荐的推迟时间。使用海拔推迟时间表时，在表头水平一行你会看到反复潜水组别的代码。

225

表7.1 海拔高度延迟时间表

海拔（ff/m）	ABC	D	E	F	G	H	I	J	K	L	组别 *
2000/610	0：00	0：00	0：00	0：00	0：00	0：00	0：00	0：00	0：00	2：26	K
3000/914	0：00	0：00	0：00	0：00	0：00	0：00	0：00	0：00	2：37	4：08	J
4000/1219	0：00	0：00	0：00	0：00	0：00	0：00	0：00	2：53	4：30	5：51	I
5000/1524	0：00	0：00	0：00	0：00	0：00	0：00	3：04	4：57	6：29	7：44	H
6000/1829	0：00	0：00	0：00	0：00	0：00	3：20	5：24	7：12	8：38	9：54	G
7000/2134	0：00	0：00	0：00	0：00	3：41	6：02	8：06	9：43	11：10	12：36	F
8000/2438	0：00	0：00	0：00	4：08	6：50	9：11	11：04	12：41	14：19	15：40	E
9000/2743	0：00	0：00	4：57	8：06	10：48	12：58	14：51	16：39	18：11	23：09	D
10000/3048	0：00	6：18	10：37	13：25	15：56	18：05	20：10	21：47	23：24	24：50	C

注意：表里所列的时间代表的是在上升到表中所列海拔前的建议延迟时间，这个时间与美国海军军用潜水水面休息时间的延迟系数为5.4。时间的表达格式为"小时：分钟"（例如，"5：24"是5小时24分钟）。

※ 代表对于相应海拔所推荐的最小反复潜水组别的代码

突发事件规划

当你计划一个潜水规划图时，你还应该为突发事件制定准备计划。你应该知道如果你在潜水时无意中超过计划深度或时间，甚至两者兼而有之时，你该怎么办。图7.7所示的这个简单的矩阵会对你很有帮助。使用潜水表格进行潜水时，你应该提前准备一个潜水的应急矩阵并随身携带它。潜水计算机也可以自动提供应急信息。

当你做完潜水计划以后，你需要实施它。潜水计划的第一条规则是计划你的潜水活动，然后按你的计划潜水。你和你的朋友应该尽一切努力去做你们在潜水前达成一致的事情。当环境迫使你的计划发生改变时，启用应急计划有助于你继续顺利潜水。这些计划需要解决潜水中许多可能的意外事件，例如你应该知道当发生下列情况时自己应如何处理：

当你计划从一艘船的正面浮出水面时，发现实际出水点在船的下游方向。

无法到达或使用原本选择好的岸上的退出点。

结束潜水的位置离你预定的结束地点有一段很长的距离。

潜水时间超过允许的最大潜水时间（ABT或TBT）。

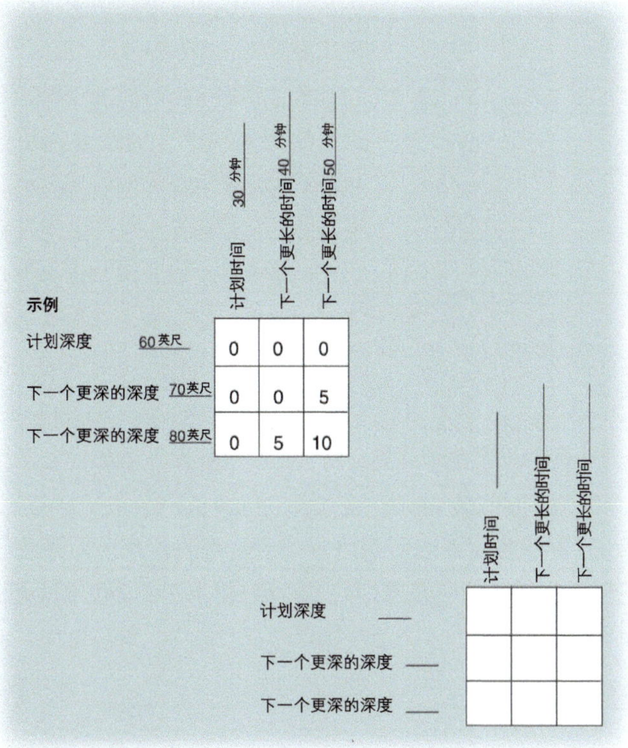

示例

	计划时间 30 分钟	下一个更长的时间 40 分钟	下一个更长的时间 50 分钟
计划深度 <u>60 英尺</u>	0	0	0
下一个更深的深度 <u>70 英尺</u>	0	0	5
下一个更深的深度 <u>80 英尺</u>	0	5	10

	计划时间	下一个更长的时间	下一个更长的时间
计划深度 ___			
下一个更深的深度 ___			
下一个更深的深度 ___			

图 7.7

应变矩阵可以帮助你提前计划意想不到的事情

在潜水时潜水计算机发生故障。

没有做预防性减压直接上浮到了水面。

潜水计算器和潜水计算机

尽管潜水计算机在使用过程中可能会出现一些问题，但是好处也是远远大于这些问题的，因为潜水计算机简化了潜水计划。强烈建议你尽快准备一台潜水计算机。当然，你也要确保了解如何使用潜水表格和潜水计算器，这样的话，即使你没有潜水计算机也知道如何计划一次潜水。虽然潜水计算机大大降低了潜水表格的使用概率，但是潜水者必须保证知道如何使用潜水表格，以防潜水计算机无法正常工作。

潜水计算器是可以循环利用的计划设备，并且消除了潜水表所需要的算法。潜水计算器提供预先计算好的数字，无须进行加减运算。

227

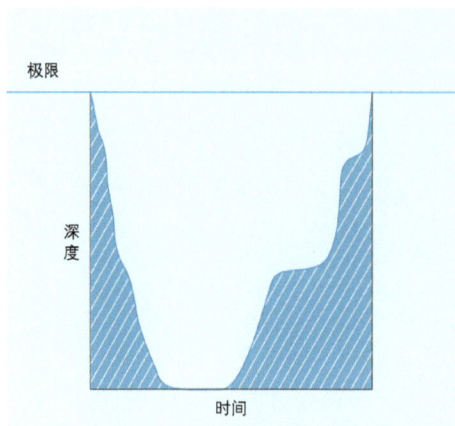

图 7.8

条纹区域代表了在潜水表中被过度谨慎计算而浪费的时间范围

潜水计算器的辅助线则用于帮助避免使用潜水表时出现串行的问题。

潜水表格通常以 5 英尺或 10 英尺（1.5 米或 3 米）为增量，并且要求所有的潜水时间均按最大潜水深度来计算。如果你第一次下潜的深度比后面的潜水深度都要深，你会因此处于不利境地，因为潜水表把整个潜水过程都认同为潜到最深的深度（见图 7.8）。在潜水结束后，你得到一个比你应得的要高的反复潜水代码。潜水表格是提前计划的设备，而潜水计算机提供实时的减压状态信息。

潜水计算机使用 1 英尺（0.3 米）的增量为潜水规划图进行规划，并且不断计算吸入的氮量。当你在多级潜水中变化潜水深度时，只有你吸入的氮的部分才会被折算到总时间里面，不会出现潜水表

潜水计算机

优点

→ 避免潜水表格中使用最大深度的不利。

→ 提供精确的潜水规划图信息。

→ 潜水计算机可以将潜水规划存储记录下来。

→ 可以消除人工潜水计划的常见错误。

→ 潜水计算机提供额外的功能，例如指明上升速率。

缺点

→ 潜水计算机是电子设备，可能发生故障。

→ 潜水计算机的售价和服务都很昂贵。

→ 每名潜水者必须有一个自己专门的计算机。

→ 不同类型的笔记本计算机使用的数学模型不同，当一个团队使用不同类型的笔记本计算机时会导致一些冲突。

→ 不是潜水计算机提供的所有潜水计划信息都可以与实际情况相吻合。你必须学会使用本节中的潜水计算机使用指南。潜水时你必须随身携带你的潜水计算机，因为它可以持续提供你的减压状态，跟踪记录你的残余氮量。

（见图 7.8）中按最大深度计算的情况。所以在多级潜水后，你的残余氮时间小于使用潜水表计算出的时间。避免不利后果是潜水计算机作为规划设备的主要优势。潜水计算机还通过滚动显示不同深度的时间限制，提供预先规划的信息。

不管你选择什么类型的潜水计算机，你需要了解一些基本的原则。首先，一定要仔细阅读潜水计算机附带的说明书。在使用潜水表潜水后，至少等待 24 小时再使用潜水计算机进行潜水。不要超过制造商指定的上升速率，并且在每次潜水结束时，在 15~20 英尺（4.6~6.1 米）处做一个 5 分钟的休息暂停。如果你超过了你的潜水计算机制定的上升速度，那么就需要延长你的预防性暂停时间，长度至少要与你上浮到暂停处所需的时间相同。不做深度超过 80 英尺（24 米）的反复潜水。保持你的潜水计算机处于激活状态，直到排气完成。如果潜水计算机发生故障时你的潜水深度超过 30 英尺（9 米），立即进行一个暂停休息并终止潜水。如果你的计算机发生故障或是你不小心关掉了它，在 24 小时内不要继续潜水。

如果你的潜水时间超过了最长潜水时间范围，必须进行减压。计算机会显示一个你可以上浮到的最小深度。当你减压时，这个上限深度会越来越浅，直到计算机表明你可以浮出水面。在水面进行最小时间的休息后，笔记本计算机开始滚动显示不同深度潜水时的时间限制。再次潜水前至少要等待 24 小时，直到所有潜水的上限被显示出来之后。

包含潜水表格的备份计划内容对于立体的规划图非常有益；然而，对于潜水计算机计划的多级潜水，使用潜水表格做备份计划并不可行。

现代潜水计算机提供了许多功能。这里有一些关于潜水计算机可能包含的功能的例子：

不同的呼吸气体的使用范本

减压暂停的数据

提供对气瓶压力和剩余空气数据的无线信号发射器

潜水规划图全部的历史数据

多步骤上升速率指标

海拔调整

潜水计划模板

背光等

发声警报

一个包含集成的无线信号发射器和数字指南针的潜水计算机，可以在你潜水前、过程中和结束后提供潜水计划信息。闭路呼吸器里面的处理器也是潜水计算机的一个变种，可以提供高科技的潜水计划信息。潜水计算机的优点大大超过其缺点，现在潜水计算机已经几乎成为水肺潜水者的必要设备。

潜水后总结

潜水后，你和你的潜伴应该一起回顾你们的经历。你的潜水计划和实际的潜水活动相符吗？如果有偏离计划的地方，造成偏离的原因是什么？你可以通过不同的计划或方法来防止这种偏离吗？怎样在下次潜水中得到改进？有一些问题的解决，需要调研或是专业人士的建议和意见。每一次的潜水经验都会影响你未来的潜水计划。你与同伴一起进行的潜水应该进展得越来越顺利。每次你去了一个新的潜水地点，你的潜水流程都应该随之进行调整。和你的同伴回顾每一次潜水并讨论未来的潜水活动，是对未来潜水计划特别有益的部分。即使你的潜伴是个新人，你也应该和他一起计划潜水，并在潜水之后共同讨论，总结经验。

总结

俗语说"失败的计划就等于在计划着失败"，这对水肺潜水者也是一条真理。潜水计划的所有阶段都很重要，可以帮助确保愉快和成功的水下体验。按照推荐的步骤进行计划，在适当的时候进行实地调研，制定应急计划，与你的潜伴讨论你的潜水活动。

潜水配置表是潜水计划的很大一部分。一定要保守地计划你的潜水活动。没有任何潜水计划能保证你不会在潜水后患减压病。潜水深度、潜水时间和频率与潜水减压病的风险正相关。要控制连续多天潜水和多次潜水，因为反复多次潜水会使你更容易患减压病。每一次潜水结束后，都做一个休息停顿，避免不合适的环境，水面休息时间应在 1 小时或更多。经过连续三天的反复潜水后，再次潜水要至少间隔一天。运用你良好的判断力和常识。

第八章

潜水大发现

通过本章的学习，你将能够做到以下几点：

1. 列出对于初级潜水者而言的十一项特别兴趣点和对于高级潜水者而言的六项特别兴趣点。

2. 列出至少五种继续潜水学习的方法。

3. 列出至少三种参与到当地潜水团体中的方式。

4. 列出在准备潜水旅行时应该采取的几项措施。

作者的妻子同谢尔曼坦克，塞班岛，北马里亚纳群岛

潜水机会

作为一名有资质的潜水者，你可以做很多事情。举例来说：你可以学到更多的知识，可以在不同的海域潜水，被公认为专业人员，帮助他人又可以赚钱。潜水机会比比皆是。

雪花海蛞蝓，瓦雄岛，华盛顿

继续教育

一名好的潜水者从不停止学习。你不可能在单——门介绍性的课程中学完你需要的所有潜水知识。在完成你的入门级课程之后，你可以立即报名参加中级或高级的潜水课程。这些课程可以让你在监督和帮助下获得额外的经验，帮助你开发其他重要的技能（如导航），并带你进入潜水的特别有趣的领域。当你确定了一个你向往的潜水专业领域，就应该完成与这个主题相应的专业课程。专业课程可以帮助你一开始就享受你所喜爱的特殊领域，还可以帮助你避免错误或受到伤害。对于新的潜水者而言，可能感兴趣的专业领域包括：

→ 水下摄影 → 干服潜水

→ 水下狩猎和采集 → 漂流潜水

→ 水下环境 → 洞穴潜水

→ 潜水救生救援 → 高海拔潜水

→ 夜间潜水 → 高氧潜水（富氧空气）

→ 船潜

经验丰富的潜水者可能对以下高级培训的专业课程感兴趣：

→ 沉船潜水 → 河潜

→ 冰潜 → 搜索与恢复

→ 洞穴潜水 → 循环呼吸器潜水

→ 深潜 → 混合气潜水

参加课程是学习潜水的一个途径；还有很多研讨会、讲习班和会议可以参加。查看潜水出版物的日历公告部分，去了解你所在地区的已定潜水活动。潜水项目在不断地更新变化，所以你需要不断更新你的潜水医疗知识、潜水设备和潜水手续。继续学习的课程可以为你提供向专业人士学习的机会。

你可以通过阅读图书、杂志和报纸了解更多关于潜水的内容。订阅周期性刊物可以阅读到你想了解的关于潜水的更多知识。本书的附录中包含了一些潜水期刊的名录，你还可以浏览为潜水者开设的专业网站。

另一个让你继续学习的方法是参加潜水俱乐部，潜水俱乐部为潜水者提供了丰厚的好处，其中就包括接受培训。他们通常会在当地举办一月一次的专题性的兴趣讲座。

继续学习对你能够安全潜水并且享受潜水乐趣非常重要。当你的潜水知识不断增加时，你也许会对帮助其他人学习感兴趣。

当地潜水机会

你并不需要住在沿海地区才能经常潜水或涉足潜水领域。在那些非沿海地区，你可以在任何找得到水的，或有潜水店、潜水俱乐部的地方潜水。如果你想涉足潜水的话，可以在你所在的区域寻找所有和潜水相关的企业和团体，比如潜水俱乐部、潜水店铺、船潜

水下摄影为你留住潜水时的美丽瞬间

服务机构、潜水组织和潜水刊物出版机构。你可以加入潜水俱乐部，参加它的聚会，并参加俱乐部的潜水活动；查找当地的潜水网站，与当地的其他潜水者联系；完成继续学习的课程；参加当地的潜水研讨会、讲习班、会议和展览；在你参加潜水活动时，注意跟其他潜水者交谈。你要抓住一切机会向比你有经验的人学习。

潜水旅行

许多潜水者非常享受异国风情的潜水之旅，而且在这个世界上有成千上万的美丽又令人兴奋的潜水地点可供选择。如果你打算旅行去别的地方潜水，你需要知道如何安排潜水旅行、如何准备以及如何享受你的旅程。

有旅行社专门为向往潜水之旅的人提供有价值的信息，所以选择这些旅行社是一个预订行程的好主意。你也许需要考虑一个潜水旅行的套餐，其中包括住宿和潜水项目。在各类出版物上出现的潜水胜地广告就会宣传这些套餐，也经常提供价格便宜的潜水表演。许多度假村都有免费咨询电话，你可以打电话查询，以获取相关潜水旅行套餐的信息。为了确保最优价格，你需要在确认预订之前多方比较。如果你从潜水度假村得到的宣传册是过期的，请与他们联系咨询最新的优惠活动。

当你规划潜水旅游的行程时，你需要决定是要由居住的潜水船

很多潜水目的地都备有气瓶供潜水者使用

上潜水还是从度假村的岸上潜水。一个驻船的行程可以让你在不同的地点开始潜水，潜水船会在一天之中穿梭于多个地点，你可能会到一个少有人去的地方潜水。如果你不晕船，并且潜水也是你出行的唯一目的，那么居住在潜水船上的旅行对你而言会是一次非常奇妙的经历。

如果你不介意拘束一些，而且又想参加潜水之外的活动，就可以考虑制定从岸边潜水的旅行方案了。很多漂亮的岛屿和度假村除了潜水活动以外，还提供各种各样的其他休闲活动。所以在靠岸的潜水地区，你旅行团队中的非潜水成员通常也可以找到其他的令他们非常享受的娱乐项目。

在所有梦幻般的目的地中做出选择是很困难的事情，不过许多潜水刊物的文章可帮助你决定去哪里潜水。当然，其他潜水者的建议、你的潜水俱乐部或潜水相关商店赞助的旅行方案以及旅游演说也能帮助你做决定。

当你决定了你的潜水之旅，就需要尽可能多地获得有关当地潜水的信息。获取并查阅关于这个地区的宣传册、图书、文章、录像带和其他可能的材料；互联网是另一个优秀资源。和曾经去过该地潜水的潜水者多多交流吧，你提前准备得越充分，你的旅行经历就越愉快，也越享受。

当你选择好了你的潜水目的地，你应该提前预订自己的行程，以书面形式将各项准备确认落实，并获得有关取消、退款、补偿事项的相关条例。

研究并计划你的潜水之旅，要从你去潜水时的水温处于当地全年水温的哪个状态这个问题着手，这样可以获得适当的防护。请记住，较多的隔离总比过少的好。另外，还要确保你所有的设备处于良好的工作状态。

做好防晒措施，避免晒伤。热带地区的日光会比其他气候的地区更加刺激和强烈。使用防晒霜，除非你已经晒成深褐色了。要不然就让自己时刻被覆盖着，即使在水里也是一样。使用有防晒成分的润唇膏。你不能几天之后就晒成一个黑球，所以如果你还没有的话，就不要做这种愚蠢的尝试。晒伤足以毁掉一个珍贵的假期，而且当被晒伤了才进行保护的时候，穿上防护服是痛苦的。在热带地区只需几分钟，日光就可以让一个未经训练的人被灼伤，所以一定要小心！

提前获得并准备好旅行中需要的所有文件。护照和签证可能需要花几个月的时间办理。一定要确认你要去的地方是否需要免疫接种。

知道你在目的地期待经历什么；知道当地的电频和电压，如果携带了不同电压下工作的电器，记得带转换器。了解货币的汇率，可以考虑随身带一个便携计算器来帮助计算货币间的转换。

如果你带有昂贵的相机、视频设备或珠宝，要在离境海关办公室申报，这样可以避免回来的时候这些财产被海关征税。

不要拖延你的准备工作。拖延可能导致你的行程被取消，不仅不能退款，还必须承受大量的无奈。

控制所携带的行李的数量。去进行潜水之类的活动的话，你并不需要太多的衣服，除非你打算参加一些正式的活动。短裤和T恤，一些泳衣，以及烛光晚餐的情侣套装就足够了。经验丰富的潜水旅行者一般都轻装上阵。

潜水目的地提供运输船和承重，这样你就不必把物品都随身携带了。当你收拾行李的时候，要记住有可能你所能携带的行李重量是有限制的。超重行李的费用一般很高。为了防盗，应避免炫耀昂贵的潜水、摄影和视频设备。用不显眼的箱子运输你的装备会相对好一些。时常确认包含昂贵设备的行李。

对于旅行中的疾病要做好准备。预备一些治疗恶心、腹泻和感冒的药物，为在异国他乡生病做些准备，以防万一。

乘坐飞机是潜水旅行最常用的交通方案。航空旅行通常会产生时差和脱水。同时，因为很多病毒和细菌都集中在飞机的客舱内，在到达目的地的几天后出现病毒性疾病是很常见的。下面是关于航空旅行的一些提示和建议：

安排你的航班，在你潜水活动的前一天到达目的地。抵达的当天就开始潜水是不明智的安排。

在乘飞机时，每隔一小时就喝一杯水或果汁，以防脱水。避免酒精、牛奶和含糖饮料。飞机上的湿度为8%左右，所以，除非你喝大量的水，否则你就会脱水。

避免在飞行时吃得太饱或是过咸。清淡的食物比脂肪类食物好一些，对抑制脱水有帮助。如果航线上不提供饭菜，可以考虑订购沙拉和水果等特殊膳食，或自备食物。

旅行时要经常洗手。因为你手上的细菌会进入你的眼睛和鼻子，并导致病毒感染。

请记住，飞机行李舱的非增压和低气压可能会损坏你的仪器仪表盘。因此，你应该把这些物品放置在随身携带的行李中或将其置于密闭的容器里。

尽快到达目的地后，做一些运动锻炼，并喝大量的水来补充身体。控制你的酒精摄入量，以防脱水。在潜水度假村里散步可能是最没有效果的一件事了，因为你少了一次增加了解周边一切的机会。

尽快确认回程的预订，特别是如果你要到另一个国家。如果你不这样做，你很可能会失去预留位置。你可能在最终抵达机场要回家的时候，发现你的票据无效。

> **潜水人生，点滴智慧**
>
> 潜水设备是一种手段，是一种让你去平常人到达不了的区域的机制。我觉得潜水是把自己运送到目的地，让自己可以探索或参与特殊活动的一个途径。如果没有目标的话，潜水几次之后你就会对它慢慢失去兴趣。你可以开发一些兴趣点，这个点可以是收集漂流瓶，也可以是沉船潜水之类的。当你在潜水中发掘出自己的目标，潜水就可以变得非常有收获。多年来，我已经参加了许多不同的潜水活动。我最喜欢的是水下摄影。我不用影响环境就能随意收集无价的美妙记忆。在我看来，水下摄影是最具挑战性但又最让人满意的潜水活动。所以，选择吸引你的活动，完整地接受活动培训，然后好好地追求它。你可以选择多种不同的活动。无论你选择什么，我都希望你的经历像我潜水时一样的美妙。

在你的目的地，你的第一次潜水应该是一个定向的潜水，然后再根据你感受到的这个区域潜水的浮力做出相关调整。在较浅的静水区潜水的过程中查看并熟悉设备的情况，避免在还没有适应的情况下就进行深海潜水或开放水域潜水。

经过一天的潜水，到三天反复潜水，你的身体已经可以处于排气状态。外出购物或参加本地的巡演都能让你体会自己耳目一新的变化。在你潜水的最后一程结束后，在你乘坐回家航班之前，允许自己有一天的享受。飞行前为自己预备一个非潜水日，有助于缓解海拔频换带来的不适，而且它也给你时间来冲洗、晾干和收拾你的潜水装备。在最后一天，浮潜是一个不错的活动，你的面镜、呼吸管与散热片可以迅速干燥，然后在最后一分钟打包。

计划得很好的潜水旅行会很有趣，令人兴奋，又很难忘。你可以通过研究你的目的地并适当准备，规避令人沮丧和失望的体验。愿你潜水愉快！

潜水目的地

在潜水中最开心的莫过于可以去游览很多不同的国家和地区。潜水者既可以在国内也可以在国外找到奇妙的潜水地点。你可能会想去以下的这些流行的潜水目的地，书中的照片就是出自这里。

免责声明：对许多潜水点需要专业的培训和环境考察，以提高安全性，减少伤害或死亡的危险。在没有获得培训、没有配备必需设备和没有监管的条件下，不要尝试在超过自己能力范围的环境中或在不熟悉的条件下进行潜水。

冰冷的海水保护着沉船，孕育了世界上最长的章鱼

加利福尼亚州

在加利福尼亚州，天幕般密集的海藻覆盖着海面，带给潜水者难以忘怀的体验。海藻为大多数海洋生物提供庇护。岩层为很多其他生命形式提供了生存条件，如鲍鱼、龙虾和海鳗。夏季，在加州海岛附近住在潜水船上或离岸潜水都是一件非常有意思的事情。在加州，从岸边潜水可能相对困难一些，因为海浪大、能见度又低。在潜水之前通过波浪进行地域考察是非常有必要的。

华盛顿州

普吉特海湾是被冰川雕刻成的景观，构成了一个巨大的海洋水体。与普通的近海水域相比，这片水体被保护得更好。海湾里有许多沉船和人工鱼礁，是个有着许多生命形式的港湾。普吉特海湾里有世界上最大的章鱼、巨型鳕鱼、猴面鳗鱼和橙色与白色相间的海葵。海湾的水冷，大部分时间能见度在 15~20 英尺（4.5~6.1 米）。

佛罗里达州

佛罗里达州可以说具备美国最好、最多样化的潜水条件。从清澈的泉水到河流，佛罗里达有许多壮观的潜水地点。洞窟和深穴潜水很受欢迎，但这些需要经过专门的培训。佛罗里达海岸拥有丰富的沉船资源。凯斯港拥有漂亮的珊瑚礁和五颜六色的鱼。所有的潜水者绝对应该把佛罗里达列在自己的潜水日志中。

新英格兰地区

新英格兰地区的水域冰冷，向潜水者提供种类繁多的潜水活动。沉船、珊瑚礁、海藻和海洋生物都会吸引你的注意力。有钳的龙虾和其他有趣的生物都十分有吸引力。如果能安排一些时间，你应该尝试去新英格兰冒险。

五大湖

这些巨大的淡水湖拥有美国保存最完好的沉船资源。许多沉船的残骸都在深水区里，所以你必须经过专门的培训才能探索它们。对于那些对大湖潜水不熟悉的潜水者来说，他们应该接受潜水导游的服务。如果你喜欢沉船潜水，这是你必看清单中的潜水地之一。

夏威夷

夏威夷提供了令人兴奋的潜水体验，其中包括良好的能见度、壮观的水下地貌、美丽的珊瑚鱼、大海龟和巨大的海洋哺乳动物。夏威夷是一个热门的潜水目的地，如果有机会，你应该去夏威夷！

加勒比海

加勒比海地区名不虚传，是世界上最受欢迎的潜水地之一。该地区包括珊瑚礁、沉船、陡坡以及独一无二的生物多样性，令人叹为观止。能见度通常极好。每一个潜水度假村都让人惊艳。几乎每一个有经验的潜水者都会谈论在加勒比海地区的潜水经验。

类似夏威夷这样的热门潜水地，潜水活动具有无限的可能性

241

南太平洋

南太平洋的岛屿为潜水者提供了地球上最美丽的潜水环境。潜水者可以看到梦幻般的软珊瑚、海扇和令人称奇的鱼，能见度非常好。许多海域都有沉船残骸和战争遗物。前往南太平洋潜水可以让你发现水上和水下的无与伦比的美。

中东

这一地区的潜水目的地是红海，这是个无与伦比的潜水地点。岩体、丰富的物产、多样的生命以及清澈的海水，使这里成为最令人向往的潜水胜地。如果你能负担得起住宿船和岛上居住的费用，你将欣赏到令人难忘的美景。

要了解世界上最流行的潜水目的地的详细信息，你可以在互联网上大量搜索。许多网站都提供全面的信息。前往异国情调的潜水目的地是潜水最让人愉快的原因之一。

温暖的南大平洋，不寻常的战争残留物和当地的热带风情奇妙地混搭在一起

就业机会

有些人非常喜欢潜水，并且他们希望从事相关的职业。而那些愿意为自己的愿望付出努力的人将得到这样的就业机会。休闲潜水行业的职位包括度假胜地的潜水向导、教练、记者、潜水旅游协调员、零售营业员、销售人员和制造商。人们也可以在非休闲潜水领域找到相关工作，比如科研、考古、工程研究、船体清洁、打捞、水下修理等。无论怎么选择，都有两个基本原则：（1）在尝试之前完成相关的辅导训练；（2）使用正确的全套设备进行工作和活动。职业培训的机会比比皆是。如果你有兴趣在潜水行业工作，你可以在潜水期刊上获得有关训练的信息。

领导机会

当你已经成为一个经验丰富的潜水者，你可能会想帮助别人学习、享受潜水。你可以参加教授课程，成为一个合格的潜水指导、助理教练或教练。许多人既承担与潜水相关的兼职工作，又在同行业中处于领导地位。当你准备好要进行领导培训，请联系你的潜水培训机构获得相关信息。

总结

一定要记住，一个好的潜水者从不停止学习。在尝试任何的特殊潜水活动以前，你都应该完成额外的培训，尽可能多地阅读，参加潜水俱乐部，并参加继续学习和各项活动。利用每一个机会更多地了解潜水。

运用你所学到的一切来提高你的潜水能力和经验。参加潜水之旅和潜水活动。研究并深入规划你的旅游行程，最大限度地提高你的享受和体验，这样可以最大限度地减少你的失望。你可以有很多机会在世界各地进行潜水探险。

作为一个潜水者，你可以有另一个机会为潜水社区做出积极的贡献。你可以秉着在任何时候都负责任的态度，也鼓励其他潜水者采取负责任的行动。你能帮助潜水者建立良好的形象，这涉及潜水对环境的影响问题，也能帮助别人学习潜水。无论你的贡献多小，是只关于个人的或是能直接影响到其他人的，你都可以有所作为。所以，现在就做出这个积极的决定，加入潜水者的行列吧！

附录

协会和期刊

潜水培训机构

International Diving Educators Association (IDEA)
Box 8427
Jacksonville, FL 32239–8427

Multinational Diving Educators Association (MDEA)
4940 Ocean Terrace
Marathon, FL 33050

National Association for Cave Diving
Box 14492
Gainesville, FL 32604

National Association of Underwater Instructors (NAUI)
Box 89789
Tampa, FL 33689–0413

National Speleological Society Cave Diving Section
295 NW Commons Loop
Suite 115–317

Lake City, FL 32055

Professional Association of Diving Instructors (PADI)
30151 Tomas Street
Rancho Santa Margarita, CA 92688

Professional Diving Instructors Corporation (PDIC)
Box 3633
Scranton, PA 18505

Scuba Educators International
1623 W. Jackson Street
Muncie, IN 47303

Scuba Schools International (SSI)
2619 Canton Court
Fort Collins, CO 80525–4498

Universal Diver Training
2215 NW 40th Avenue
Coconut Creek, FL 33066

环境保护组织

Cousteau Society
732 Eden Way North, Suite E, #707
Chesapeake, VA 23320

CEDAM
1 Fox Road
Croton–on–Hudson, NY 10520

244

Greenpeace
702 H Street NW
Washington, DC 20001

NOAA National Marine Sanctuary Program
1305 East–West Highway
Silver Spring, MD 20910

NOAA Office of Ocean and Coastal Management
1305 East–West Highway
Silver Spring, MD 20910

Ocean Conservancy
1300 19th Street NW, 8th Floor
Washington, DC 20036

Oceanic Society
Fort Mason Quarters 35
San Francisco, CA 94123

Reef Environmental Education Foundation (REEF)
Box 246
Key Largo, FL 33037

Sea Shepherd
Box 2616
Friday Harbor, WA 98250

Wildlife Conservation Society
2300 Southern Boulevard
Bronx, NY 10460

潜水协会

DAN Alert Diver
The Peter B. Bennett Center
6 West Colony Place
Durham, NC 27705

Dive Training Magazine
5215 Crooked Road
Parkville, MO 64152

Scuba Diving Magazine
406 N. Orlando Avenue, Suite 200
Winter Park, FL 32789

Sources: The Journal of Underwater Education
Box 89789
Tampa, FL 33689–0413

水肺潜水
词汇表

绝对压力（absolute pressure）——加在潜水者身上的全部压力，是大气压力和表压的合计。

实际潜水时间（actual bottom time）——从潜水者离开水面开始下潜到进行休息停顿或是上浮到水面的时间长度，以分钟计算。

备用气源（alternate air source）——除了潜水者的首发水肺之外的另一个压缩空气来源。常用的备用气源有两种：备用二级头和备用气瓶。

环境压力（ambient pressure）——周围环境产生的压力。

阿基米德定律（Archimedes' principle）——浸在液体（或气体）里的物体受到向上的浮力作用，浮力的大小等于被该物体排开的液体的重力。

动脉气体栓塞 [arterial gas embolism（AGE）]——由于空气气泡阻碍了动脉循环而造成的栓塞。

大气压力（atmospheric pressure）——大气所产生的压力。

背包（backpack）——用来承载水肺潜水的装备。

气压伤（barotrauma）——由气压造成的伤害。

减压病（bends）——详见减压疾病部分。

定位转盘（bezel）——防水型手表表盘或罗盘上的一圈可以转动的环形装置，用于设置初始时间或方向。

X潮（blooms）——某种浮游生物突然大量增多，导致水体颜色发生改变，大大破坏水下能见度，并对以活水为生的生物造成毒害。

放气塞（blowout plug）——潜水压力计上的一个塞子，用于在高压泄露时释放壳体压力。

波登管（bourdon tube）——一种压力计。将一小段金属管扭曲成弹簧状，线圈的移动会通过机械方式连接到一个探针上，指向表盘上的压力示数。

玻意耳定律（Boyle's law）——在定量定温下，理想气体的体积与气体的压强成反比，随着绝对压力的变化而变化。

共气（buddy breathing）——两名潜水者共用一个二级头进行呼吸。

同伴绳（buddy line）——当能见度较低时，两名潜水者之间用于保持连接的一条短绳。

潜伴体系（buddy system）——是指在从事风险活动如浮潜或是水肺潜水时，与一位高水平的参与者组队进行活动。同伴能够提醒你、协助你，并能够注意到可能被你忽略的部分。

浮力（buoyancy）——水向上托起的力。

浮力控制器（buoyancy compensator）——一种帮助潜水者控制浮力的装备。在水面上时，可以通过向浮力控制器充气来增加浮力；下潜时，可以通过放气来减少浮力；还可以通过充气达到悬浮状态。

防爆片（burst disk）——水肺气瓶中的一片必备的金属薄片。如果气瓶充气过满，或是由于火烤等原因导致温度上升、瓶内气压增大，超过安全值，防爆片就会裂开，适当放气，以防止出现爆炸。

毛细管深度计（capillary gauge）——一种由一段中空、充满气体的透明管做成的深度计。透明管的一端封闭，缠绕在表盘周围。根据玻意耳定律，当潜水者下潜时，水压会将空气挤压进管内，空气和水的接触面所在的位置，通过换算，在表盘上会指示为当前深度。

洞（cavern）——自然地形上的一种很大的、像房间一样的空间，在那里能够看到水面的阳光。

穴（caves）——自然地形上形成的一种空间，延伸得比洞更长，在那里看不到水面的阳光。

C卡（c-card）——潜水资格证，证明你已经通过了成为水肺潜水者必须完成的所有训练。

峰值（ceiling）——在不出现减压病的前提下，潜水者能一次性上浮的最大深度。

雪卡毒素中毒（ciguatera）——一种由于食用了含有某种特定微生物的鱼类而出现的中毒现象。

封闭式呼吸系统（closed-circuit）——水肺潜水呼吸系统的一种，在密封条件下不将气体排出，而是通过清除呼出空气中的二氧化碳和补充氧气的方式来保证呼吸。

隔室（compartments）——一种用于研究身体不同部位吸收和排出气体状况的数学模型。

罗盘航向（compass course）——罗盘上一系列指向目的地的标识。

罗盘指向（compass heading）——罗盘上设定的一个方向。

控制台（console）——一种显示装置，可以将不同的仪器组合在一起使用。通常情况下，仪器控制台是连接在从一级头延伸出来的高压管上的。

大陆架（continental shelf）——水面以下从大陆延伸到海洋的部分，通常深度大约为 600 英尺（183 米）。

应急计划（contingency plans）——是指列出所有可能出现的、导致要对原定的潜水计划进行调整的情况。

决定腔（controlling compartment）——是指身体中可以决定潜水者在某一个特定深度停留多长时间的特定部分，而这个时间取决于气体从该腔体中排出的速度。

波峰（crest）——浪高。

道尔顿定律（Dalton's law）——在任何容器内的气体混合物中，如果各组之间不发生化学反应，则每一种气体都均匀地分布在整个容器内，它所产生的压强和它单独占有整个容器时所产生的压强相同。

减压病 [decompression illness （DCI）]——当潜水者上浮到水面以后可能出现的一种很严重的疾病，甚至神经系统也会出现症状，也被称为弯曲症。

减压停顿（decompression stops）——在上浮过程中有意识地进行预防性停顿，以减少出现减压病的风险。

除雾（defogging）——去除面镜镜片上一层油膜的过程，目的在于避免面镜在水下起雾。有专门的除雾服务可以帮助你在潜水时保持面镜清晰。

脱水（dehydration）——身体因大量失水而出现的生理现象。

密度（density）——重量除以体积。

DIN 阀（DIN valve）——一种新型的螺纹式水肺气瓶阀门，抗压性大于传统的 O 形阀。瓶压大于 3000 磅（204 个标准大气压）的气瓶要求使用 DIN 阀。

潜水调研（dive profiles）——通过规划下潜深度和时间来进行潜水所需要的一系列调研。

潜水俯卧撑（diver's push-ups）——一种用来学习浮力控制的浮力评估方式。当潜水者负重恰当时，充分吸气应该会让肩膀抬起，但是脚蹼的鞋尖仍然可以触底。充分呼气使肩膀下沉。

海豚式打水（dolphin kick）——潜水者双腿并拢，通过像波浪一样上下移动身体来打水。

沉降流（downwelling）——当风沿着海岸吹动时，岸边的突然降低的深度导致出现的补偿流。

阻力（drag）——阻止行动的力。

位移（drift）——水流的速度。

逐流潜水（drift dive）——潜水者随着水流移动所进行的潜水。

鼓膜（eardrum）——将耳道与中耳分隔开来的一层薄膜，通过膜上一系列的小软骨将震动传递到内耳。

退潮（ebb）——由于潮位降低使得潮水退去。

涡流（eddies）——非线形流动的水流方式产生了涡流。

栓塞（embolism）——循环阻滞。

紧急减压（emergency decompression）——如果实际潜水时间或潜水总时间超过了无减压潜水的限制，潜水者必须放缓上浮过程。

压力平衡（equalization）——保持气室内外压力一致的过程。

咽鼓管（eustachian tube）——起到平衡中耳压力的作用。

农夫约翰式（farmer Johns）——一种带有背带和前胸遮盖的湿服。

风浪区（fetch）——波浪形成的地方。

风浪区长度（fetch length）——风无阻畅行的距离。通过给定风吹吹过的水的长度来确定。

伸展（flaring）——通过拱起背部尽力伸展手和腿来减缓不受控上浮的方法。

涨潮（Flood）——由于大潮使得水流进入某个区域的现象。

自由式打水（flutter kick）——一种最常见的打水方式。自由式打水是一种上下踩水的方式，踩水时你可以面朝下或是朝向两边。

叶状体（fronds）——浮藻中看上去像叶子的部分。

表压（gauge pressure）——通过压力表读到的压力数据，在海平面时应为零（这种类型的压力表只显示超过一个标准大气压的压力）。

盖吕萨克定律（Gay-Lussac's law）——这条定律表明，定量的任何气体，压力随着温度的变化而变化。

环流（gyres）——在北半球呈顺时针、在南半球呈逆时针方向的大规模循环流动。

半衰期（half-time）——在给定压力的条件下，一块组织排出一半气体所需要的时间。

轻度中暑（heat exhaustion）——一种身体病症，患者的核心体温超过正常温度，并且开始出现脱水现象。

中暑（heatstroke）——一种紧急的身体病症，患者的体温严重过高，导致身体的自动调节功能失效。

亨利定律（henry's law）——在等温等压下，某种气体在溶液中的溶解度与液面上该气体的平衡压力成正比。

体温过高（hyperthermia）——身体的核心体温超过正常温度。

过呼吸（hyperventilation）——频繁快速的超过身体需要的深呼吸。

失温症（hypothermia）——身体内部热量迅速流失。

换气不足（hypoventilation）——快而浅地呼吸，使得肺部的二氧化碳无法排出。

排气（ingassing）——气体释放到液体中的过程。

连体服（jumpsuit）——连体式潜水衣。

J阀（J-valve）——一种气缸阀，旨在保证气缸内的气体存留足够维持正常上浮所需。而水肺气瓶压力计的出现，宣告了J阀时代的终结。

海带（kelp）——一种巨型海藻，具有很长的叶片，潜水者可能被其缠绕住。

开尔文温标（Kelvin）——绝对温标。要将摄氏温度换算为开尔文温度，加上273度即可。

K阀（K-valve）——一种简单的开关阀，操作方式类似水龙头，按顺时针转动把手打开阀门，按逆时针转动把手关上阀门。

基线（lubber line）——指南针上的一条基准线，用来作为参照物，辨别前进的方向。

纵膈气肿（mediastinal emphysema）——一种由于空气进入胸腔内部组织而引起的肺部损伤。

中耳（middle ear）——鼓膜后面的气室。

改良式蛙踢（modified frog kick）——一种踩水方式，在这个过程中潜水者会转动脚踝，使得足尖向外。首先足尖向外划水，然后迅速画出一个大大的弧形，将双脚并拢。

多级潜水（multilevel dive profile）——在给定时间内从深到浅的潜水。

小潮（neap tide）——每月两次潮汐最低的现象，发生时月亮、太阳、地球呈直角。

悬浮力（neutral buoyancy）——当潜水者平常闭气时，如果既不上浮也不下沉，那么此时的浮力为悬浮力。

氮麻醉（nitrogen narcosis）——由于氮气的气压增大而产生的不利影响，通常发生在 100 英尺（30 米）左右的深度。

氮化物（nitrox）——一种氮气和氧气的混合物，氧气的比例高于在自然空气中的比例。这种组合可以减轻氮气在深度较深的地方的影响。

免减压停顿潜水时间限制（no-decompression-stop limits）——在特定深度，一名潜水者可以待的最长时间。

无参照物下潜（nonreference descent）——在水中没有任何参照物就进行的垂直下潜。

八爪鱼（octopus）——用来形容备用二级头。

开放式呼吸循环系统（open-circuit）——这种水肺使得潜水者可以呼吸压缩空气，并且将使用过的气体排到水中。开放式系统是目前最安全也最受欢迎的系统。

开阀上浮（open-valve ascent）——为了在上浮过程中维持悬浮力，通过一种特别的方法保持浮力调整器的充放气阀门敞开。

O 形环（O-ring）——环绕在水肺气瓶阀门处的一圈柔软的环形装备。

除气（outgassing）——从液体中排出气体的过程。对潜水而言，指的是排出吸收的氮气。

倒转（overturn）——风造成湖面的水向着 60 英尺（18 米）左右的深度运动，形成一股洋流。这种运动将含氧气的水带到底部，从而创造了被称为"春天潜水"的条件。

部分气压（partial pressure）——混合气体中每一种气体所产生的压力占整体压力的比例。

灌注（perfusion）——某块组织中的循环。

浮游生物（plankton）——随水流漂动的生物。

气胸（pneumothorax）——因气体被困在胸腔里引起的肺部损伤。

小型气瓶（pony tank）——一个带有独立的标准调整器的备用气瓶。

端口（ports）——调整器一级头的开口。一个用来连接压力计以计量高压压力，另一个用来计量低压。

压力（pressure）——通常通过作用在每单位区域上的力来计算。

肺气压伤（pulmonary barotrauma）——由于压力导致的任何肺部损伤都被称为肺气压伤。

兰氏温度温标（Rankine）——一种绝对温度的温标，将绝对温度加上460 即可换算出兰氏温度。

往返式潜水导航（reciprocal compass course）——通过观察前进方向，潜水者沿着一个指定方向前进到指定距离，然后转身返回出发点的潜水导航。

赤潮（red tide）——由于某种红色浮游生物突然爆增导致的自然灾害。

参考式下潜（reference descent）——潜水者通过参考底部的一条线或是一个斜坡来进行控制的下潜方式。

反复潜水（repetitive dive）——任何与上一次潜水间隔时间在 6~24 小时之内（以潜水计划表的数据为准）的潜水。

反复潜水组别（repetitive group or repetitive group designation）——潜水表

格上指向潜水者身体内残余氮量的字母。

残余氮（residual nitrogen）——由于过去 12 小时内的潜水而仍存在于身体里的氮的含量。

残余氮时长（residual nitrogen time）——反复潜水时，残余氮时间必须被计算到实际潜水时间里，以计算总的潜水时间。残余氮时间是用来消耗因为之前一次潜水而残留在潜水者体内的氮。

休息停顿（rest stop）——在上浮过程中所进行的预防性减压停顿。

逆向阻隔（reverse block）——在上浮过程中由于咽鼓管堵塞造成中耳内压力超过正常值而产生的不适感。

反向温跃层（reverse thermocline）——表面水温变低、底面水温变高的现象。通常出现在冬天。

离岸流（rip current）——从岸边流回海里的波浪，经过某些水下障碍时，由于通道狭小，被转化为一束狭长而强劲的水流。

锯齿形潜水规划（sawtooth dive profile）——指一种从深处上浮到浅处再下潜到深处的潜水。

剪刀式打水（scissors kick）——一种可以用作休息放松的打水方式。潜水者在水中侧卧，慢慢地将一条腿向后伸，同时另一条腿向前伸，然后迅速将双腿并拢。

鲭鱼毒（scombroid）——一种因为吃了没有经过冷冻处理的鱼而可能感染的毒素，这种毒素在 1 小时内就会引起恶心和呕吐。

卷（滚）动法（scrolling）——潜水计算机用于展示提前计划信息的一种方式，通过不停地显示不同深度的潜水停留时间限制来完成。

水肺（scuba）——水下自主呼吸装备。

半封闭式循环呼吸器（semi-closed-circuit）——指一种综合了封闭式呼吸器和开放式呼吸器优点的循环呼吸系统。定期排出少量使用过的气体。

定位（set）——根据水流推断出的方向。

浅水昏迷（shallow-water blackout）——在临近水面时突然失去意识。

短款潜水衣（shorty）——短腿短袖的一体式潜水衣，适用于在温暖水域潜水。

下陷（sink）——地面塌陷所形成的地下洞穴体系。

虹吸区（siphon）——水从下陷区被引导回正常系统的通路。

跳过呼吸（skip breathing）——通过每次都屏气几秒钟的方式来延长空气的使用时长。

静水（slack wate）——涨潮和退潮之间水流运动最小的一段时间。

备用气源（Spare Air unit）——是指一套包括一个小气瓶和一个直接连接到气阀上的调整器的备用水肺系统。备用气源往往比首发气源要小，而且容量只能维持完成从较浅区域的上浮。

尖峰潜水（spike dives）——是指实际潜水时间很短的潜水，例如为了解开一个被缠住的锚而进行的潜水。

大潮（spring tides）——每月两次海浪最高的大潮。当其出现时，太阳、月亮和地球在一条直线上。

方形导航路线（square compass course）——是指一系列的导航使得潜水

251

者可以按照方形路线来进行潜水，这样可以保证潜水最终在开始的地方结束。

挤压（squeeze）——当作用在身体内部或外部空腔上的压力大于空腔内部气压时出现的一种情况，这种情况会引起疼痛和伤害。可以通过保持压力平衡来避免（详见"压力平衡"一词）。

平台（stages）——水肺调整器中的两个部分，用来完成减压过程的两个步骤。

静止（stand）——指潮水既不上涨也不退去的一小段时间。

多步骤潜水（step dive）——有一系列步骤的潜水。

柄（stipes）——海带长长的支撑部分。

皮下气肿（subcutaneous emphysema）——空气进入皮下组织，引起肺部损伤。进入的空气会使脖子周围的皮肤膨胀。

水肺气压计（submersible pressure gauges）——一种用来测量水肺气瓶气压的设备。

碎波（surf）——当水以浪的形势向着岸边移动并释放掉所有能量时，就出现了碎波。这种情况出现在水深与浪高相同时。

表面间隔时间（surface interval time）——是指从潜水者回到水面上开始到再次下潜之间的时间。

汹涌（surge）——当波浪进入浅水区时，波浪中的水前后移动的状态称为汹涌。

涌起（swells）——带着波浪离开其形成的地方的一种圆形的起伏的状态。

河豚毒素（tetrodotoxin）——一种由于吃了某种特定鱼类如河豚鱼而感染的毒素。河豚毒是目前所知的毒性最强的鱼类毒素，可以在几分钟内致人死亡。

温跃层（thermocline）——水体中水温突然急剧下降的一层水域。

潜水总时间（total bottom time）——实际潜水时间与残余氮时间的总和。

托因比法（toynbee maneuver）——通过塞住鼻孔、紧闭住嘴然后吞咽的方式来打开咽鼓管。

追踪绳（trail line）——一条长长的从船尾延伸出来的带有浮标的绳子，潜水者可以通过追踪绳来抵挡水流的冲击，将自己拉近船边。

陷门效应（trapdoor effect）——压力使得咽鼓管无法打开。这种情况通过上浮减压可以克服。

波谷（trough）——波浪的底部。

海啸（tsunami）——由于水下地震而引起的巨浪。

浊水（turbid）——由于河床沉积物而浑浊不清的水。

上升流（upwelling）——由于强风持续吹动海岸一段时间，导致深处寒冷的海水向上流动取代表层温暖海水而产生的流动。

瓦尔萨尔瓦动作（Valsalva maneuver）——通过堵住鼻孔、紧闭住嘴并轻轻呼气的方式来打开咽鼓管。

气门座（valve seat）——气瓶上用来关闭阀门停止空气流动的部分。

血管收缩（vasoconstriction）——血管变窄。

眩晕（vertigo）——主观感受到的一种旋转运动。

波高（wave height）——波峰与波谷之间的高度。

波的周期（wave period）——两次通过一个指定地点所花费的时间。

波列（wave train）——连串波浪。

波长（wavelength）——波浪与波浪之间的距离。

参考书目

Auerbach, P. (1987). *A medical guide to hazardous marine life*. Jacksonville, FL: Progressive Printing.

Barnhart, R., & Steinmetz, S. (1986). *Dictionary of science. Maplewood*, NJ: Hammond.

Bascom, W. (1964). *Waves and beaches*. Garden City, NY: Anchor Books.

Bove, A., & Davis, J. (1990). *Diving medicine*. Philadelphia: W.B. Saunders.

Divers Alert Network. (1989). *Medical requirements for scuba divers*. Durham, NC: Author.

Edmonds, C., Lowry, C., & Pennefather, J. (1981). *Diving and subaquatic medicine*. Mosman, NSW, Australia: Diving Medical Centre.

Foley, B. (1989). *Physics made simple*. New York: Doubleday.

Graver, D. (2004). *Aquatic Rescue and Safety*. Champaign, IL: Human Kinetics.

Lee, P., Lidov, M., & Tyberg, T. (1986). *The sourcebook of medical science*. New York: Torstar.

Lehrman, R. (1990). *Physics the easy way*. Hauppauge, NY: Barron's Educational Series.

Lippmann, J. (1992). *The essentials of deeper sport diving*. Locust Valley, NY: Aqua Quest.

Maloney, E. (1983). *Chapman piloting seamanship and small boat handling*. New York: Hearst Marine Books.

McGraw-Hill Professional Publishers (1998). Concise encyclopedia of science. Camden, Maine: McGraw-Hill.

Miller, J. (Ed.). (1979). NOAA *diving manual* (2nd ed.). Washington, DC: U.S. Govern-ment Printing Office, U.S. Department of Commerce.

National Association of Underwater Instructors (NAUI). (1991). *Advanced diving technol-ogy and techniques*. Montclair, CA: Author.

Professional Association of Diving Instructors (PADI). (1998). *The encyclopedia of recre-ational diving*. Santa Ana, CA: Author.

Sebel, P., Stoddart, D., Waldhorn, R., Waldmann, C., & Whitfield, P. (1985). *Respiration: The breath of life*. New York: Torstar.

Taylor, E. (Ed.). (1985). *Dorland's illustrated medical dictionary*. Philadelphia: W.B. Saunders.

Whitfield, P., & Stoddart, D. (1984). *Hearing, taste, and smell: Pathways of perception*. New York: Torstar.

关于作者

丹尼斯·K.格雷弗（Dennis Graver）是一位有着超过 38 年水肺潜水经验的潜水者和潜水教练。他编写了 27 本水肺潜水方面的教材和图书，其中包括人体运动出版社之前出版的三版《水肺潜水》（*Scaba Diving*）。在担任专业潜水教练协会总监期间，他设计了 PADI 潜水训练模式，编写了《PADI 潜水训练模式》（*PADI Dive Manual*）一书，给潜水教学带来了革命性的变化。在担任国际潜水教练协会总监期间，他编写了一系列潜水教程，包括《NAUI 一级潜水课程训练手册》。同时他也在诸多业内杂志上发表了大量文章。

自 1977 年起，从红海到澳大利亚的大堡礁，格雷弗拍摄了大量的水下奇景。他已经赢得了无数的水下摄影大奖，他所拍摄的照片，曾经登上了诸多杂志的封面，并成为不少潜水教材、影像资料的素材。

现在格雷弗和妻子居住在美国华盛顿州的卡马诺岛。